Baby, Säugling, Wickelkind

Für Alice, Alexandre und Auguste
Für Victor und Espérance

Aus dem Französischen übersetzt
von Eliane Hagedorn und Barbara Reitz,
Kollektiv Druck-Reif

Die Deutsche Bibliothek – CIP-Einheitsaufnahme
Baby, Säugling, Wickelkind : eine Kulturgeschichte / Béatrice
Fontanel und Claire d'Harcourt. Vorw. von Barbara Sichtermann.
[Aus dem Franz. übers. von Eliane Hagedorn und Barbara Reitz]. –
Hildesheim : Gerstenberg, 1998
Einheitssacht.: L'Épopée des bébés <dt.>
ISBN 3-8067-2828-3

Die Originalausgabe erschien 1996
unter dem Titel *L'Épopée des bébés*
bei Éditions de La Martinière, Paris.

Deutsche Ausgabe

Satz: Fotosatz Ressemann, Hochstadt
Printed in Italy by Vincenzo Bona, Turin
ISBN 3-8067-2828-3

Béatrice Fontanel
und Claire d'Harcourt

Baby, Säugling, Wickelkind

Eine Kulturgeschichte

Vorwort von
Barbara Sichtermann

Gerstenberg Verlag

Wie eine Gesellschaft mit ihren Allerkleinsten umgeht, sagt etwas aus über ihren Geist. Ob sie die Säuglinge nach der Geburt in kaltes Wasser taucht, auf den Boden legt, an den Füßen hochhält, ob sie sie später in einem Tuch am Körper trägt, fest eingeschnürt an einen Haken hängt oder im Wagen spazierenfährt – all das spricht von hygienischen, pädagogischen, religiösen, technischen und sozialen Vorstellungen der »Großen«, der Eltern und Erzieher. Im alten Sparta badete man einen neugeborenen Jungen kalt und lagerte ihn dann neben der Waffe seines Vaters; überlebte er die Prozedur, taugte er zum Krieger, und es lohnte sich, ihn aufzuziehen. Am französischen Königshof, wo eine große Zuschauerschar die Geburt observierte, um als Zeugen sicherzustellen, daß der Dauphin auch nicht vertauscht würde, legte die Hebamme das Söhnchen auf den Boden; erst wenn der Vater es von dort aufgehoben hatte, galt es als »anerkannt«. Heute, im Zeitalter der Medizin, achtet man vor allem auf die Konstitution des Babys und mißt und bewertet gleich nach seinem Erscheinen die vitalen Reaktionen anhand eines Index.

Kriegerische Ambitionen, dynastische Interessen, medizinische Datensammelleidenschaft – all das drückt sich aus im Umgang einer Gesellschaft mit ihren Jüngsten und prägt ihn zugleich. An der Art, wie sie mit ihren Neugeborenen verfährt, kann man ihr Selbstverständnis, ihre Zukunftswünsche, ihre Wertvorstellungen sogar besonders klar und deutlich ablesen, da die Objekte der Fürsorge, die Kleinstkinder, diese Kultur des Umgangs mit ihnen nur sehr unvollkommen mitgestalten können: Sie besitzen noch keine Sprache und können sich, außer durch Geschrei, nicht wehren.

Zu allen Zeiten hat man es mit den Säuglingen gut gemeint. Manche junge Mutter wird gespürt haben, daß ein feingemahlenes Heiligenbild als Breizusatz das Gericht nicht bekömmlicher machte – aber es mußte sein um des Segens willen, der so auf das Haupt des Kindes herabbeschworen wurde. Auch die Prozeduren des Kaltbadens, des Einwickelns, des Festbindens, des Drückens und Beschwerens zum Zwecke der Knochenformung, des Dauerwiegens, um die bösen Geister zu vertreiben, des Stillens nach der Uhr und der anschließenden Gewichtskontrolle – sie hatten immer einen *Sinn*, der das Wohl des Kindes meinte: Es sollte gesund, hübsch, fromm und zufrieden sein und seinen Eltern keinen Kummer machen. Ach, wenn man sich die Einzelheiten der Kinderbehandlung von der Antike bis heute vor Augen führt und die Begründungen liest, die von den pädagogischen Eliten der jeweiligen Epoche geliefert wurden, ist man heilfroh, daß Kinder irgendwann sprechen und das Wörtchen nein! benutzen lernen. Kein Zeitalter ist frei von problematischen bis absurden Varianten in der Kinderbehandlung, auch unseres nicht. Keines handelte willkürlich oder sadistisch, jedes hatte gute Gründe für sein Vorgehen. Dennoch waren und sind viele Regeln von zeittypischen irrationalen Ängsten diktiert und mit fürsorgerischen Überlegungen nur knapp bemäntelt. Zu allen Zeiten war auch der Egoismus der Eltern wirksam, ihr Wunsch, den Quälgeist Kind los zu sein, der sich als Maßregel für die Charakterbildung oder die Gesundheit verkleidet. Oder wie sonst soll man die drakonische Praxis des nächtlichen Schreienlassens verstehen, von der abzuweichen noch vor kurzem als schwerer Erziehungsfehler galt?

Aber hat man denn den Kleinsten gar nichts Gutes angetan? Ein wenig schon. Nichts wird so heiß gegessen, wie es gekocht wird, und die Menschheit ist vorderhand noch nicht ausgestorben. Durch alle Zeiten hindurch haben Eltern die Empfehlungen von Pfarrern, Ärzten, Pädagogen auch mal in den Wind geschlagen, dem Kind eine warme Milch hingestellt und das gemahlene Heiligenbild weggelassen, und so manche Spartanerin hat vielleicht nicht gewartet, bis ihr Kind neben der Lanze seines Vaters erfroren war, hat es heimlich aufgeklaubt und unter ihrer Tunika versteckt. So wie heute manche Mutter obligatorische Impfungen verweigert und auf ambulanter Entbindung besteht. Die praktische Kinderbehandlung und das, was in Dokumenten, Büchern und in dem allfälligen Streit verschiedener Schulen unter Erziehern und Ärzten tradiert wird und heute zur Interpretation anreizt, das ist immer zweierlei. Es gab und gibt hier wie in anderen Bereichen des sozialen Lebens den normalen Pragmatismus und das Regelwerk, die bunte Wirklichkeit und die manchmal gar nicht so graue, sondern haarsträubende Theorie, Versuch und Irrtum und das Dogma. Einflüsse strömen in sämtliche Richtungen, von der Praxis zur Theorie und umgekehrt, und beide Bereiche unterliegen ständigem Umbau und fortdauernder Bewegung.

Dabei waren die oberen Stände dem Zugriff der Autoritäten am unmittelbarsten ausgesetzt: Hier konnten die Leute lesen und schreiben und mußten Vorbild sein. So scheint es, daß in der Antike und im Mittelalter die bäuerlichen Stände noch am humansten mit ihrem Nachwuchs verfuhren, indem sie ihm einfach seinen Willen ließen und für die Umsetzung so mancher verstiegener Ideen aus dem Bereich der Medizin oder der Pflege schlichtweg keine Mittel hatten. Aber leider war es doch nicht ganz so. Obwohl die neuesten Moden aus den Städten bei ländlichen Familien – und die machten die übergroße Mehrheit aus – immer mit Verspätung ankamen und die Nähe zur Natur manche Fehler vielleicht vermeiden half, waren doch Aberglauben und Frömmelei auf dem Lande verbreiteter, und manches arme Würmchen ist vielleicht nur deshalb nicht am Leben geblieben, weil man, um seine Seele zu retten, den Priester holte und nicht das Kräuterweib.

Daß wir Menschen keine Instinktwesen mehr sind und uns durch Forschung und Wissen helfen müssen, wo Tiere tun, was sie fühlen – das zeigt nichts so gut wie die Form, in die Sexualität, Schwangerschaft, Geburt und Kinderaufzucht jeweils gekleidet wird. Wie oft wünscht man sich, wenn man die abstrusen medizinischen Rezepte liest, die angeblich die Fruchtbarkeit erhöhen, die Geburt erleichtern und das Kind schön und stark machen, all die scheußlichen Tränke aus zerstoßenem Hahnenkamm, Stierhoden, Katzengras, toten Asseln, gekochten Mäusen und Eigenurin, Tränke, die von bedauernswerten Gatten und Kindern heruntergewürgt werden mußten, ganz zu schweigen von sinnlosen Reinigungsritualen, von Kompressen, Aderlässen, Klistieren und Talismanen – oft wünscht man sich, die Menschen hätten sich schlichter und williger der Weisheit der Natur überantwortet und nur getan, was sie verlangte. Aber es gibt eine solche Weisheit der Natur nicht – nicht für die Menschen, und auch für die Tiere ist das Walten der Natur nicht immer segensreich. Menschen müssen ihre Einsicht und ihren Erfindungsgeist in die Lücke gießen, die der Schwund ihrer Instinkte gerissen hat – da hilft ihnen kein Gott. Und sie helfen sich selbst mitunter so ungeschickt, daß ihre Ideen, Verordnungen und Behandlungen in der zeitlichen Distanz nur noch komisch anmuten. Auch unsere Epoche wird den Nachgeborenen einmal so erscheinen. Man wird sich über die ebenso kostenträchtige wie dysfunktionale Apparatemedizin schieflachen und die Hände über dem Kopf zusammenschlagen, daß erst in den 90er Jahren des 20. Jahrhunderts die Idee aufkam, Frühgeborene zumindest zeitweilig aus den Brutkästen herauszunehmen und ans Herz der Mutter zu legen, weil nur diese Wärme menschlich sei…

Das Nachdenken über den Umgang mit Kindern im Vergleich der Epochen vertieft etwaige Zweifel an der Vorstellung von einem Automatismus des Fortschritts, läßt aber dann doch wieder hoffen, weil es die Zäsuren herausarbeitet, die gleichwohl auf dem Weg von der Antike bis heute im Sinne einer Zunahme von Erkenntnis rund um das Humanum zu verzeichnen sind. Da wären die Namen Pasteur und Semmelweis zu nennen, denen die moderne Hygiene am Gebärbett und die Eindämmung des Kindbettfiebers (mit) zu verdanken ist. Auch die »Mütterlichkeitswellen« im 20. Jahrhundert hatten, indem sie nach dem Siegeszug der Kunstmilch Wöchnerin und Baby im Stillakt wieder zusammenführten, günstige Auswirkungen für beide. Wahrscheinlich wird eine Gegenbewegung nicht lange auf sich warten lassen, ja, sie kündigt sich mit Retortenbabys und Klonen längst an. In fünfzig bis hundert Jahren wird es einen zweiten und dritten Band zu *Baby, Säugling, Wickelkind* geben, und die Leserinnen und Leser werden froh sein, daß sie in ihrer vernünftigen Epoche leben statt in einer so abergläubischen und irrationalen wie der Jahrtausendwende… Nur die Älteren, die schon ihre eigene frühe Kindheit (das, was man ihnen erzählt hat) mit der ihrer Nachkommen vergleichen können, werden die Achseln zucken und den Kopf schütteln, weil sie, in dieser reichbebilderten Kulturgeschichte blätternd, erkennen, daß die Fortpflanzung ein Gebiet ist, in dem die Phantasie der Menschen bis zur Verrücktheit ins Kraut schießt und in dem jeder »vernünftige« Fortschritt und jede neue Freiheit von einer neuen Bizarrerie, einer neuen Bedenklichkeit begleitet wird. Der Grund mag darin liegen, daß hier die Natur so machtvoll wie nirgends sonst der Kultur und ihrem menschlichen Schöpfer Bedingungen befiehlt und Vorgaben diktiert. Sein, des Menschen, tiefstes Bedürfnis, die Natur zu kopieren und zu überholen, das heute mit der Idee des künstlichen Menschen nicht mehr nur spielt, wird aufs äußerste gereizt, wenn neues Leben entsteht. In diesem Zustand verliert der Mensch die Kontrolle und erfindet die absonderlichsten Tränke, brutalsten Geburtszangen und ausgeklügeltsten Laufiernstühle, Zahnungsketten, Fallhüte und Muttermilchsurrogate – immer in der Hoffnung, der Natur durch seine Machinationen das eine oder andere ihrer Geheimnisse abzuluchsen und sie zugleich zu überbieten.

Die Babys werden trotzdem groß. Und stehen eines Tages ihrerseits, als Väter und Mütter, einem winzigen Menschlein gegenüber, das sie nicht recht begreifen, für das sie das Beste wollen und dem sie, während sie es schützen, pflegen, umhertragen oder weglegen, unwissentlich die Leitlinien ihrer Kultur aufprägen.

Barbara Sichtermann

Inhalt

Erwarten

Welche Ratschläge hatten schwangere Frauen früher zu befolgen? Welche Mixturen zu schlucken, um einen Jungen statt eines Mädchens zu empfangen? Durch Amulette geschützt, mußten die, die am »kranken Leib« litten, bis zum Tag der Niederkunft schwer arbeiten. Von der Antike bis zum 18. Jahrhundert haben wir es immer wieder mit denselben Empfehlungen und Verboten zu tun.

»Kranker Leib – glücklich Weib«

Bereits in der Antike gab es unterschiedliche Zeugungstheorien. Zwei Meinungen standen einander gegenüber: die des Hippokrates und die des Aristoteles. Für Hippokrates war der Fötus die Frucht aus der Mischung von männlichen und weiblichen Samen. Für Aristoteles war »die Frau nur das Sammelbecken, in dem sich das Kind ausschließlich aus dem männlichen Sperma entwickelt«. Einer anderen Theorie jener Zeit zufolge entsteht der männliche Samen im Gehirn, gleitet über die Ohren hinab in den Rückenmarkskanal und von dort in die Hoden; das Sperma ist also in gewisser Weise ein »Tropfen des Gehirns«. Die Ärzte hingegen einigten sich auf praktische Ratschläge. Um ein schönes Kind zu zeugen, war eine spezielle Ernährung angezeigt. Der Mann mußte viel Fenchel essen, die Frau abscheuliche Getränke zu sich nehmen: Schafsspeichel oder eine Suppe aus getrockneter, zerstoßener Hasengebärmutter. Sie konnte auch eine Kette aufgefädelter Regenwürmer um den Hals tragen. Auf allzu häufigen Beischlaf sollte verzichtet werden, damit das Sperma konzentrierter bliebe. Um dessen Qualität zu kontrollieren, empfahl Aristoteles einen einfachen Test: Man lasse einen Tropfen der kostbaren Flüssigkeit in ein mit Wasser gefülltes Gefäß gleiten. Sank er auf den Grund, so war das ein Beweis für Fruchtbarkeit. Was die geeignete Stellung angeht, so behauptete der Dichter Lucretius: »Man glaubet, auf Art wie die Tiere meist sich begatten, empfange das Weib gewisser und leichter.« Dies ist einer der wenigen Punkte, bei denen die Meinungen der Menschen der Antike und späterer Generationen auseinandergehen.

Nach dem Liebesakt sollte die Frau ruhig liegenbleiben, die Beine fest kreuzen und jede Aufregung meiden. Sobald eine Schwangerschaft festgestellt war, riet Soranus von Ephesus, der als erster Gynäkologe gilt, den Leib mit dem frischen Öl grüner Oliven zu massieren, sieben Tage lang auf Bäder zu verzichten und sich auf einem Stuhl oder einem Sessel hin- und herzuwiegen. Um einer Fehlgeburt vorzubeugen, empfahl Plinius der Ältere einfache Rezepte: einen aus der Asche von Stachelschweinen gebrauten Trank oder eine leichte Salbe aus Igelasche. Sollten diese Stacheltiere symbolisch den Fötus festhalten?

Nach Aristoteles' Auffassung geht aus dem Samen im Normalfall ein männlicher Nachkomme hervor, doch wenn die Entwicklung durch einen Zwischenfall durcheinandergerät, kommt ein Mädchen zur Welt. Der hl. Augustin erklärte, daß der männliche Fötus ab dem vierzigsten Tag im Mutterleib eine Seele besitze. Bei einem Mädchen entstehe die Seele erst etwas später.

Seite 10: Aristoteles, Stich, Bibliothèque Nationale, Paris.

Links: Fresko in der Casa del Centenario in Pompeji.

Unten: Heimsuchung Mariä, Marx Reichlich, 1511, Alte Pinakothek, München.

Sünderinnen und die Heilige Jungfrau

»Wenige Menschen, nur sehr wenige Menschen«, schreibt der Historiker Georges Duby im Zusammenhang mit der dünngesäten Bevölkerung Europas im Hochmittelalter. Viele Kinder zu haben, bedeutete für die einen, ihr Geschlecht fortzuführen, für die anderen reiche Hilfe bei der Feldarbeit. Sich fortpflanzen war für den Mann des Mittelalters sowohl Notwendigkeit als auch Pflicht. Die Frau galt prinzipiell als Sünderin, nur durch das Gebären vermochte sie sich von der Befleckung des Fleisches reinzuwaschen. Wie in der Antike standen auch im Mittelalter bestimmte Nahrungsmittel im Ruf, die Empfängnis zu begünstigen: Kastanien, Pinienzapfen, Lauch, Karotten, Spargel und Mandeln. Schon in der Hochzeitsnacht wurde den Frischvermählten eine oft sehr scharf gewürzte Suppe serviert, die das sexuelle Verlangen anregen sollte. Unfruchtbarkeit wurde zumeist den Frauen angelastet und galt als großes Unglück. Pilgerreisen, Gebete zur Jungfrau Maria und zu den auf dieses Problem »spezialisierten« Heiligen sowie verschiedenste Heilmittel, wie etwa Brennesselkompressen auf die Gebärmutter, wurden für diesen Fall empfohlen. Häufig nahmen unfruchtbare Frauen auch Zuflucht zu magischen Riten, die von der Kirche verboten waren: Einige dieser noch heidnisch geprägten Bräuche verlangten, daß sie in bestimmten Quellen baden und den Feen, die sie bewohnten, Opfergaben darbringen sollten.

Im Mittelalter schliefen die Eheleute nackt, nur mit einer Nachtmütze auf dem Kopf, um sich gegen die Kälte zu schützen. Im Gegensatz zu den Autoren der Antike duldete die Kirche nur die Stellung, in der Mann und Frau einander zugewandt sind. Eine Ausnahme wurde nur gemacht, wenn übermäßige Leibesfülle dem entgegenstand. Was das sexuelle Vergnügen, vor allem das der Frau, angeht, waren die Auffas-

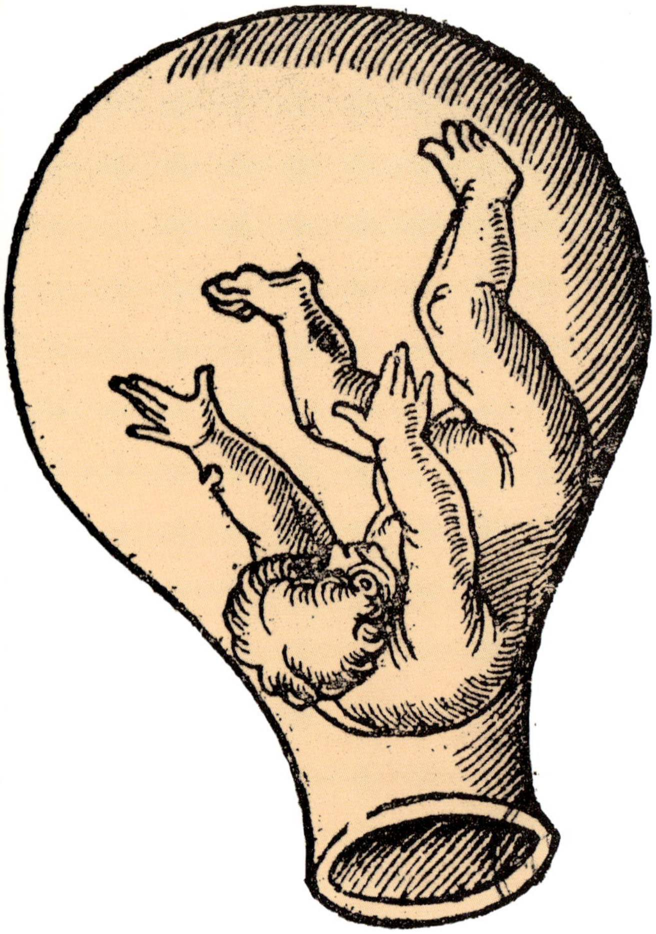

sungen geteilt. Im 13. Jahrhundert verdammte Thomas von Aquin die weibliche Lust, während sie nach Meinung anderer Theologen zur Schönheit des Kindes beitrug. Ja, einige gingen soweit, zu behaupten, wenn eine Frau ihre Lust unterdrücke, versuche sie, die Empfängnis zu verhindern, was als Sünde galt. Sie rieten dem Ehemann in diesem Fall, die Vereinigung so lange auszudehnen, bis die Frau den Orgasmus erreicht habe. In ihrer *Histoire des mères* (Geschichte der Mütter) berichten Yvonne Knibiehler und Catherine Fouquet, daß zur Erreichung dieses Ziels die Ehefrau sogar aufgefordert wurde, sich selbst zu streicheln, um zum Höhepunkt zu kommen. Im Mittelalter flößte der Leib der Schwangeren, der so viele Geheimnisse barg, Angst ein. Die Gelehrten hingegen waren fasziniert von der Embryologie. Bis zum 18. Jahrhundert wurde der Fötus in Handschriften und gedruckten Abhandlungen als vollendeter kleiner Mensch dargestellt, der schwerelos durch den einem großen Flaschenkürbis ähnelnden Uterus schwebt, wo er nach Herzenslust herumturnt. Das Kind sollte es möglichst bequem haben, deshalb galt bei der Mutter ein dicker Bauch als vorteilhaft, so hatte das Kind ausreichend Platz zum Spielen. In der arabischen Welt des Mittelalters wurde der Fötus bereits als bewußtes Wesen gesehen, so daß Schwangere an den Koranstunden teilnahmen, um ihrem Kind, dem erhofften Sohn, einen Vorsprung bei der späteren Ausbildung zu verschaffen. Auch die Christen glaubten damals daran, daß das Kind *in utero* die Fähigkeit habe, zu Gott zu beten.

In den ersten Handbüchern zur Geburtshilfe aus dem 16. Jh. stellte man sich vor, daß sich die Säuglinge bis zu ihrer Geburt in der einem Flaschenkürbis ähnelnden Gebärmutter mit Purzelbäumeschlagen amüsieren.

Seite 12 und 13: Stiche aus einer Abhandlung über die Geburtshilfe des 16. Jh.s.

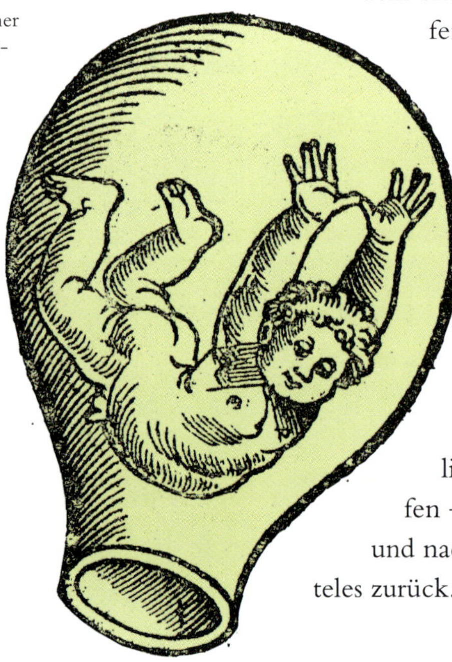

Poetische Diagnosen

Ambroise Paré formulierte in seiner blumigen Sprache dieselben Ratschläge und Theorien wie die Autoren der Antike, doch sein Stil ist dichter und zeugt von einer neuen Sensibilität in der Beziehung zwischen Mann und Frau. In seinem Werk *De la génération* (Von der Fortpflanzung) gibt er eine genaue Beschreibung dessen, was zur Zeugung eines kleinen »Gottesgeschöpfes«, wie er den Fötus liebevoll nennt, notwendig ist. Um die Qualität des Spermas zu überprüfen – »dieser Samen muß weiß, glänzend und klar sein, klebrig und körnig und nach Palmen oder Holunder riechen« –, griff Paré auf den Test des Aristoteles zurück. Wie die Gelehrten der Antike riet auch er zu mäßigem Verkehr, da der

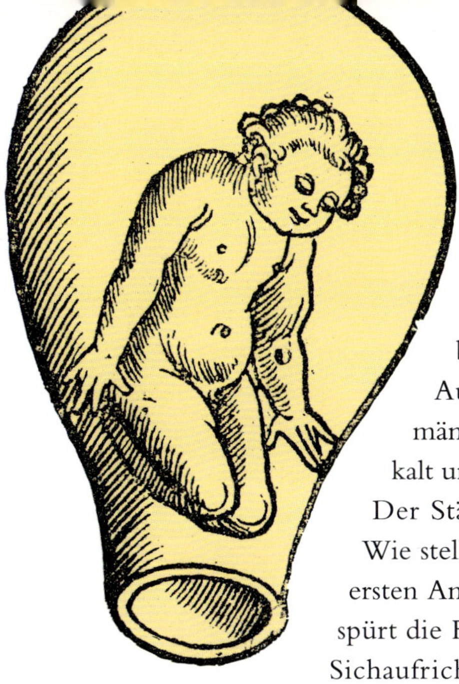

Samen »reif und zuträglich sein muß, dickflüssig und von fruchtbaren Geistern erfüllt«. Nach seiner Auffassung fechten die Samen – der männliche trocken und warm, der weibliche kalt und feucht – einen unerbittlichen Kampf aus. Der Stärkere bestimmt das Geschlecht des Kindes.

Wie stellte man eine Schwangerschaft fest? Paré zählt die ersten Anzeichen auf. »Wenn sich die Samen vereint haben, spürt die Frau ein leichtes Frösteln, eine Gänsehaut oder ein Sichaufrichten der feinen Härchen. Auch wenn sie einen leichten Schmerz um den Nabel und im Unterleib empfunden hat, leicht einschläft und wenn ihr die Gesellschaft des Mannes weniger gefällt als zuvor, wenn ihr Gesicht einen fahlen Ton zwischen weiß und wachsbleich annimmt, so sind das Anzeichen für eine Empfängnis. Die nächste Regel bleibt aus, die Brustwarzen verhärten sich und brennen, was daran liegt, daß das Blut sich ausdehnt und aufbläht. Also kann die Frau sicher sein, daß sie mit einem Kind schwanger ist.«

Die Liste zeugungsfördernder Nahrungsmittel wurde insbesondere während der Renaissance erweitert. Man empfahl den Verzehr von Täubchen, Sperlingen, Hoden und Kamm des Hahns, Genitalien des Stieres, von in Kuhmilch gegartem und mit Safran gewürztem Reis, von Zimt, Nelken, Pfeffer, Maronen, Trüffeln, Minze, Rauke, Pinienkernen, Petersilie und in einer guten Bouillon gekochtem Spargel. Was die äußeren Hilfsmittel angeht, so hieß es in einem Rezept: »Man nehme Holunderöl, in dem man Ameisen ziehen läßt, und reibe damit die Lenden und die Geschlechtsteile ein.« Und da die Lust der Frau als Voraussetzung für die Empfängnis galt, durfte der Geschlechtsverkehr nicht schmerzhaft sein. Ambroise Paré rät bestimmten Männern feinfühlig und sachkundig: »Oft ist ein zu langes Glied schuld, dann muß man ihm einen Wulst umlegen, damit es nicht zu tief eindringt.« Welch ein glückliches Zeitalter, in dem man den Genuß von Täubchen und Safranreis empfahl und möglichst viel Lust bei der Liebe, um die »kleinen Gottesgeschöpfe« zu zeugen! Mit der zunehmenden Prüderie der kommenden Jahrhunderte sollte sich das gründlich ändern.

Die lange Liste skurriler Rezepte, die empfängnisfördernd wirken oder die Schwangere schützen sollen, zeugt von der blühenden Phantasie ihrer Urheber. Louise Bourgeois etwa, die Hebamme der Königin Maria von Medici, empfahl ein Teildampfbad der Vagina mit einem Gemisch aus Kamille, Malve, Majoran und Katzengras, das in drei Pints gutem Weißwein aufgekocht wurde. Um schwangere Frauen von Hämorrhoiden zu befreien, war angeraten, eine große Anzahl von Asseln zu zerstoßen, diese mit in Rosenwasser aufgekochtem, geriebenem Apfel zu vermischen und auf die betroffene Stelle aufzutragen. Stürzte eine schwangere Frau, so mußte sie unverzüglich sechs oder sieben mit feingehackter roter Seide verrührte Eigelbe zu sich nehmen. Ab dem 16. Jahrhundert begannen die Frauen sich um das Aussehen ihres schwangeren

Zum Thema schwangere Frauen gibt es zahlreiche makabre Darstellungen. Diese Miniatur zeigt, wie der Tod eine Hochschwangere bedroht.

Unten: Miniatur aus einer Handschrift des 15. Jh.s, Bibliothèque Nationale, Paris.

Ambroise Paré, Chirurg und Sexualforscher

»Wenn der Mann mit seiner Gefährtin und Ehefrau im Bett liegt und der Sporn nicht eindringen kann, muß er sie liebkosen, kitzeln, streicheln und erregen. Denn der Bauer betrete das menschliche Feld nicht unbesonnen, ohne sich ihm nicht zunächst mit Küssen und zärtlichen Worten genähert zu haben. So muß er auch den Geschlechtsbereich und die kleinen Brustwarzen berühren, sie erregen und sanft kitzeln, bis die Frau nach dem Mann verlangt (das ist der Fall, wenn ihre Gebärmutter kribbelt), damit sie Willen und Lust empfinde, ein kleines Gottesgeschöpf zu zeugen, und beide Samen aufeinandertreffen können: denn die Frauen sind bei diesem Spiel nicht so schnell wie die Männer. Um das Werk voranzutreiben, regt die Frau ihr Geschlecht mit Kräutern in warmem gutem Wein oder Malvasierwein an und gibt vor allem ein wenig Moschus und Zibet in den Gebärmuttermund. Und wenn sie dann Erregung verspürt, sage sie es ihrem Mann. Dann vereinigen sie sich und vollziehen zärtlich ihr Spiel, wobei der eine auf den anderen warte und sie einander Vergnügen schenken. Wenn beide Samen ausgestoßen sind, darf sich der Mann nicht sogleich zurückziehen, damit keine für den Samen schädliche Luft in die Gebärmutter dringe und damit sie sich auch besser miteinander vermischen. Sobald der Mann sich zurückgezogen hat, muß die Frau sich ruhig verhalten, Schenkel und Beine kreuzen, zusammenpressen und auch leicht anheben, damit nicht durch die Bewegung der Samen herausläuft. Aus denselben Gründen darf sie weder sprechen noch husten noch niesen, und sie muß so schnell wie möglich schlafen.« Ambroise Paré, 1573.

Auch während der Schwangerschaft wurden den Frauen Abführmittel und Aderlasse verabreicht. Darüber hinaus war ihnen der Geschlechtsverkehr untersagt. Der Geburtshelfer Dionis jedoch machte sich im 17. Jahrhundert über einen Kollegen und Anhänger der Enthaltsamkeit lustig: »Mauriceau kann diese Erfahrung nie selbst gemacht haben, denn in 46 Ehejahren ist es ihm nicht gelungen, ein Kind zu zeugen. Ich hingegen, der ich meine Frau zwanzigmal geschwängert und zwanzig gesunde Kinder bekommen habe, bin überzeugt, daß die Zärtlichkeiten des Ehemannes keinen Schaden anrichten.«

Oben: Portrait des Ambroise Paré, Stich, 1582, Bibliothèque Nationale, Paris.

Unten: Darstellung eines Aderlasses, farbiger Stich, 15. Jh., Nationalbibliothek der Tschechischen Republik, Prag.

Leibes zu kümmern. Um »Verunstaltungen« vorzubeugen, wurde eine Salbe aus ausgelassenem Speck und Rosenwasser angerührt. Salbenauflagen und Leinenbänder halfen, den Bauch zu stützen. Auch Hundefelle wurden zu diesem Zweck benutzt. Auf Empfehlung des Geburtshelfers Guillemeau wurden sie mehrmals in Rosenwasser gewaschen und dann, um sie geschmeidiger zu machen, in Johanniskrautöl, Süßmandelöl oder Walfett getaucht.

Knoblauchzehen und Urinbeschauer

Die Symptome, an denen man eine Schwangerschaft zu erkennen glaubte, waren äußerst vielfältig. Frösteln, Zähneknirschen und Krämpfe galten im 17. und 18. Jahrhundert als untrügliche Zeichen. Nach Auffassung von François Mauriceau, zu jener Zeit einer der bekanntesten Geburtshelfer Europas, »hat eine Empfängnis stattgefunden, wenn Mann und Frau größere Lust als gewöhnlich empfunden haben. Der Mann spürt dann, wie die Vagina sein Glied fester umschließt und die Gebärmutter, die sich öffnet, um den Samen aufzunehmen, die Spitze des männlichen Gliedes gleichsam einsaugt. Hat sie die beiden Samen aufgenommen, nach denen es sie gelüstet, so durchströmt den weiblichen Körper ein außergewöhnlich lustvoller Schauer. Läuft nach dem Beischlaf nichts aus der Gebärmutter hinaus, so erkennt die Frau, daß sie die Samen aufgenommen hat. Wird das Glied zurückgezogen, so ist es weniger schlüpfrig, trockener als gewöhnlich.«

Der Knoblauchzehentest war ein weiteres Mittel, um eine Empfängnis festzustellen. Beim Schlafengehen führte die Frau eine Knoblauchzehe in das »Zeugungsorgan« ein. Verströmte ihr Atem am Morgen den typischen Knoblauchgeruch, war sie nicht schwanger. Im entgegengesetzten Fall ging man davon aus, daß der Fötus das Aufsteigen des Geruchs verhindert. Auch die »Urinbeschauer« konnten eine Schwangerschaft feststellen. Hatte der Urin eine »goldgelbe« Farbe, so war dies ein positives Zeichen.

Sieht man einmal vom Ausbleiben der Regel ab, das auch andere Ursachen als eine Schwangerschaft haben kann, oder von den Bewegungen des Fötus, die erst im fünften Monat auftreten, so erscheinen uns diese Schwangerschaftsdiagnosen heute recht eigenwillig. Allerdings verwies Louise Bourgeois damals schon auf ein probateres Mittel, um eine Schwangerschaft festzustellen: »Eine Wehmutter (kann) solche Weiber doch ganz gelinde und bescheidenlich betasten und erfahren, ob die Gebärmutter ganz eng beschlossen sei, gleich wie der Hintern an einem jungen Huhn, darein man wohl kein Gerstenkorn bringen könnte.«

Die Untersuchung des Urins diente zur Feststellung von Krankheiten im allgemeinen, besonders von Schwangerschaften, die ebenfalls als ein krankhafter Zustand angesehen wurden. Dies vor allem, wenn man annahm, daß die Frau ein Mädchen erwartete.

Die hl. Elisabeth läßt ihren Urin vom Apotheker untersuchen, *sogenannte Bibel Johannes' XXII.*, Papstpalast, Avignon.

Inventarium der Gelüste

Da sie zu einem plötzlichen Abgang führen könnten, sollten schwangere Frauen heftige Gefühlsregungen meiden: Trauer und Zorn, aber auch übermäßige Freude und Vergnügungen. Vor allem bei den Damen von Welt wurde die Empfindsamkeit respektiert: Bei manch einer hatte schon der Lärm der Artillerie eine Fehlgeburt ausgelöst. Auch unangenehme Gerüche waren zu meiden, selbst der einer schlecht ausgeblasenen Kerze konnte eine vorzeitige Geburt einleiten. Sich selbst zu frisieren war streng verboten, denn es wurde davon abgeraten, die Arme zu heben. Die Frau war ein sensibles Wesen: Beim Anblick eines Krüppels bestand die Gefahr, daß sie ein mißgebildetes Kind zur Welt brachte, versetzte sie ein Tier in Angst, so stand zu befürchten, daß sie ein Monster gebar usw. So kam es im 18. Jahrhundert zu einer Polemik zwischen den »Imaginationisten« und ihren Widersachern. Erstere behaupteten zum Beispiel, eine Frau, die bei einer Hinrichtung durch Rädern zugegen gewesen sei, habe ein Kind mit gebrochenem Rückgrat zur Welt gebracht. Eine andere, die beim Anblick eines Schwarzen erschrocken sei, habe sich sofort mit warmem Wasser gewaschen, so daß sie zwar ein weißes Kind geboren habe, aber zwischen Fingern und Zehen sei der Unglücksrabe dennoch schwarz gewesen – sie hatte vergessen, auch diese Stellen zu waschen. Die Gelüste schwangerer Frauen waren um jeden Preis zu befriedigen, da sonst die Gefahr eines Geburtsfehlers oder einer Mißbildung bestand. Jacques Blondel, der diese Ansichten in seinem 1737 erschienenen Werk *Dissertation physique sur la force de l'imagination des femmes enceintes* (Abhandlung über die Vorstellungskraft schwangerer Frauen) wiedergibt, äußerte dazu seine Zweifel: »Wie könnte man annehmen«, bemerkte er, »daß der Fötus tief in der Gebärmutter nach einem Glas Champagner, einem Stück Westfälischem Schinken oder Lachs aus Newcastle lechzt?« Die Ärzte berichteten nicht nur vom Verlangen nach Schokolade oder Kaffee, damals noch wirkliche Luxusgüter, sondern auch von dem unwiderstehlichen Verlangen schwangerer Frauen, Sand, Schlamm, Gips oder Spinnen zu verspeisen... Immerhin hatte dieser Aberglaube, was Gelüste angeht, einen wirklichen Nutzen: Er diente zur Erklärung von Geburtsfehlern, die zuvor als Werk des Teufels angesehen worden waren. Somit liefen die Mütter solcher Kinder nicht mehr Gefahr, im Gefängnis oder auf dem Scheiterhaufen zu enden.

Einige gewitzte Frauen nutzten ihre Gelüste als Alibi, um die Ähnlichkeit ihres Kindes mit ihrem Liebhaber zu erklären oder um sich am Ehemann zu rächen. Die Abbildung illustriert eine Legende, derzufolge ein deutscher Botanicus des 16. Jh.s sich lieber von seiner Frau mit Eiern bewerfen ließ, als sie dem Risiko einer Fehlgeburt auszusetzen.

Stich, 19. Jh.

»Frau Morin meldete einen roten Fleck auf meiner linken Hüfte, den ich einem Gelüst auf Kirschen zu verdanken hätte, das meine Mutter im Garten der Tante Chauffon überkam, während sie mich trug. Darauf erwiderte der alte Fournier, der eine große Verachtung für die volkstümlichen Vorurteile hegte, er wäre glücklich, daß Frau Nozière sich während der Schwangerschaft auf so mäßige Begierden beschränkt habe, denn wenn sie sich verstiegen hätte, Federn, Schmucksachen, einen Kaschmirschal, eine Karosse mit vier Pferden (…) zu wünschen, hätte die Haut meiner dürftigen Person nicht ausgereicht, um den Abdruck all dieser maßlosen Gelüste aufzunehmen. ›Sie mögen sagen, was Sie wollen‹, fiel Frau Caumont ein, ›aber in der Weihnachtsnacht packte meine Schwester, die gerade guter Hoffnung war, ein unwiderstehliches Gelüst auf eine große Schlemmerei, und ihre Tochter …‹ ›Wurde mit einer Wurst geboren, die ihr aus der Nase heraushing, nicht wahr?‹ unterbrach sie der Arzt. Und er empfahl Frau Morin, mich nicht fest zu wickeln.«

Anatole France,
Der kleine Peter, 1919.

Eine Schwangere verspürt den unwiderstehlichen Drang, in die Schulter eines Bäckers zu beißen. Auf dessen Weigerung hin bietet ihm der Ehemann Geld an. Zweimal stillt die Frau ihre kannibalischen Gelüste. Dem dritten Biß entzieht sich der Bäcker: Die Ärmste wird von drei Kindern entbunden, darunter eine Totgeburt.

Unten: Une envie de femme grosse (Die Gelüste einer Schwangeren), Stich, Honoré Daumier, 19. Jh.

Folgende Doppelseite: Japanischer Holzschnitt, 1881, Bibliothèque Nationale, Paris.

八月目

五月目
六月目

Entsprechend dem Grad der Frauenfeindlichkeit der jeweiligen Gesellschaft wurde der Frau ein mehr oder weniger großer Anteil an der Zeugung zugesprochen. Für einige stellte sie nur ein Behältnis dar. Die Ärzte hatten ein gewichtiges Argument gefunden, um diese Theorie zu rechtfertigen: Da die Organe des Mannes »offensichtlicher« seien als die der Frau, müsse sein Anteil an der Fortpflanzung größer sein.

Rechts: Postkarte, 20. Jh.

Unten: Spermien, Stiche, Auszug aus *Histoire naturelle*, Buffon, 1750, Bibliothèque Nationale, Paris.

Seite 21: Stich, 17. Jh.

Ein Meer aus winzigen Lebewesen

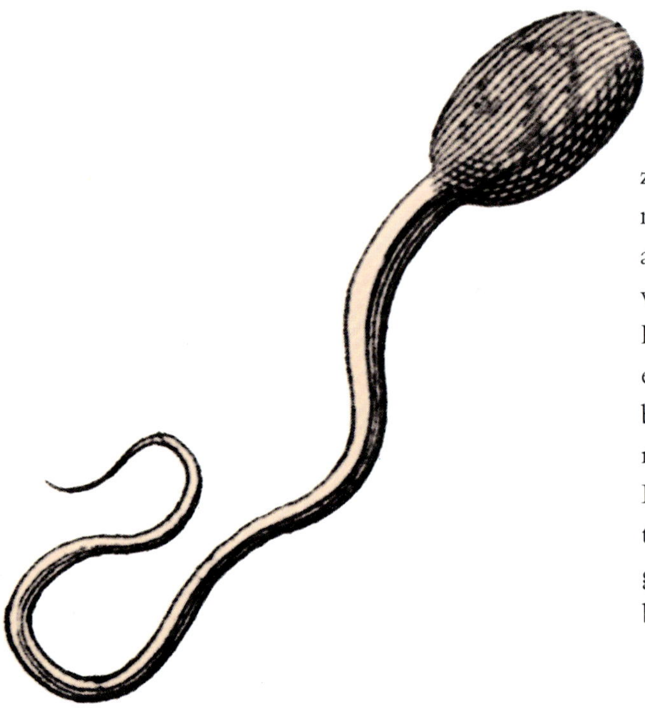

Wie wir sehen konnten, haben sich die einschlägigen Theorien und Praktiken seit Hippokrates und Aristoteles kaum verändert. Unter dem Stichwort »Fortpflanzung« griffen die Autoren der Diderotschen *Encyclopédie* 1777 die Gelehrten an: »Siebzehn oder achtzehn Jahrhunderte sind vergangen, ohne daß man in diesem Bereich zu neuen Erkenntnissen gelangt wäre; die alberne Verehrung dieser beiden Meister dauert an, so daß ihre Werke noch heute als Grenzstein des menschlichen Geistes betrachtet werden.« Doch durch die Erfindung des Mikroskops und die Arbeiten einiger weniger Forscher brachten neue Erkenntnisse im Laufe des 17. Jahrhunderts Bewegung in die erstarrte Welt der Medizin. 1668 beschrieb der Däne Stensen die Eierstöcke. 1678 beobachteten die Holländer de Ham und van Leeuwenhoek zum erstenmal die Spermien. Diese winzig kleinen Lebewesen bezeichneten sie als »Animalküle«. Mit diesen Entdeckungen nahmen die Auseinandersetzungen zwischen den »Ovisten«, die glaubten, der Fötus sei im Ei des weiblichen Körpers vorgeformt, und den »Animalkulisten«, die behaupteten, der Embryo

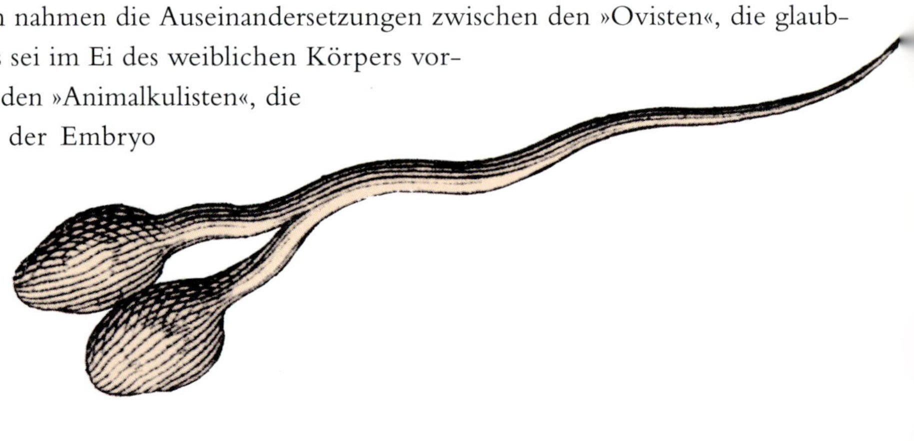

sei in den Samenfäden enthalten, einen neuen Anfang. Wenngleich die ersten Mikroskope schon zu Beginn des 17. Jahrhunderts entwickelt wurden, waren die Linsen erst in der zweiten Hälfte des Jahrhunderts stark genug, um eine genaue Beobachtung zu ermöglichen. Louis de Ham stellte fest, daß »ein Tropfen Sperma wie ein Meer ist, in dem unzählige kleine Fische in tausend verschiedene Richtungen schwimmen«. Er teilte seine Entdeckung van Leeuwenhoek mit, der, fasziniert von diesem Ballett, tagelang das Auge an die Linse hielt, ohne »dieses so angenehmen Schauspiels« überdrüssig zu werden. Die Entdeckung der Spermien löste einen Sturm der Begeisterung aus. Diese quicklebendigen Wesen triumphierten schnell über das weibliche Ei in seiner traurigen Unbeweglichkeit. Doch auf den Rausch sollte rasch die Ernüchterung folgen: War es etwa schmeichelhaft für den Menschen, aus einem solchen Gewirr von Würmern entstanden zu sein? Wie viele Samenzellen mußten für die eine Zelle, die triumphierte, geopfert werden? Welch maßlose Verschwendung! Die Autoren der *Encyclopédie* von Diderot und d'Alembert entrüsteten sich, daß die wendigste unter ihnen »in einem allgemeinen Massaker allein von der Gebärmutter und dem Ei Besitz ergreift«. Damit stand zu Anfang des 18. Jahrhunderts die Theorie der »Ovisten« wieder im Vordergrund.

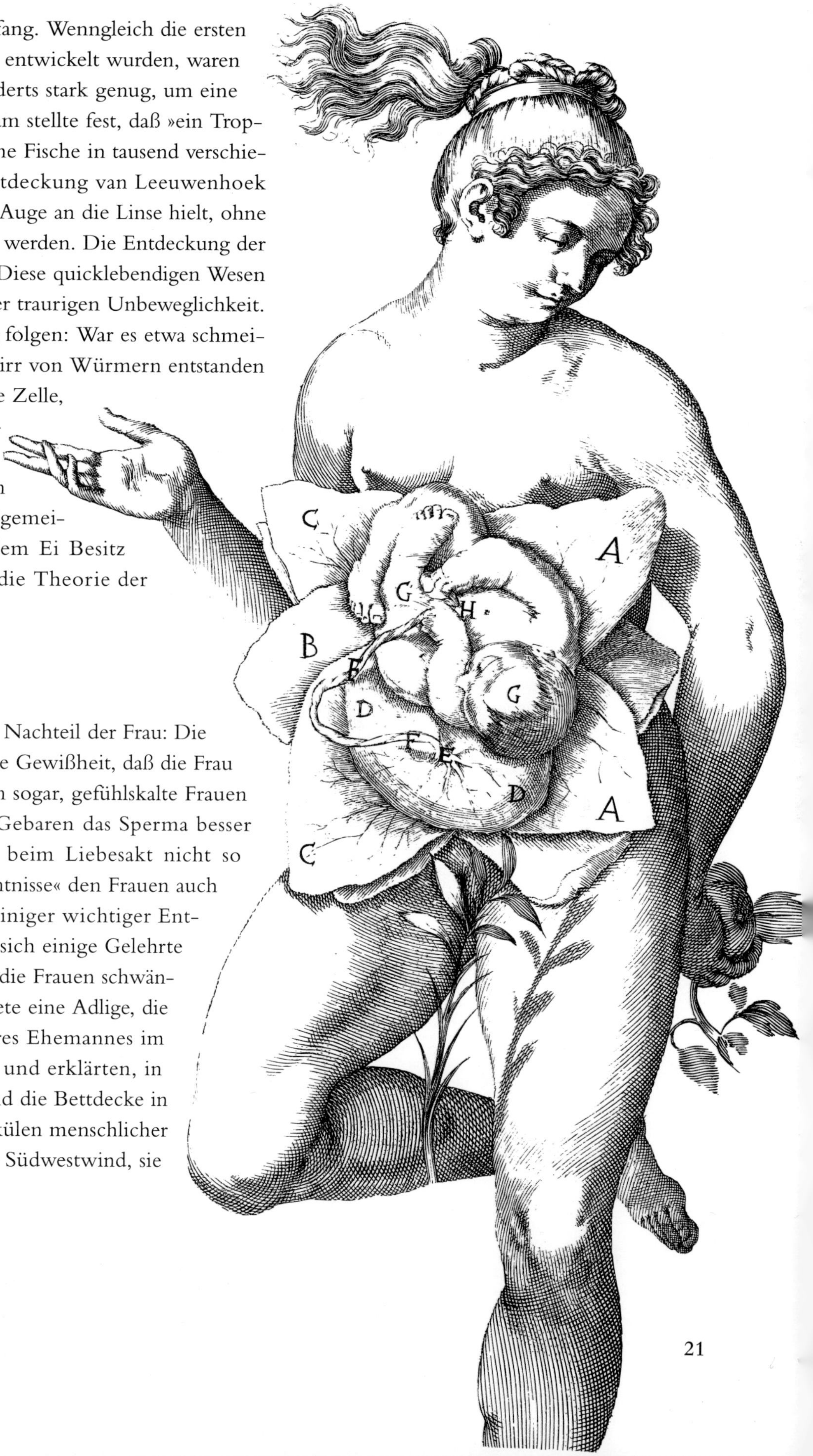

Vom Winde befruchtet

Im 17. Jahrhundert entwickelte sich die Wissenschaft zum Nachteil der Frau: Die Ärzte hatten nach Jahrhunderten der Unsicherheit jetzt die Gewißheit, daß die Frau auch ohne Orgasmus empfangen konnte. Einige meinten sogar, gefühlskalte Frauen seien die zeugungsfähigeren, da sie durch ihr ruhiges Gebaren das Sperma besser behalten könnten. Auch brauchten sich die Männer beim Liebesakt nicht so abzumühen. Immer wieder aber kamen ärztliche »Erkenntnisse« den Frauen auch zu Hilfe: Trotz der Entwicklung des Mikroskops und einiger wichtiger Entdeckungen im Laufe des 17. und 18. Jahrhunderts ließen sich einige Gelehrte nicht von dem Gedanken abbringen, daß auch der Wind die Frauen schwängere. Einer Anekdote aus dem Jahr 1637 zufolge behauptete eine Adlige, die einen Jungen zur Welt brachte, ihn in Abwesenheit ihres Ehemannes im Schlaf empfangen zu haben. Die Ärzte gaben ihr recht und erklärten, in einer Sommernacht, als »ihr Fenster geöffnet gewesen und die Bettdecke in Unordnung geraten sei, habe der von organischen Molekülen menschlicher Insekten und fliegenden Embryonen erfüllte Zephir, der Südwestwind, sie befruchtet«.

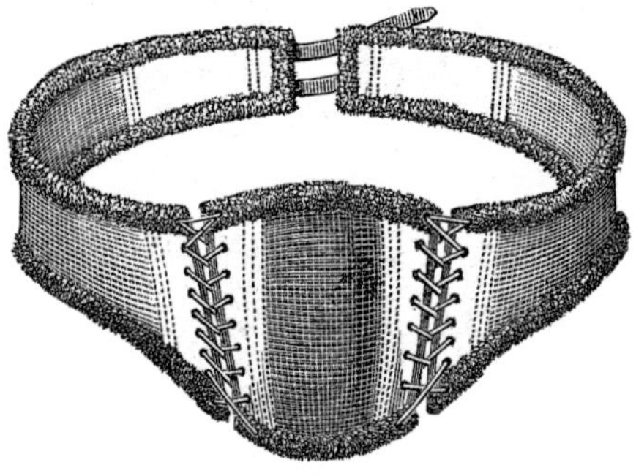

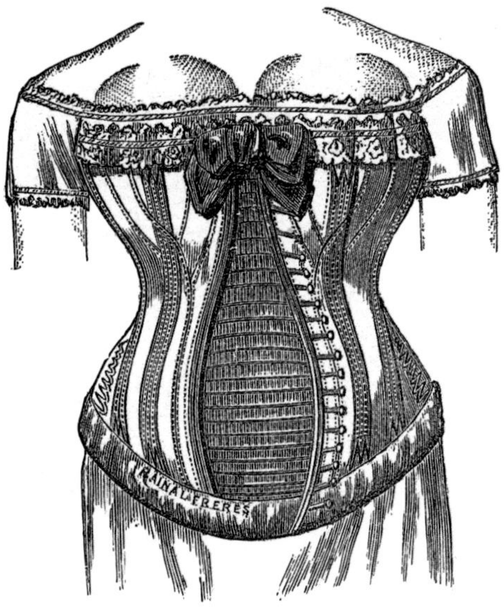

Unter den weiten Kleidern sollten Schwangerschaftskorsetts Deformierungen verhindern.

Oben und unten: Stiche, Ende des 19. Jh.s.

Seite 23: Arbeiterinnen um 1900, Foto, *L'Illustration*.

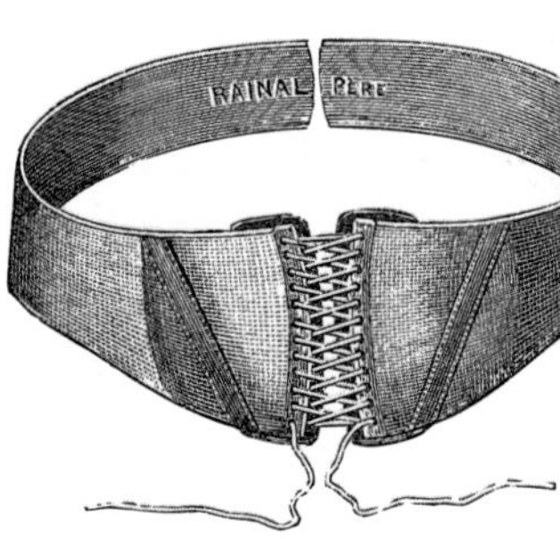

Die Schwangerschaft im Jahrhundert der Industrialisierung

1850 stellten die Ärzte Pouchet und Négrier die Theorie des Eisprungs auf. Im Jahre 1875 war der wahre Vorgang der Befruchtung bekannt. Dennoch lebten auf dem Land auch weiterhin die volkstümlichen Traditionen fort. Um Unfruchtbarkeit zu bekämpfen, sollte die Frau den Leib an einem Menhir oder an einem Glockenklöppel reiben oder mit dem Finger »am Schloß einer Kirchentür« rütteln. Wenn eine Frau ein Kind erwartete, durfte sie das Haus nach Sonnenuntergang nicht mehr verlassen, und vor allem mußte sie es vermeiden, bei Vollmond im Freien zu urinieren; dann bestand nämlich die Gefahr, daß sie ein Ungeheuer zur Welt brachte. Sie durfte sich nicht wiegen, da dies die Entwicklung des Fötus beeinträchtigen könnte. Das Tragen von Bändern und Kordeln war verboten, denn sie könnten den Fötus dazu verleiten, sich mit der Nabelschnur zu erwürgen.

Im 19. und selbst noch im 20. Jahrhundert wurden den Schwangeren von den Ärzten zahlreiche Aktivitäten verboten: das Schaukeln, Walzertanzen und sogar Singen, da die Anstrengung der Stimme dem Kind schaden könne. In seinem Buch *Hygiène de maman et de bébé* (Hygiene für Mutter und Säugling) riet Léon Pouliot 1921 von Einkaufsbummeln, Schrankaufräumen und Straßenbahnfahrten ab. »Baden Sie nicht im Meer, außer, Sie sind wirklich daran gewöhnt«, warnt Pouliot, »und selbst in diesem Fall sollten Sie den Aufprall der Wellen auf den Unterleib meiden; noch strikter ist das Schwimmen verboten.« Großzügig gewährte er die ein oder andere Zerstreuung: »Ein trauter Abend im Kreis von Freunden, der zeitig beendet und von angenehmen Unterhaltungen erfüllt oder einer Partie Bridge belebt wird, ist durchaus erlaubt (vor allem, wenn Ihr Ehemann Wert darauf legt).« Doktor Lacasse hingegen untersagte das Radfahren, das Nähen auf der Nähmaschine, vor allem aber die Hochzeitsreise, weil sie den Fötus in den ersten Tagen gefährden könnte. Seiner Meinung nach sind die »ehelichen Strapazen« nicht weniger gefährlich als die des Zugfahrens: »Dabei handelt es sich schlichtweg um einen Mord zu zweit, einen hübschen kleinen Kindesmord«, verkündete er. »Denken Sie daran, Madame, daß Sie ab dem Tag, da Sie keine Regel mehr haben, keine leere Hülle mehr sind.«

Im 20. Jahrhundert wurde die Schwangerschaftskontrolle eingeführt. Heute werden bei regelmäßigen Arztbesuchen Blutdruck, Urin und Gewicht der Mutter geprüft. Seit den 70er Jahren ist es möglich, dank der Mitte des Jahrhunderts entwickelten Ultraschalluntersuchung das Heranwachsen des Babys im Bauch zu beobachten.

Auch wenn sich schwangere Frauen durch Amulette, magische Säckchen, Adlersteine und ähnliches vor übernatürlichen Kräften gefeit glaubten, so waren sie doch von den Anstrengungen des täglichen Lebens nicht befreit. Außer den Damen der höheren Gesellschaft, die sich ein wenig Ruhe gönnen konnten, mußte der Großteil der Frauen bis kurz vor der Niederkunft arbeiten. Im Jahr 1930 wurde in Frankreich, erst 1968 in Deutschland der Mutterschaftsurlaub eingeführt, ab 1973 standen die ersten verläßlichen Schwangerschaftstests zur Verfügung.

Gebären

Lange Zeit war die Geburt ein Kampf auf Leben und Tod, für die Mutter wie für das Kind. Bis ins 19. Jahrhundert erblickten die meisten Säuglinge zu Hause das Licht der Welt – mit Hilfe des gesunden Menschenverstandes, alter Hausmittel, Erfahrung, Geschicklichkeit und einer Prise Zauberei. Erst mit Beginn des 18. Jahrhunderts nahmen sich die Ärzte allmählich des Abenteuers der Geburt an, doch bisweilen litten unter dieser Entwicklung die Intimität, das Gefühl und das Geheimnis. Heute verringern die Mittel der modernen Geburtshilfe, Anästhesie, Asepsis und Antisepsis in erheblichem Maße die Gefahren der Geburt.

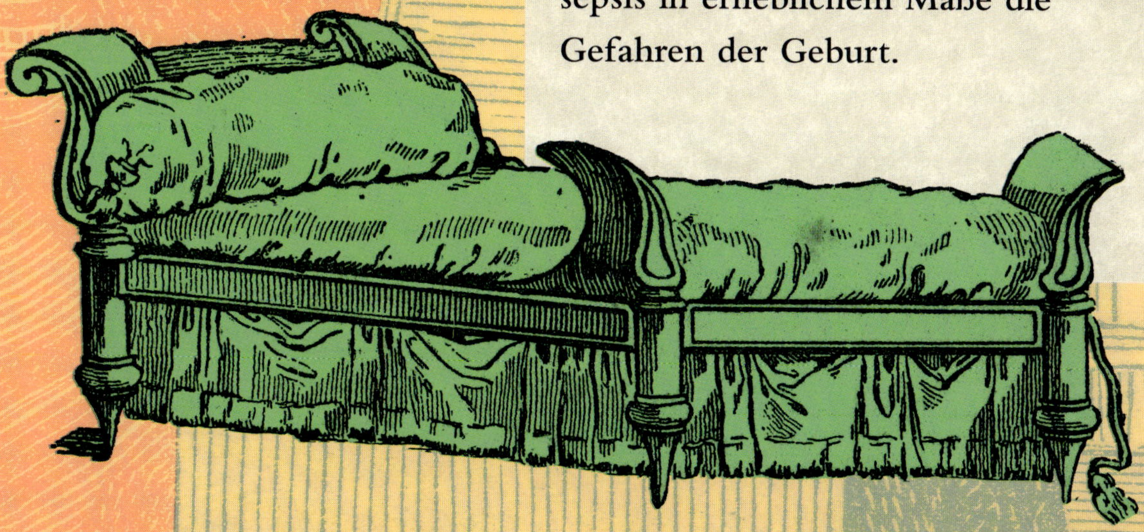

Schreie und Flüstern

Im alten Rom gab es in den Patriziervillen einen mit prächtigen Purpur- und Goldstoffen ausgekleideten Raum, der der Geburt vorbehalten war und in dem ein großes, aus Edelhölzern gefertigtes Bett stand. Bei den ersten Wehen begab sich die Hausherrin dorthin und ließ sich wie bei einem römischen Gelage, halb auf der Seite liegend, auf dem Bett nieder. Manche Frauen besaßen auch einen speziellen Schemel. »Bei der normalen Geburt muß man folgende Sachen in Bereitschaft halten: Öl, warmes Wasser, warme Umschläge, weiche Schwämme, Wolle, Binden, ein Kopfkissen, Riechmittel, den Geburtsstuhl oder Geburtssessel, zwei Betten und ein zum Gebären passendes Zimmer.« Wie viele Römerinnen mögen wohl über diesen von Soranus von Ephesus im 2. Jahrhundert v. Chr. empfohlenen Luxus verfügt haben? Jener berühmte Arzt, in vielerlei Hinsicht ein Wegbereiter, beschäftigte sich bereits damals mit den Schmerzen der Frauen bei der Niederkunft. Zur Linderung riet er, der Gebärenden warme Hände oder mit warmem Öl getränkte Tücher auf den Leib zu legen. Auch die Hebammen kannten einige Mittel gegen die Schmerzen bzw. zur Beschleunigung der Geburt: den Leib mit Vipernfett, Aalgalle oder dem zerstoßenen Huf eines Esels einreiben; die Zunge eines Chamäleons, eine Schlangenhaut oder ein Hasenfell auf den Unterleib legen. Plinius der Ältere empfahl einen Trank aus Gänsedreck, Schnecken oder Regenwürmern. Doch als das sicherste Mittel für eine glückliche Geburt galt noch immer die Anrufung der Göttin Juno, der Beschützerin der Schwangeren und Gebärenden.

Schließlich war es soweit. Die Hebamme empfing den Säugling auf einem Tuch oder auf jungen Papyrusblättern, »damit das Kind nicht zu Boden gleitet noch gequetscht wird, sondern sanft gebettet ist«. Doch diese Fürsorge bedeutete nicht automatisch, daß das Kind von der Gesellschaft und seinen Eltern angenommen wurde. Vermutlich war es die Lehre der Stoiker, der zufolge der Fötus keine Seele hat, die dem Vater in der Antike das Recht gab, seinem Kind das Leben zu verweigern. So überschrieb denn auch Soranus ein Kapitel seines Buches mit: »Die Kennzeichen eines zur Aufziehung geeigneten Kindes«. Nachdem die Hebamme das Neugeborene auf den Boden gelegt hatte, gab sie sein Geschlecht bekannt und prüfte, ob es gesund war. Falls nicht, hatte das Kind kein Recht darauf, zu leben. Die Kriterien dieser entsetzlichen Auslese waren erschreckend präzise: guter Gesundheitszustand der Mutter bei der Entbindung; eine Niederkunft zwischen dem 7. und 9. Schwangerschaftsmonat; kräftige Schreie des Neugeborenen, gesunde Gliedmaßen und Organe. Wenn die Hebamme das Kind für lebensfähig erklärt hatte, war es nun am Vater, den Säugling als sein Kind

anzuerkennen, indem er ihn vom Boden aufhob. Erst dann durchtrennte die Hebamme die Nabelschnur mit einer Glasscherbe, einem spitzen Stück Schilf oder einer Brotrinde und bestreute den Körper des Kindes mit Salz, um die Talgschicht zu entfernen. Dem Wasser des anschließenden Bades wurde häufig ein ordentlicher Schuß Wein beigemengt. Damit wollte man erreichen, daß das Kind reagierte, und es zugleich kräftigen. Erkannte der Vater das Neugeborene nicht an, wurde es auf einem Misthaufen ausgesetzt oder getötet.

Die mittelalterliche Hebemutter

Unter den Frauen eines mittelalterlichen Dorfes ging die Nachricht in Windeseile um: Die Nachbarin, gerade von der Arbeit auf dem Feld heimgekehrt, stand kurz vor der Niederkunft. Von den herbeigeeilten Nachbarinnen würde eine der älteren, die bereits mehreren Frauen in solchen Fällen beigestanden hatte, das Amt der »Hebemutter«, Vorgängerin der heutigen Hebamme, übernehmen. Sie besaß kaum medizinische oder anatomische Kenntnisse, doch sie flößte Vertrauen ein und kannte die Geheimnisse der Pflanzen, die – zusammen mit einigen magisch-religiösen Bräuchen – unter den Frauen von Generation zu Generation weitergegeben wurden. Für ihre Hilfe entlohnte die Familie sie womöglich mit Eiern oder einem Huhn. Im Kamin des Wohnraums loderte ein kräftiges Feuer, über dem ein Kessel mit kochendem Wasser hing. Eine Schüssel und ein Krug standen für das erste Bad des Neugeborenen bereit. Der Ehemann holte Holz zum Nachlegen. Er war bei diesem Ereignis, das sich im Mittelalter und noch lange danach nur im Kreis von Frauen abspielte, nicht anwesend. Nur wenn der Ernst der Lage es erforderte oder sonst niemand der Gebärenden beistehen konnte, war er zugegen. Auch der Arzt glänzte durch Abwesenheit: Erst ab dem 15. Jahrhundert wurde er in wohlhabenden Kreisen bei einer schwierigen Geburt hinzugezogen. Die werdende Mutter setzte sich, von Kissen gestützt, in ihr Bett. Zwar war sie unter den Laken nackt,

Joseph bringt ein Bündel Holz, damit das gerade geborene Jesuskind bei seinem ersten Bad vor der Feuerstelle nicht friert. Bei der Geburt kümmerte der Vater sich um die Versorgung.

Oben: Französische Handschrift aus dem 15. Jh., Bibliothèque Nationale, Paris.

Links: Etruskische Weihgabe, 4. Jh. v. Chr., Villa Giulia, Rom.

Die Hebamme scheint den automatischen Gehreflex, die ersten instinktiven Schritte des Neugeborenen, zu prüfen.

Oben: Darstellung der Geburt Alexanders des Großen, 15. Jh., Musée Condé, Chantilly.

Rechts: Darstellung der Geburt des hl. Johannes, 15. Jh., Musée de l'Ain, Bourg-en-Bresse.

doch die Haube behielt sie auf. Die Hebamme mußte sich auf ihren Tastsinn verlassen, denn bis zum 19. Jahrhundert gebar die Frau von einem Laken oder später von ihrer Kleidung verhüllt. Sie konnte allerdings die Position einnehmen, die ihr die angenehmste war, im Stehen oder in der Hocke niederkommen. Einigen mittelalterlichen Abhandlungen ist zu entnehmen, daß man der Kreißenden empfahl, im Zimmer umherzugehen bzw. Treppen zu steigen. Sie konnte aber auch ein Bad mit duftenden, geschmeidig machenden Kräutern nehmen, um den Durchtritt für das Kind zu erleichtern. Die Hebemutter und die anderen Frauen waren während der gesamten Niederkunft anwesend; erstere unterstützte die Gebärende mit Ratschlägen, Massagen, Arzneitränken, Dampfbädern und Talismanen, während die anderen ihr Mut zusprachen und sie stützten.

Ein Bad aus zerstoßenen Rosenblättern

Im Mittelalter liebte man die Schreie; sowohl die der Gebärenden, die als ganz natürlich galten, als auch die des Neugeborenen, die von seiner Vitalität zeugten. Hatte die Hebemutter die Nabelschnur durchtrennt, verknotete sie sie doppelt und rieb den Nabel mit einem Pulver aus Sandelholz, Kümmel und Kerbel ein, bevor sie ihn mit in Olivenöl getränktem Linnen umwickelte. Nun wurde das Kind von der Hebamme sorgfältig untersucht und gewissenhaft gesäubert. Sie prüfte den Gehreflex und die Beweglichkeit der Gelenke. War die Familie wohlhabend, wurde der Säugling, so empfahlen es damals die Ärzte, mit in Salz zerstoßenen Rosenblättern umhüllt. Dieser Brauch diente dazu, die Talgschicht zu entfernen und die Glieder zu stärken. Mit einem zuvor in Honig getauchten Finger fuhr die Hebamme über die Zunge und das Zahnfleisch des Neugeborenen. So reinigte sie seinen Mund und regte seinen Appetit an. Anschließend wurde es mehrere Male in ein warmes Bad getaucht, dessen Temperatur sorgfältig mit der Hand oder dem Fuß kontrolliert wurde. Nach dem Abtrocknen wurde das Kind mit Olivenöl eingerieben – heftiger, wenn es sich um einen Jungen handelte, dessen »Glieder für die Arbeit kräftiger sein müssen als die der Mädchen«. Nach dieser Prozedur wickelte man das Kind in ein vorgewärmtes Tuch und legte es im Halbdunkel schlafen, um seine zarten Augen vor zu grellem Licht zu schützen. Die anderen Frauen kümmerten sich unterdessen um die Mutter. Sie zogen ihr ein weißes Hemd an, wechselten die Laken, brachten ihr Wasser, damit sie sich Gesicht und Hände waschen konnte, und eine Stärkung: ein Glas Wein, eine Suppe

Im 17. Jh. zeichnete der Arzt vor einem Kaiserschnitt mit Tinte eine Linie auf den Unterleib, durch die er mehrere Striche zog, damit er beide Seiten wieder richtig vernähen konnte.

Kaiserschnitt, Stich, 17. Jh., Bibliothèque de l'Ancienne Faculté de Médecine, Paris.

und etwas Geflügel, damit sie wieder zu Kräften kam. Dann empfing die Wöchnerin den Besuch der Nachbarinnen. Zu diesem Zweck verwandelten die Frauen von Stand im Mittelalter ihr Ehegemach in ein wahres Schmuckkästchen.

Im 15. Jahrhundert begann man in den wohlhabenden Familien Italiens den überbordenden Luxus der Wöchnerinnenzimmer bei Hofe nachzuahmen. Die Wände des Gemachs waren mit wertvollen Stoffen verkleidet, auf den Boden streute man im Sommer Blumen, und im Winter belegte man ihn mit dicken Teppichen. In der Mitte des Raums thronte ein »großes, reich mit Gardinen behangenes Bett«, auf dem sich Pelzdecken türmten. Ein mit Samt bezogener Sessel, viele Schemel und Seidenkissen für die Besucherinnen, eine aufwendig geschnitzte Truhe mit Wäsche für das Neugeborene vervollständigten die Einrichtung eines Zimmers, in dem Fürsten- oder Königskinder geboren wurden. Im Hinblick auf die zu erwartenden Gäste war auch der Geschirrschrank dort aufgestellt worden. Je nach sozialem Stand der Wöchnerin enthielt er unterschiedlich viele Borde. Die junge Mutter lag in ihrem Bett »festlicher gewandet als eine Braut«. Eltern, Freunde und Bekannte machten ihre Aufwartung und brachten erlesene Geschenke mit. Auf Gold- oder Silbergeschirr wurden ihnen

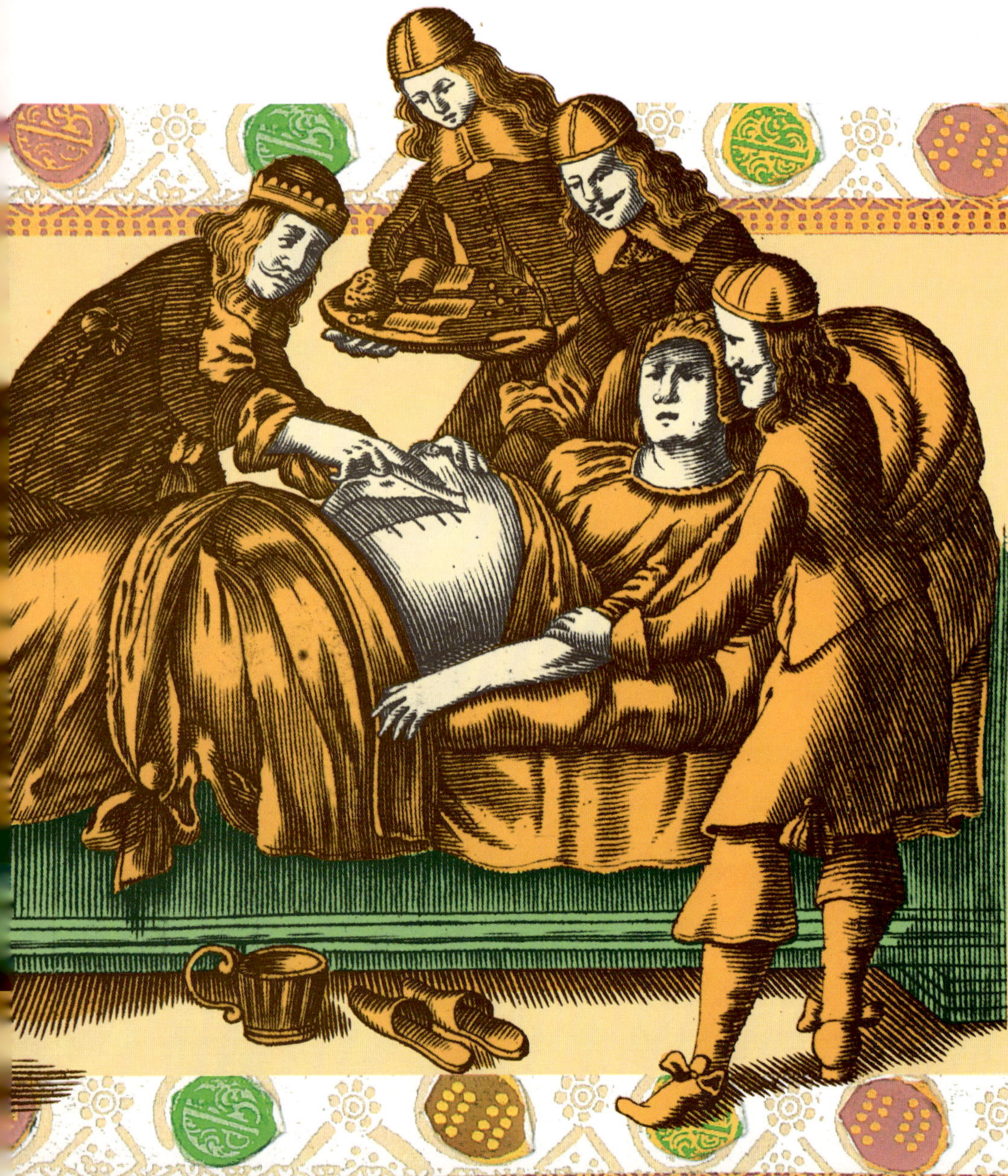

Der Kaiserschnitt

Im Schweizer Kanton Thurgau erwartete die Frau des »Schweinsschneiders« Jacob Nufers im Jahr 1500 ein Kind. Die Niederkunft erwies sich als lang und schwierig, doch das Kind wollte nicht kommen. Dreizehn Hebammen bemühten sich um die arme Frau. »Als die Schmerzen immer stärker wurden und das Kind noch immer auf sich warten ließ, meinte der Ehemann zu seiner Frau, wenn sie ihm vertraute, wolle er eine Operation wagen, die, mit Gottes Hilfe, gelingen könne. (...) Der Mann öffnete, wie bei einem Ferkel, mit einem einzigen Messerschnitt den Bauch. Sodann zog er mit einem Griff das Kind hervor.« Er nähte die Wunde seiner Frau, die ihm im darauffolgenden Jahr Zwillinge gebar. Das Kind wurde übrigens 77 Jahre alt! Dieser Bericht über den angeblich ersten Kaiserschnitt bei einer lebenden Frau findet sich in einem Buch aus dem Jahr 1581. Schon in der Antike war der

Wein, Quittenbrot und Kuchen angeboten. Diese verschwenderische Fülle endete erst mit dem Reinigungsritus der Wöchnerin.

Der Reinigungsritus

Arme Bäuerinnen hatten keine Wahl – ein paar Tage, ja manchmal bereits wenige Stunden nach der Geburt arbeiteten sie schon wieder auf dem Feld. In wohlhabenden Familien war die junge Mutter angehalten, sich rund einen Monat (der Bibel zufolge vierzig Tage lang) zu schonen. In dieser Zeit galt sie als unrein. Befleckt durch die Sünde des Fleisches, die zur Empfängnis geführt hatte, und durch das Blut, das seit der Geburt floß, drohte alles, was sie berührte, zu verderben. Ob arm oder reich, die Wöchnerin galt erst nach dem Reinigungsritus wieder als rein. Wenn der große Tag gekommen war, legte sie ein neues Gewand an und ging in die Kirche, um eine Kerze zu Ehren der Jungfrau Maria anzuzünden. Der Pfarrer besprengte sie mit Weihwasser. Damit war sie wieder in die Gemeinde aufgenommen und konnte ihren üblichen Tätigkeiten nachgehen. Diese Zeit der Zurückgezogenheit nach der Geburt wurde so

Die zahlreichen und sehr wirklichkeitsgetreuen Darstellungen des Kaiserschnitts *post mortem* aus dem Mittelalter lassen darauf schließen, daß dieser Eingriff relativ häufig vorgenommen wurde.

Unten: Cäsars Geburt, Miniatur aus dem 15. Jh., Musée Condé, Chantilly.

Folgende Doppelseite: Darstellung der Geburt des hl. Johannes, Domenico Ghirlandaio, 15. Jh., Santa Maria Novella, Florenz.

Kaiserschnitt bekannt, wurde allerdings nur an toten Frauen vorgenommen. Man hoffte, auf diese Weise wenigstens das Leben des Kindes retten zu können. Schon im Mittelalter und verstärkt im 17. und 18. Jahrhundert schrieb die Kirche den Kaiserschnitt vor, damit das Kind lebend zur Welt kam und das Sakrament der Taufe empfangen konnte – Voraussetzung für das ewige Leben. Im Zeitalter der Aufklärung bemühten sich die Ärzte, das Leben der Mutter und das des Kindes zu retten, und richteten ihr Augenmerk deshalb mehr und mehr auf die Operation an der lebenden Frau. Doch in der Praxis blieb diese Methode ein Ausnahmefall, und der Streit darüber, ob sie ihre Berechtigung habe, spaltete die berühmtesten Wundärzte jener Zeit in zwei Lager. Bis Mitte des 19. Jahrhunderts wurden dadurch jedoch mehr Leben vernichtet als gerettet: Zwei Drittel der Frauen und Kinder fanden den Tod. Erst die Erfindung der Anästhesie und vor allem die Beachtung der Regeln der Keimfreiheit machte seit Mitte des 19. Jahrhunderts den Kaiserschnitt zu einem weniger riskanten Eingriff.

Die Geburtssäckchen bestanden aus mehreren Lagen Stoff und enthielten verschiedenste Dinge: Medaillons, Rosenkranzperlen, Figurinen und Reliquien, ein Bündel winziger Blätter, die mit religiösen Texten oder magischen Formeln beschrieben waren.

Unten: Textblätter aus einem Geburtssäckchen, Musée des Arts et Traditions Populaires, Paris.

Rechts: Altaraufsatz von Pfullendorfer, um 1500, Städtische Galerie, Stuttgart.

streng eingehalten, daß manche Frauen sich kleiner Listen bedienten, um ihre Arbeit früher wiederaufnehmen zu können. Einige setzten sich sogar einen Dachziegel ins Haar, um anzuzeigen, daß sie das Haus eigentlich gar nicht verlassen hatten! Reiche Frauen hingegen nutzten diese Zeit, um sich verwöhnen zu lassen.

Wallfahrten und Reliquien

Bis die Geburtshilfe im 19. Jahrhundert Fortschritte machte, bedeutete jede Geburt einen Kampf mit dem Tod. Wie gebaren die Frauen im 18. Jahrhundert? Damit die Niederkunft glücklich verlief, bedienten sie sich religiöser Rituale und magischer Gegenstände. Solchen Überzeugungen hingen nicht nur die Bauersfrauen, sondern auch Königinnen und Bürgersfrauen an. Vor allem ein von Generation zu Generation weitergegebener Gegenstand sollte eine glückliche Niederkunft gewährleisten: das Geburtssäckchen. Sein Inhalt mußte geheim bleiben, sonst verlor es seine Kraft. Wie viele Generationen werdender Mütter haben wohl auf diese Weise für Schwangerschaft und Geburt den Beistand der Heiligen, vor allem den der Jungfrau Maria und der hl. Margareta, erfleht? Viele Schwangere machten sich auch zu einer Wallfahrt auf oder trugen den Gürtel einer der allmächtigen Heiligen. Ein Gürtel der hl. Margareta, der im Besitz der Benediktinerabtei von Saint-Germain-des-Prés in Paris war, wurde z.B. an Schwangere für die Geburt »ausgeliehen«. Die besonders wirkungsvollen Gürtel der Jungfrau Maria waren vielerorts zu finden. Ludwig XIII., dem zu Ohren gekommen war, welche Wunder ein solcher Gürtel bei Frauen bewirkte, die ihn lediglich berührt hatten, ließ einen für seine Frau herbeischaffen, als diese nach über zwanzig Jahren Ehe zum erstenmal schwanger war. Ein paar Stunden vor der Niederkunft band sich Anna von Österreich diese Reliquie um und gebar ohne Schwierigkeiten einen Sohn, den späteren Ludwig XIV.

Doch nicht jeder Frau war es möglich, sich einen Gürtel der Jungfrau Maria auszuleihen oder ihn auch nur zu berühren. Dann erwies sich als ebenso hilfreich ein großes Glas Wasser, in dem man die Stückchen eines kleinen Portraits der Jungfrau oder einiger auf Papier geschriebener Bibelverse aufgelöst hatte. Dieses fromme Getränk konnte Wallfahrten und Reliquien ersetzen.

Amulette und Talismane

Trugen die Frauen während der Schwangerschaft magische Gegenstände am Oberkörper, um die Leibesfrucht zu halten, so wurden diese bei der Geburt auf den Bauch oder um den Schenkel gelegt. Das berühmteste dieser Amulette war ein hohler Stein, in dem man, wenn man ihn schüttelte, Steinchen umherrollen hörte. Dieser »Adlerstein« (angeblich findet man dieses seltene und wertvolle Stück in Adlerhorsten) symbolisierte den sich im Mutterleib bewegenden

»Stärkt bei meiner Niederkunft mein Herz, damit ich die Schmerzen ertrage und sie als Zeichen Eures Richtspruchs für die Sünden der ersten Frau annehme. Um dieser Verwünschung und um meiner eigenen Verstöße in der Ehe willen leide ich mit Freuden die grausamsten Wehen. Obwohl diese Empfängnis in der Heiligkeit der Ehe zustande gekommen ist, gestehe ich, daß sie von fleischlicher Begierde vergiftet war. Wenn es Euer Wille sei, daß ich bei meiner Niederkunft sterbe, werde ich ihn begrüßen, ihn segnen und mich ihm unterwerfen.«

Christliche Unterweisungen und Gebete, Godeau, 1646.

Die Taufe

Im zweiten Jahrhundert begann man die Kinder zu taufen; es war natürlich, daß die Christen wünschten, ihre Kinder mit diesem Sakrament zu versehen, ohne welches sie verdammt worden wären. Man befand endlich, dies sei ihnen binnen acht Tagen zu spenden, weil dies auch bei den Juden die Zeit war, in der sie beschnitten wurden. Die griechische Kirche übt diesen Brauch immer noch. (...) Wer in der ersten Woche seines Lebens starb, war gemäß den strengsten Kirchenvätern verdammt. Doch im fünften Jahrhundert ersann Petrus Chrysologus den Limbus, eine Art gemilderter Hölle und eigentlich Höllensaum oder Höllenvorort, wohin die kleinen Kinder kommen, welche ohne Taufe gestorben sind ...«

Voltaire

Fötus und wurde in reichen Familien von Generation zu Generation weitervererbt. Sich diesen »schwangeren Stein« an den linken Schenkel binden, den Bauch mit Schlangenhaut umwickeln, eine rote Korallenkette tragen, einen Magneten auf den Unterleib legen, um das Kind herbeizulocken, eine lange Kerze anzünden, die gegen Ende der Geburt erlöschen würde – dies sind nur einige der magischen Bräuche, die jahrhundertelang angewendet wurden. Doch die Hebemütter auf dem Land hatten noch ganz andere Rezepte für eine rasche Geburt parat: Um dem Kind den Durchtritt zu erleichtern, wurde z.B. jeder Knoten gelöst und jeder Riegel geöffnet, ja sogar die Kühe im Stall losgebunden; Pfeffer in die Nasenlöcher der Schwangeren geblasen, damit sie nieste und das Kind austrat; die Schwangere wie ein Pflaumenbaum geschüttelt; der Kreißenden ein großer Schrecken eingejagt, um die Wehentätigkeit anzuregen. Man ließ die werdende Mutter sich »auf die Wölbung eines heißen Kessels setzen«, um die Genitalien geschmeidig zu machen, oder man rieb diese mit Butter oder zerlassenem Speck ein; angeblich half es auch, die Nachtmütze des Ehemannes auf den Bauch der Frau zu legen oder ihr seine Hosen anzuziehen.

Solche Amulette sollten der Kreißenden eine glücklich verlaufende Niederkunft bescheren.

Korsische Medaillons, Musée des Arts et Traditions Populaires, Paris.

Die Entbindung

Bei den ersten Wehen begannen die weiblichen Verwandten, Nachbarinnen und die Hebamme, sorgfältig alle Türen und Fenster des Geburtsraums abzudichten. Kälte oder Zug wären für Mutter und

Kind verhängnisvoll. Doch vor allen Dingen wollte man mit diesen Vorsichtsmaßnahmen die bösen Geister vertreiben, die die kleinste Ritze nutzten, um Unheil zu verbreiten. Um den Raum kräftig zu heizen, wurde immer wieder Holz nachgelegt. Fand die Geburt im Stall statt, was bis zum 19. Jahrhundert noch recht häufig der Fall war, heizte der Atem der Tiere den Raum auf. Die Anwesenheit der vielen Frauen, die hin- und herliefen, schrien oder flüsterten, verbreitete zusätzlich Wärme im Raum. Befand man die Temperatur dennoch nicht für ausreichend, wurden der werdenden Mutter stark gewürzte Getränke eingeflößt, um »die Gebärmutter zu erhitzen«. Ob in einem Bauernhaus, dessen Wohnraum mit fünf oder sechs Gevatterinnen bereits überfüllt war, oder am Königshof – schon bald war die Luft zum Ersticken.

Aus Sorge, das Königskind könnte gegen ein anderes Kind ausgetauscht werden, erlegte man seit dem 17. Jahrhundert den Königinnen ein schonungsloses Zeremoniell auf: Kaum setzten die Wehen ein, begaben sich der König, die Prinzen und Prinzessinnen der königlichen Familie, die Minister und Gesandten an das Bett der Gebärenden. Als unfehlbarer Zeuge wachte der Kanzler auf den Knien vor dem Bett. Hinter Wandschirmen durften auch die gewöhnlichen Sterblichen der Geburt beiwohnen. Auch im Jahrhundert darauf galt diese Sitte noch. In ihren Erinnerungen berichtet Madame de Campan, wie Marie-Antoinette 1778 bei der Geburt ihrer Tochter Marie-Thérèse de France deshalb beinahe zu Tode gekommen wäre: »In dem Augenblick, da der Geburtshelfer Vermond laut verkündete: ›Die Königin ist im Begriff niederzukommen!‹, strömten die Neugierigen so zahlreich und lärmend in ihr Gemach, daß man glaubte, die Königin werde dahinschwinden. Der König hatte in der Nacht klugerweise die riesigen mit Gobelins bezogenen Wandschirme um das Bett Ihrer Majestät mit Schnüren aneinanderbinden lassen, ohne welche Maßnahme sie mit Sicherheit auf die Königin gestürzt wären. Man konnte sich in dem Gemach nicht mehr rühren, und es ging darin so bunt zu, daß man glauben konnte, man befinde sich auf einem öffentlichen Platz. Zwei Savoyarden stiegen auf Möbelstücke, um die Königin besser sehen zu können, deren Bett man für die Geburt gegenüber dem Kamin aufgestellt hatte. Der Lärm, das Geschlecht des Kindes, das die Königin, wie man munkelte, durch ein insgeheim mit der Fürstin von Lamballe verabredetes Zeichen erfahren hatte, vielleicht aber auch ein Fehler des Geburtshelfers, unterdrückte mit einem Schlag den natürlichen Fortgang der Dinge nach der Niederkunft. Das Blut stieg ihr zu Kopf, ihr Mund verzerrte sich, und der Geburtshelfer rief: ›Luft, heißes Wasser, man muß sie zur Ader lassen!‹ Die Fenster waren abgedichtet worden, und der König öffnete sie mit einer

»Der König tat mir die Ehr, daß er mich fragen ließe, wann es mir gefällig wäre, zu Hof zu bleiben und daselbst das Kind zu wiegen. Als sollte ich gleiche Bestallung und Einkommen haben wie die Säugamme. Aber ich ließ Ihre Majestät untertänigst bitten, mir mein Amt als Hebamme nicht zu nehmen, damit ich in demselben je mehr geübt und erfahren würde und nochmals seiner Maj. Gemahlin, als ich hoffte, mit mehr Geschicklichkeit dienen könnte«, erzählte die Hebamme Louise Bourgeois.

Illustration des Dornröschen-Märchens, Arthur Rackham.

Kraft, die ihm nur seine Liebe zur Königin verleihen konnte, denn sie waren sehr hoch und ringsherum mit Papierstreifen verklebt. (...) Die Kammerdiener und Türhüter packten sodann, um Luft zu schaffen, die aufdringlichen Gaffer beim Kragen, die sich aber keineswegs beeilten, das Gemach zu verlassen. Diese unmenschliche Etikette wurde daraufhin abgeschafft.«

Bis ins 19. Jahrhundert war die Geburt ein öffentliches Ereignis – für die Reichen und Großen dieser Welt ebenso wie für die Ärmsten. Die Arbeit der Hebamme war mit der Entbindung und der schnellen Versorgung von Mutter und Kind jedoch noch lange nicht beendet. Die Bräuche, mit denen sie den Säugling in Empfang nahm, wurden, vor allem auf dem Land, oft noch bis Anfang des 20. Jahrhunderts gepflegt. Zunächst durchtrennte sie die Nabelschnur, und zwar mehr oder weniger weit vom Bauch entfernt, je nachdem, ob es sich um einen Jungen oder um ein Mädchen handelte. »Die Hebemütter wollen, daß man die Nabelschnur ausreichend lang läßt, denn sie glauben, daß das männliche Glied dies als Beispiel nimmt und daß es größer wird, wenn das, was noch am Nabel hängt, lang genug gelassen wird.« Weder die Nabelschnur noch die Plazenta, die bis ins 19. Jahrhundert als Doppelgängerin des Kindes galt, wurde weggeworfen. Je nach Landstrich vergrub, verbrannte oder versteckte man sie in den Grundmauern des Hauses. Oft bewahrte die Mutter die Nabelschnur auch sorgfältig auf, damit sie dem Kind später als Talisman diene. Dann säuberte die Hebamme den Säugling vor dem Feuer – mit zerlassener Butter oder mit einem Schuß Wein versetztem Wasser. Häufig reinigte sie ihn auch von innen, indem sie ihm ein paar Löffel gesüßten Wein zu trinken gab, der ihn kräftigen sollte. Anschließend machte sie sich nicht selten daran, dieses kleine unvollkommene Wesen zu formen: Mit aller Macht knetete sie sein Köpfchen, »um es runder oder länglicher zu machen«, je nach Geschmack der Zeit und der Region. Mit einem Fingernagel, den sie extra zu diesem Zweck hatte wachsen lassen, durchtrennte die Hebamme häufig auch das Zungenbändchen des Neugeborenen, um ihm das Saugen zu erleichtern.

Sobald der Kanzler das Geschlecht des Kronprinzen bestätigt hatte, wurde der Säugling gewickelt und in seine Gemächer getragen. Neben der prunkvollen Wiege wurde eine Wache postiert.

Oben: Naissance de Louis de France (Geburt Ludwigs von Frankreich, des späteren Königs Ludwig XV.), Antoine Dieu, 1715, Versailler Schloß.

Rechts: Stich, 1808, Bibliothèque Nationale, Paris.

Seite 39: Le Nouveau-Né (Das Neugeborene), A. Gilli, 19. Jh., Musée du Petit-Palais, Paris.

Souvenir

Die religiöse Zeremonie der Beschneidung ist im Judentum, im Islam und in anderen Kulturen ein Ritual, mit dem der männliche Säugling in die Gemeinschaft aufgenommen wird. Diesen Sinn erfüllt bei den Christen die Taufe.

Beschneidung, Michael Pacher, 15. Jh., Sankt Wolfgang, Österreich.

Gefolge und Zeremonien

Einige Stunden oder Tage nach der Geburt führte die Hebamme oder eine der Frauen, die bei der Geburt geholfen hatten, den Zug an, der den Säugling zur Taufe in die Kirche geleitete. Die Hebamme war nämlich nicht nur für den guten und glücklichen Verlauf der Geburt verantwortlich, sondern ihr oblag auch das Seelenheil des Kindes. So mußte sie das Taufgelübde kennen, um gegebenenfalls eine Nottaufe vornehmen zu können. Geschah das nicht, dann würde die Seele des toten Kindes keine Ruhe finden, und es konnte nicht auf dem Friedhof begraben werden. Aus demselben Grund wurde sogar eine Taufe *in utero* eingeführt, über deren Gültigkeit jahrhundertelang große Uneinigkeit herrschte, die aber im Fall, daß das Kind doch überlebte, unbedingt in der Kirche von einem Geistlichen noch einmal vorschriftsmäßig vorgenommen werden mußte.

Der Taufzug, der das Kind begleitete, war meist recht stattlich. Zu Beginn der Zeremonie wollte der Pfarrer von den Paten wissen, welchen Namen sie für das Kind ausgewählt hatten. Häufig war es der Vorname des Vaters oder der Mutter, einer der Großeltern, des Paten oder der Patin. Oder der Name eines Heiligen, unter dessen besonderen Schutz man den Säugling stellte. Dann wickelte man das Neugeborene – so war es bis Ende des 15. Jahrhunderts – aus seiner Wäsche und tauchte seinen Körper in das Taufbecken. Wegen der Erkältungsgefahr beschränkte sich der Pfarrer später darauf, den Kopf des Täuflings mit Wasser zu benetzen.

Die Mutter jedoch durfte das Bett auf keinen Fall verlassen. Auf dem Land mußte sie in ihrem Hemd und den schmutzigen Laken liegenbleiben, manchmal eine Woche lang, da man der Ansicht war, daß weiße Wäsche Blutungen auslöse. Dieser Volksglaube hielt sich bis zum Beginn des 20. Jahrhunderts. Im 18. Jahrhundert war der Reinigungsritus von so großer Bedeutung, daß man ihn auch dann vornahm, wenn die Mutter im Wochenbett verstarb. Vor dem großen Tag der Reinigung statteten die nächsten Nachbarinnen der Wöchnerin einen Besuch ab. In manchen Gegenden legte sich dann der Ehemann statt seiner Frau ins Bett, simulierte die Schmerzen der Geburt und nahm dann sein Kind in den Arm. Ein Brauch, mit dem der Mann symbolisch seine Vaterschaft zu erkennen gab.

Inzwischen hatte sich die Nachricht von der Geburt des Kindes im ganzen Dorf herumgesprochen, und weitere Nachbarinnen kamen und brachten allerlei Naturalien

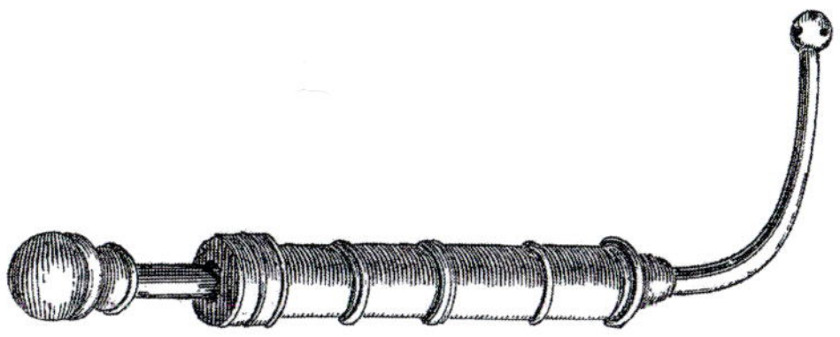

Oben: Mit einer solchen Spritze nahmen die Geburtshelfer des 17. Jh.s eine Taufe *in utero* vor.

Das nackte Neugeborene, das der Pate über das Taufbecken hielt, war kaum einen Tag alt. Vor der Taufe bestrich der Pfarrer das Köpfchen mit Salböl, einer Mischung aus Olivenöl und Balsam. Sodann wurde der Säugling abgetrocknet und bekam ein weißes Häubchen aufgesetzt, welches das Salböl aufnahm. Nach der Zeremonie gab es eine Feier, bei der das Kind von seinen Paten und den Gästen Geschenke erhielt.

Rechts: Darstellung der sieben Sakramente, Rogier van der Weyden, 15. Jh., Musée des Beaux-Arts, Antwerpen.

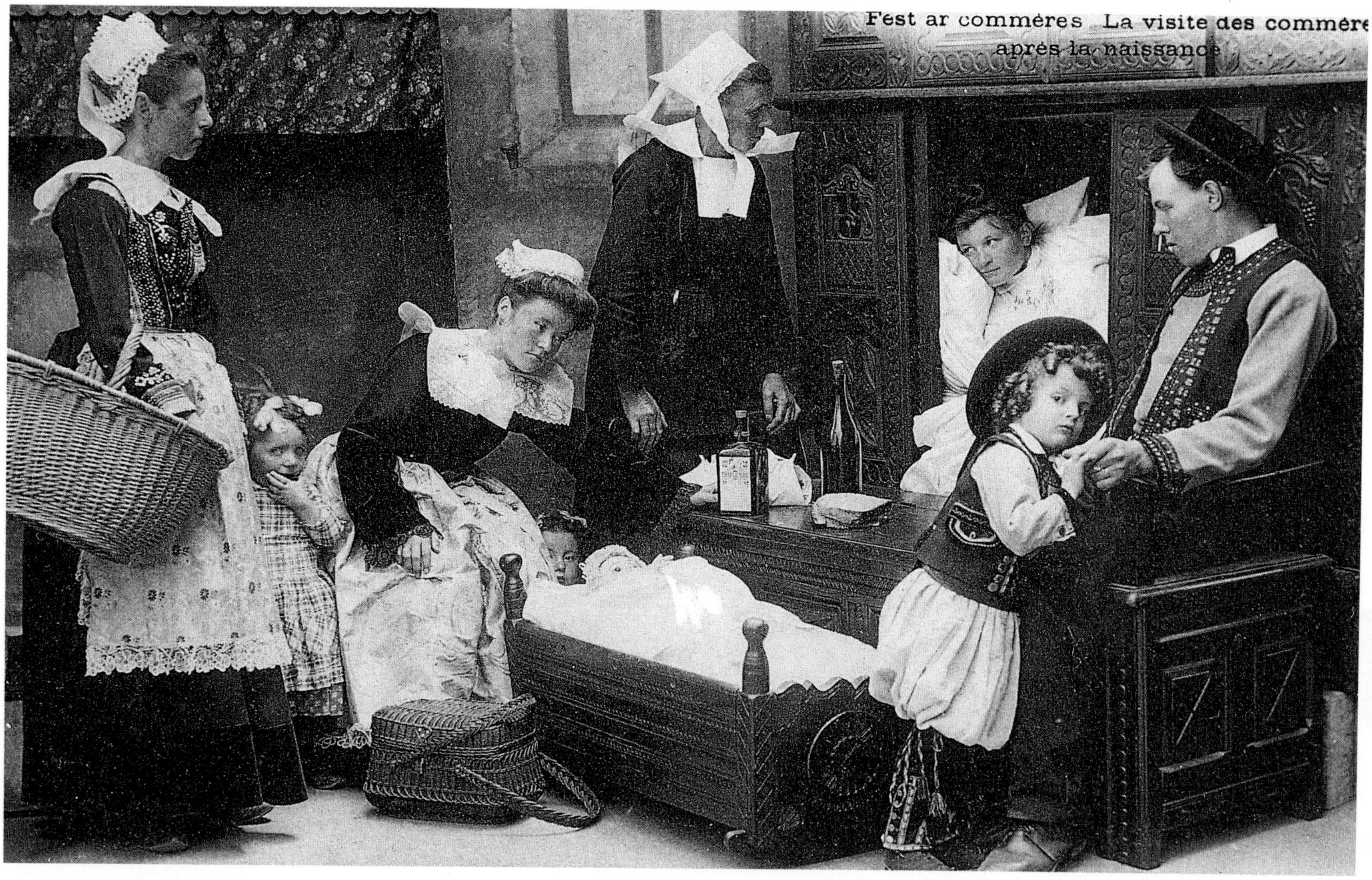

In ihrem Alkoven liegend, empfängt diese bretonische Mutter kurz nach der Geburt den Besuch ihrer Nachbarinnen.

Oben: Postkarte, 1905.

Links: Rückkehr von der Taufe, Hubert Salentin, 1859, Victoria and Albert Museum, London.

Folgende Doppelseite: Bauernfamilie aus dem französischen Departement Sarthe, Foto, Ende des 19. Jh.s.

und Glückwünsche für das Kind mit. Ein typischer Spruch lautete: »Möge Gott dich segnen und dich aufrecht wie ein Streichholz, weise wie das Salz, voll wie ein Ei, süß wie Zucker und gut wie das Brot machen.« Bis zur Taufe wurde das Kind von der Außenwelt abgeschirmt und mit Amuletten oder später mit Krönchen und geweihten Rosenkränzen beschützt.

Doch welch ein Unterschied bestand zu allen Zeiten zwischen der Feier zur Geburt eines einfachen Bauernkindes und der eines reichen Bürgerkindes! In den großen Städten erhielt jeder eine Geburtsanzeige, auf der Tag und Stunde für Glückwunschbesuche genau vermerkt waren. Handelte es sich bei dem Neugeborenen um einen Jungen, war Blau, die Farbe des schützenden Himmels, für die Kleidung der Mutter, die Wiege des Kindes und die Bänder der Amme angezeigt. War es ein Mädchen, wählte man Rosa. Diese zarte Farbe, die dem Kind ein rosiges Aussehen verlieh, diente jedoch einfach nur der Unterscheidung.

Oben: Diese als Hexe karikierte Hebamme fliegt mit einem Kind, das sie entführt hat, zum Hexensabbat.

Seite 47 links: Anatomie-Modell aus Elfenbein, 17. Jh.

Seite 47 rechts: Niederkunft auf einem Gebärschemel, Stich nach J. Rueff, 16. Jh.

»Weise Mutter« oder Hexe

Im 18. Jahrhundert und teilweise noch lange darüber hinaus ist und bleibt die Hebamme die wichtigste Helferin bei einer Geburt. Sie brachte eine Schere zum Durchtrennen der Nabelschnur, einen Faden und ein Töpfchen Salbe mit, deren Zusammensetzung geheim war. Wie schon im Mittelalter war die »Hebemutter« auf dem Lande eine ältere Frau, die selbst viele Kinder hatte. Um ihren Beruf zu erlernen, hatte sie einer anderen Hebamme zuvor assistiert.

Vom Leben der Dorfhebammen sind nur wenige Zeugnisse überliefert, u.a. das Tagebuch der Holländerin Catherine Shrader, einer äußerst temperamentvollen, feinfühligen Frau. Sie berichtet von ihrer Tätigkeit als fahrende Hebamme, wie sie auf den langen Wegstrecken Wind und Wetter trotzte, von der kräftezehrenden Arbeit und den 4000 Kindern, denen sie bis zu ihrem 91. Lebensjahr auf die Welt verhalf.

In Frankreich bemühte man sich in den Städten erstmals im 16. und auf dem Lande im 17. Jahrhundert, eine Ausbildung für Hebammen zu schaffen. 1587 wurde die erste Verordnung zur Ausübung dieses Berufs erlassen: Ob sie nun zu »Königinnen, Fürstinnen, Hofdamen, Bürgersfrauen oder armen Frauen« gerufen würden, die Hebammen wurden aufgefordert, »sich anständig und tugendhaft zu verhalten, alle lasterhaften Worte oder Gesten zu unterlassen und sich vorher ihrer Ringe zu entledigen und die Hände zu waschen«.

Die »weise Mutter« verfügte über ein auf Erfahrung und Überlieferung basierendes Wissen. Das Geheimnis und der Aberglaube, die ihre Tätigkeit umgaben, führten dazu, daß man sie vielerorts der Hexerei bezichtigte. Ihr wurde nicht nur vorgeworfen, bedenkenlos Abtreibungen vorzunehmen, sondern sie vermochte es angeblich auch, sich mit Hilfe des Teufels der Säuglinge zu bemächtigen. Seit dem 17. Jahrhundert setzte sich die Kirche für die Ernennung einer einzigen Gemeinde-Hebamme ein. Sollten damit die Hebammen-Hexen bekämpft oder vielmehr gewährleistet werden, daß alle Neugeborenen getauft wurden?

Nachdem die Frauen der Gemeinde gemeinsam eine Hebamme bestimmt hatten, leistete diese vor dem Pfarrer einen feierlichen Eid. J. Gélis, M. Laget und M.-F. Morel zitieren ihn in ihrem Buch *Der Weg ins Leben*: »Ich schwöre und verspreche bei Gott in Eurem Beisein, im römisch-katholischen apostolischen Glauben zu leben und zu sterben, mit größter Genauigkeit und Treue die Aufgabe zu erfüllen, der ich mich hier unterziehe, das heißt, den Frauen bei der Niederkunft zu helfen und niemals zuzulassen, daß Mutter oder Kind durch meine Schuld in Gefahr kommen. Wo ich aber eine Gefahr im Verzug sehe, gelobe ich, den Ratschlägen und Anordnungen des Wundarztes und anderer Frauen zu folgen, von denen mir bekannt ist, daß sie in dieser Aufgabe erfahren sind. Ich verspreche des weiteren, keinerlei Geheimnisse über die Familien oder die Frauen, denen ich helfe, weiterzugeben.« Danach erteilte ihr der Priester ein Leumundszeugnis.

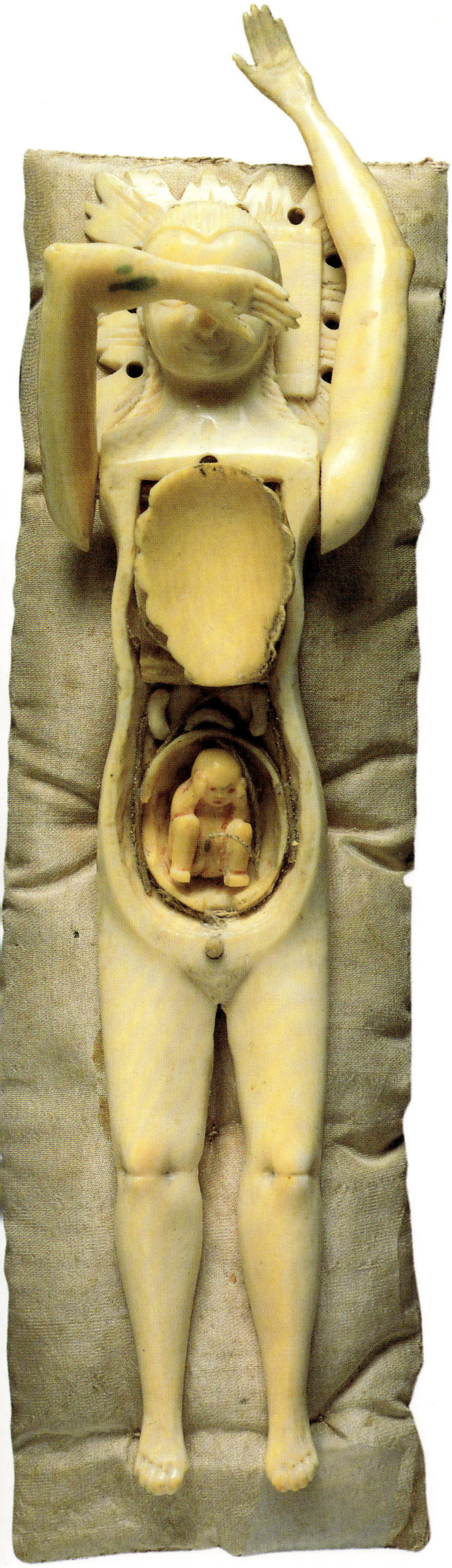

Die Anfänge der Geburtskunde

Ein durchlöchertes Spekulum, um Teildampfbäder mit wohlriechenden Kräutern zu erleichtern (eine Erfindung des großen Arztes des 16. Jahrhunderts, Ambroise Paré); Geschlechtsverkehr kurz vor der Niederkunft, um »das Kind im Leib zu erschüttern, so daß es leichter austritt«, oder das Auflegen einer Schafshaut auf den Unterleib der Gebärenden (Ratschläge des Geburtshelfers Jacques Guillemeau); beruhigende und tröstliche Worte (eine Empfehlung des Arztes Mauriceau): Bis ins 18. Jahrhundert war die Geburtshilfe der Ärzte auch nicht wissenschaftlicher fundiert als die der Hebammen. Im 16. und 17. Jahrhundert erschienen zwar vermehrt Schriften zu diesem Thema, doch in der Praxis blieb die Geburtshilfe eine Domäne, die ausschließlich den »weisen Müttern« vorbehalten war. Nur die Städter und die Reichen zogen vielleicht einen Geburtshelfer zu Rate, doch dies bedeutete meist nichts Gutes, denn man rief ihn nur im äußersten Notfall. Lediglich die Ärzte des Hôtel-Dieu in Paris hatten öfter Gelegenheit, bei Geburten zu assistieren, was den großen französischen Geburtshelfern des 17. Jahrhunderts wie François Mauriceau, Pierre Dionis, Guillaume Mauquest de La Motte eine in Europa einmalige Erfahrung bescherte, denn selbst Königinnen entbanden bei Hebammen. So gelangte z.B. zur Zeit Heinrichs IV. die Hebamme Louise Bourgeois zu Berühmtheit: »Nach meiner Ausbildung zur Hebamme stand ich einer Vielzahl von Frauen bei, armen wie gewöhnlichen, Damen wie Adligen, ja sogar Fürstinnen.« Doch sie war auch Königin Maria von Medici zu Diensten: »Die Reliquien der hl. Margareta, die da lagen auf einem Tisch in der Kammer, sollten auch zur Sache

Im Sitzen, in der Hocke, auf Knien oder im Liegen...

Ich habe häufig bemerkt, daß eins der wichtigsten Dinge für eine Frau in den Wehen ist, daß sie bequem gelagert ist; auf diese Weise schöpfen Mutter und Kind Erleichterung: Wenn eine Frau auf- und abgehen, gleichsam spazieren will, bis die rechte Zeit herankommt und sie sich legen muß, habe ich dieses Mittel oftmals gut und nützlich gefunden. (...) Manche wollen einen niedrigen Stuhl, auf welchem ein weiches Kissen gelegt sei, vor einem Tisch stehend, damit sie, wenn sie fühlen, daß die Schmerzen kommen, sich auf die Knie fallen lassen können. (...) Andere wiederum wollen sich, sobald die ersten Wehen kommen, ins Bett legen.« Zu Beginn des 17. Jahrhunderts ließ die Hebamme Louise Bourgeois die werdenden Mütter die Stellung einnehmen, die ihnen angenehm war. Doch in allen Jahrhunderten sind die Frauen in sehr unterschiedlichen Positionen niedergekommen, häufig im Stehen oder in der Hocke. Die bei der Geburt anwesenden Nachbarinnen leisteten wichtige körperliche Unterstützung. Die Gebärende schlang die Arme um deren Hals oder setzte sich auf ihren Schoß. In Holland war daraus sogar ein Beruf entstanden, der des *schooster*. Diese Leute dienten sozusagen als lebender Gebärstuhl: Die Gebärende setzte sich während der Wehen auf ihre Knie. In einem Dorf hatte ein Zimmermann einen so guten Ruf, daß alle Frauen auf seinen Knien gebären wollten. Völlig erschöpft, da man ihn zu häufig zu Hilfe rief, kam er auf die Idee, einen Stuhl zu entwerfen, der seine Knie ersetzen sollte. So führte man im 16. Jahrhundert in Europa die bereits in der Antike verwendeten Gebär-

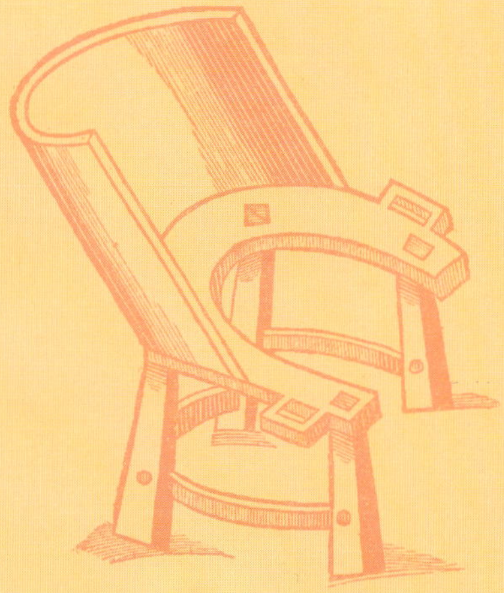

stühle wieder ein: Die Hebammen brachten ihren eigenen mit oder benutzten einen, der der Dorfgemeinschaft gehörte. Reiche Familien besaßen häufig einen eigenen Gebärstuhl. In Holland gehörte er bei jeder etwas wohlhabenderen Frau zur Aussteuer. Mit der Zeit wurden diese »Gebärapparate«, die zerlegbar, transportabel und verstellbar waren, immer weiter verbessert, so daß man verschiedene Stellungen auf ihnen einnehmen konnte. Sie waren der erste Schritt hin zur ärztlich überwachten Geburt, bei der die Frau sich »behandeln« lassen muß. Seit dem 18. Jahrhundert bevorzugten die Geburtshelfer die liegende oder halb liegende Stellung der Gebärenden, da sie dann besser arbeiten konnten.

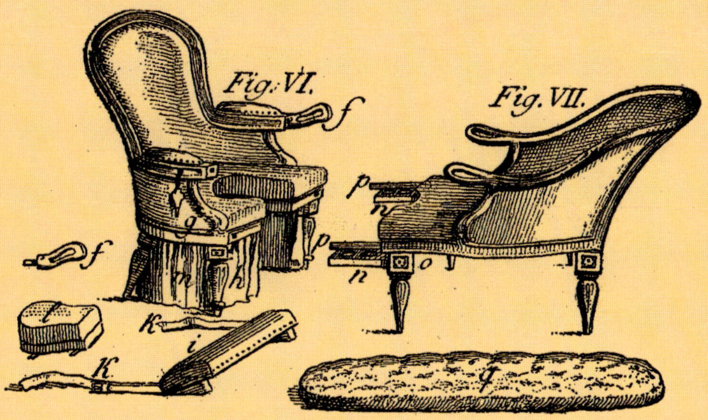

Vor der Gebärenden sitzt die Hebamme und wartet auf das Kind, während eine andere Frau die werdende Mutter fest gegen die Lehne des Gebärstuhls drückt.

Unten: Darstellung einer Niederkunft, Stich, 16. Jh.

Seite 48 links: Japanerin, die kniend in einer Art Holzkiste niederkommt; japanische Variante des Gebärschemels.

Seite 48 rechts: Verschiedene Gebärschemel, Stiche, 19. Jh.

Diese Seite oben und unten: »Leidensbett« und Gebärstühle aus dem 18. Jh., Stiche, 19. Jh.

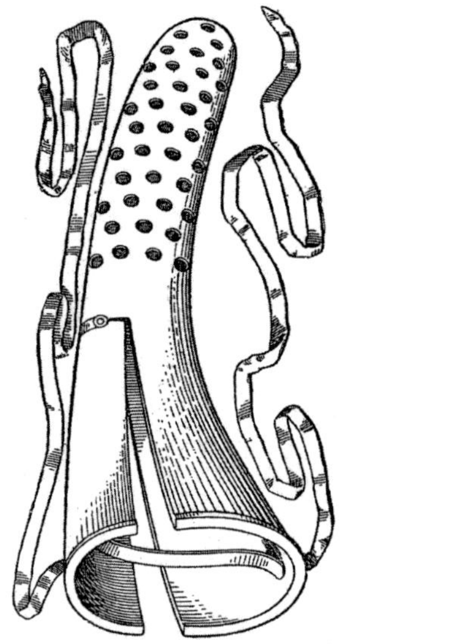

helfen, und zwei Geistliche von Saint-Germain-des-Prés sollten mit unablässigem Gebet das Beste tun. (...) Die Zeit, da die Königin in Kindsnöten lag, währte 22 Stunden und ein Viertel einer Stunde. (...) Wiewohl nun diese Zeit sehr lang wurde, ist doch der König niemals von uns abgetreten. (...) Die Königin begehrte, das Kind auf ihrem Geburtsstuhl zu genesen; als sie sich nun darauf gesetzt hatte, waren die Fürsten des Geblüts unter dem großen Gezelt nicht mehr gar so fern von ihr. Ich saß auf einem niedrigen Stuhl vor der Königin und als Gott ihr in demselbigen half, daß sie mit dem jungen Herrn, dem Delphins und Erben der Kron Frankreichs genas, bedeckte ich ihn mit Leinentüchern, wickelte ihn fleißig in Windeln und nahm ihn auf meinen Schoß, also daß kein Mensch wissen könnt, ob es ein junger Herr oder ein Fräulein wäre.« Nach der Geburt ließ der König sein Bett neben dem ihren aufstellen, wo er nächtigen würde, bis es der Königin wieder besser ging. Die Damen bei Hofe und die Frauen in der Stadt nahmen sich die königliche Familie zum Vorbild und vertrauten sich ebenfalls einer Hebamme an, wenn die Geburt nahte. Schließlich war es ein Mann, Ludwig XIV., der die große medizinische Revolution des 18. Jahrhunderts einleitete: die zunehmende Inanspruchnahme von Ärzten als Geburtshelfer. Weil er den Wehmüttern mißtraute und Indiskretionen fürchtete, ließ er an das Kindbett seiner Mätresse Mademoiselle de La Vallière einen Geburtshelfer holen.

Oben: Ein von Ambroise Paré erfundenes Spekulum.

Unten: Eine Geburt im Holland des 17. Jh.s: Alles spielte sich unter einem Laken ab.

Ein Angriff auf das Schamgefühl

Als der französische Arzt Ambroise Paré 1573 ein Buch über die Fortpflanzung der Menschen und die Geburtshilfe veröffentlichte, löste das einen ungeheuren Skandal an der Pariser medizinischen Fakultät aus: Bei der Geburtshilfe hätten die Männer nichts zu suchen! Ein paar Jahre zuvor hatte sich der Hamburger Arzt Wert als Hebamme verkleidet, um bei einer Niederkunft dabei sein zu können. Er wurde deshalb des Teufelskults für schuldig befunden und bei lebendigem Leib verbrannt. Bis Ende des 17. Jahrhunderts wurde dem herrschenden Vorurteil, Männer hätten aus Gründen der Schicklichkeit bei einer Geburt nichts verloren, nur selten zuwidergehandelt. Und obwohl gegen Ende des 18. Jahrhunderts Geburtshelfer in den Städten keine Seltenheit mehr waren, fand Parés Kollege Baudelocque mahnende Worte: »Der Tastsinn ist der gefährlichste aller Sinne und führt zur Lüsternheit. (...) Welchen Gefahren setzen sich also Christinnen aus, die den Händen eines Geburtshelfers ausgeliefert sind?« Es brauchte seine Zeit, bis der Mediziner am Kindbett akzeptiert wurde. Er durfte zwar tasten, aber nicht hinsehen. Ein Laken, das um seinen Hals geknotet war, sollte ihn vor jeglicher Versuchung bewahren. Auch ein abstoßendes Äußeres war angeraten, obwohl die Mode damals vorschrieb, daß die Männer sich rasierten und puderten.

Mauriceau sprach sich gegen diese gängige Praxis aus: »Es gibt Leute, die sagen, daß ein Wundarzt, der Geburten durchführen will, unsauber oder zumindest sehr ungepflegt sein und sich einen langen, verfilzten Bart stehen lassen muß, damit die Ehemänner der Frauen, die nach ihm schicken, keinen Grund zur Eifersucht haben. Ein solches Äußeres läßt eher an einen Schlachter als an einen Wundarzt denken, vor dem die Frauen schon genug Angst haben, ohne daß er sich derart verkleidet.« Bei den Protestanten hatten Effektivität und Pragmatismus schon lange über die Prüderie gesiegt. In England empfahl man den Frauen lediglich, sich während der Entbindung auf die linke Seite zu legen, um einen Blickkontakt zwischen Arzt und Patientin zu vermeiden.

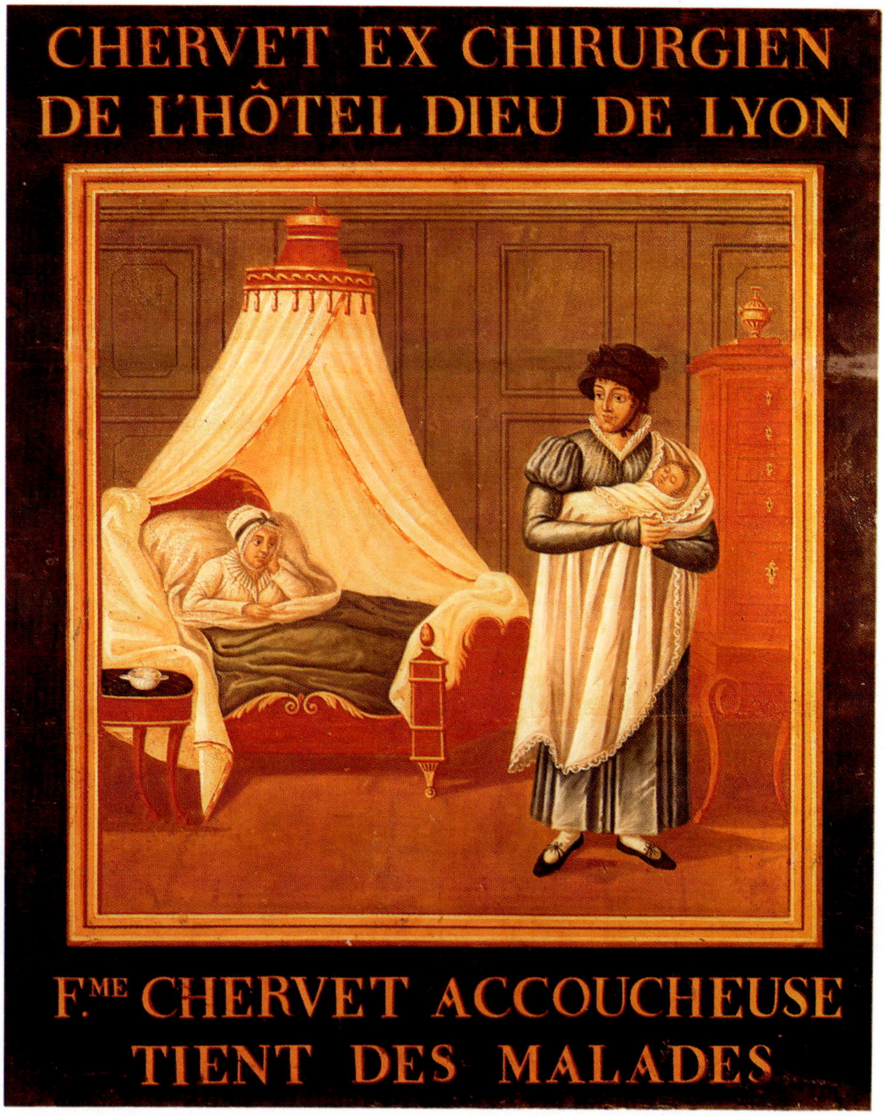

Seit dem 16. Jh. brachten die Hebammen auf der Straße ihre Schilder aus Holz, Stoff oder lackiertem Blech an. Im 19. Jh. brannten vor ihren Häusern nachts bemalte Laternen – Leuchtfeuer für junge Frauen in Not.

Schild einer Hebamme, 19. Jh., Musée Dauphinois, Grenoble.

Kampf den Hebammen

Geburten waren oftmals ein Kampf auf Leben und Tod: Frauen und Kinder starben dabei zu Tausenden. Bis Ende des 18. Jahrhunderts waren Totgeburten, die man teilweise Stück für Stück aus dem Leib der Mutter holte, sehr häufig. Von 1000 geborenen Säuglingen starben 250 innerhalb des ersten Lebensjahres, davon 150 bereits im ersten Monat. Im 18. Jahrhundert hatten Frauen im Durchschnitt vier oder fünf Kinder, und bei jeder zehnten Geburt starb die Frau während oder nach der Entbindung. Zu dieser Zeit begann man von staatlicher Seite, die dramatischen demographischen Auswirkungen dieses Massensterbens genauer zu analysieren. Die Geburtshelfer, die sich im 17. Jahrhundert noch eher zaghaft um diese Domäne bemüht hatten, nutzten die Gelegenheit, um sich endgültig Zugang dazu zu verschaffen. Sie griffen die Hebammen massiv an: Aberglaube, Hexerei, Unwissenheit und Inkompetenz zeichneten ihrer Ansicht nach die Methoden der »weisen Mütter« aus. 1782 versetzte sich ein Geburtshelfer in einer satirischen Schmähschrift sogar in die Lage der unglückseligen Föten – Opfer der Wehmütter: »Bei der Geburt fühlen wir uns nicht in Sicherheit. Nur zitternd wagen wir es, uns zu zeigen, denn fortwährend werden wir

Zeichnungen und Sprüche zierten die individuell gestalteten Schilder der Hebammen.

Stiche, 19. Jh.

von gewissen Frauen, Hebemütter genannt, mißhandelt. Man quetscht uns, zieht uns die Haut ab, zerrt unbarmherzig an uns; ja schlimmer noch: man köpft uns, schlägt uns ein blaues Auge, bricht uns die Knochen und reißt uns in Stücke; und nach all der erlittenen Schmach müssen wir, die unschuldigen Opfer, schließlich sterben.« Während des gesamten 18. Jahrhunderts versuchte die Ärzteschaft die Öffentlichkeit davon zu überzeugen, daß allein die Hebammen für die hohe Sterberate von Müttern und Kindern bei der Niederkunft verantwortlich seien – mit dem Ergebnis, wie der französische Erlaß von 1775 beweist, daß Frauen untersagt wurde, wundärztlich tätig zu sein. Selbst die Einführung einer fachkundlichen Ausbildung für Hebammen sorgte letztendlich nur dafür, die Machtposition der Geburtshelfer zu festigen.

Die Hebammen-Schule

Im 18. Jahrhundert beschloß der französische König wegen der hohen Säuglingssterblichkeit, die Hebammen so ausbilden zu lassen wie die Geburtshelfer. Die Unterweisung der Hebammen in der Wöchnerinnenabteilung des Pariser Krankenhauses genoß in ganz Europa einen ausgezeichneten Ruf. Auf dem Land wurden Handbücher in Umlauf gebracht; das berühmteste war das des Geburtshelfers Baudelocque, es sollte für mehrere Generationen von Hebammen zur »Bibel« werden. War die Wehmutter Analphabetin, las ihr der Pfarrer dieses Werk vor. In ganz Frankreich wurden Ausbildungskurse für Hebammen abgehalten. Auf Weisung des Königs reiste Madame du Coudray, die über die alarmierende Unwissenheit der Dorfhebammen äußerst besorgt war, im ganzen Land umher, um die Frauen mit den Grundbegriffen der Geburtshilfe vertraut zu machen. Um »auch den einfachen Frauen« das Notwendigste beibringen zu können, hatte sie zu Demonstrationszwecken eine hölzerne Puppe ersonnen. Mehr als 5000 Hebammen bildete sie im Laufe ihres Lebens aus. Doch dieses Großprojekt zeigte nur begrenzt Wirkung: Fast alle Frauen, denen Madame du Coudray ein Zertifikat aushändigte, ließen sich später in der Stadt nieder, um einer wohlhabenden Klientel zur Seite zu stehen, die ihre Dienste auch bezahlen konnte. Ausgebildete Hebammen traf man deshalb nur in den Großstädten an. Auf dem Land praktizierten weiterhin die »weisen Mütter« (in manchen Gegenden bis zu Beginn des 20. Jahrhunderts), die jedoch das Vertrauen der Frauen genossen.

Im Gegensatz zur Hebemutter, die für das »finstere« Mittelalter stand, verkörperte der Geburtshelfer den Fortschritt und nutzte die Vorteile des Zeitalters der Aufklärung. Es erschienen zahlreiche geburtskundliche Handbücher. Die Gilden der Wundärzte trennten sich offiziell von denen der Barbiere; Geburtskunde wurde eine eigenständige Wissenschaft. Überall in Europa entstanden Entbindungsheime und -schulen, in denen die neuesten Erkenntnisse der Anatomie, der Physiologie und der Embryologie gelehrt wurden. Wissenschaftliche Schriften fanden große Verbreitung. In Straßburg wurde ein Institut für Geburtskunde gegründet, das zum Wegbereiter für ähnliche Unternehmungen in ganz Europa wurde. Doch erst im Jahr 1806 wurde in Paris der erste, in ganz

Im 15. Jh. beschäftigte sich Leonardo da Vinci mit der Anatomie und mit Studien von Föten *in utero*.

Rechts: Anatomischer Atlas, Windsor Castle, Royal Library, Großbritannien.

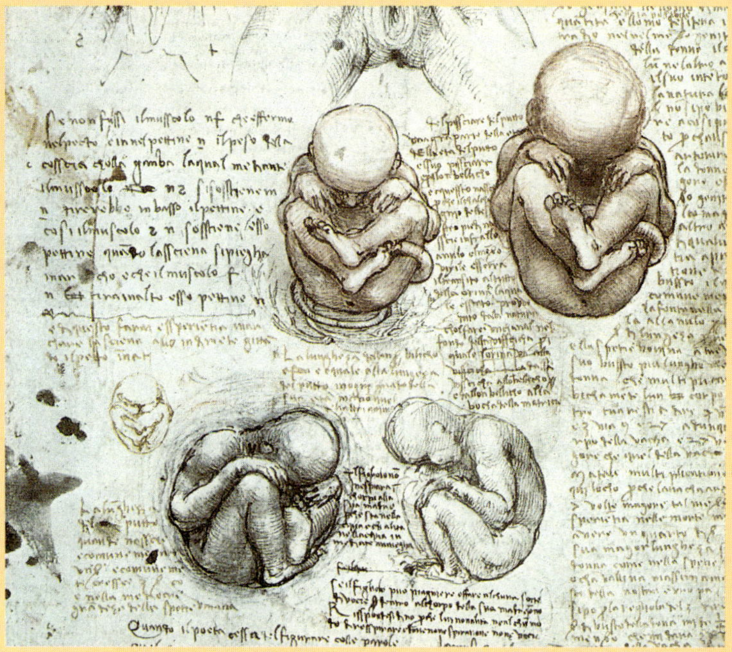

»Die Zahl unsinniger Instrumente wächst weiter, es gibt bereits bis zu einem Dutzend verschieden geformter Geburtszangen. Niemals zuvor sind die Frauen und die Föten so sehr den Maschinen unterworfen worden wie in diesem Zeitalter«, empörte sich im 19. Jh. Professor Pajot.

Unten: Geburtszangen aus dem 16. Jh.

Haken, Zangen und Hebel

Warum waren früher schwierige Geburten häufiger? Viele Frauen hatten in ihrer Kindheit unter Mangelernährung zu leiden, was dazu führte, daß sie ein verkümmertes oder zu enges Becken hatten – ein für das Kind schier unüberwindliches Hindernis. Allerdings wurden nur bei besonders hoffnungslosen Geburten regelrechte Folterinstrumente eingesetzt: Zangen und Kopfschrauben von den Ärzten, grausame, wie übergroße Häkelnadeln geformte Haken von der Dorfhebamme. Diese griff sich in schwierigen Situationen jedes Werkzeug, das im Wohnraum zur Hand war – den Stiel der Öllampe oder den Schürhaken –, und versuchte damit, den Säugling aus seiner mißlichen Lage zu befreien. Im 18. Jahrhundert entwickelten Chamberlen und seine drei Söhne, allesamt Ärzte und Geburtshelfer, ein Instrument, das aus zwei beweglichen Schenkeln bestand, die man bei schwierigen Geburten getrennt in den Leib der Frau einführen konnte, um das Kind nach draußen zu holen. Da die Frauen unter einem Laken entbanden, so wie es damals üblich war, konnten sie eifersüchtig das Geheimnis ihrer Erfindung hüten: der Geburtszange. Gegen klingende Münze verkaufte sie schließlich einer von ihnen an holländische Geburtshelfer, die wiederum den Gebrauch dieses Instruments bis Mitte des 18. Jahrhunderts unter Verschluß hielten. Die Entwicklung dieser »Hände aus Eisen« sollten jedoch die Geburtshilfe revolutionieren. Unzählige Frauen und deren Kinder wurden durch sie gerettet, doch andererseits gelang es den Geburtshelfern damit auch, ihre Überlegenheit gegenüber den Hebammen zu demonstrieren, denen der Gebrauch dieses Instruments untersagt war. In der Praxis tat der Geburtshelfer gut daran, es vor der Gebärenden zu verstecken, die beim Anblick dieser »Eisen« Angst bekam.

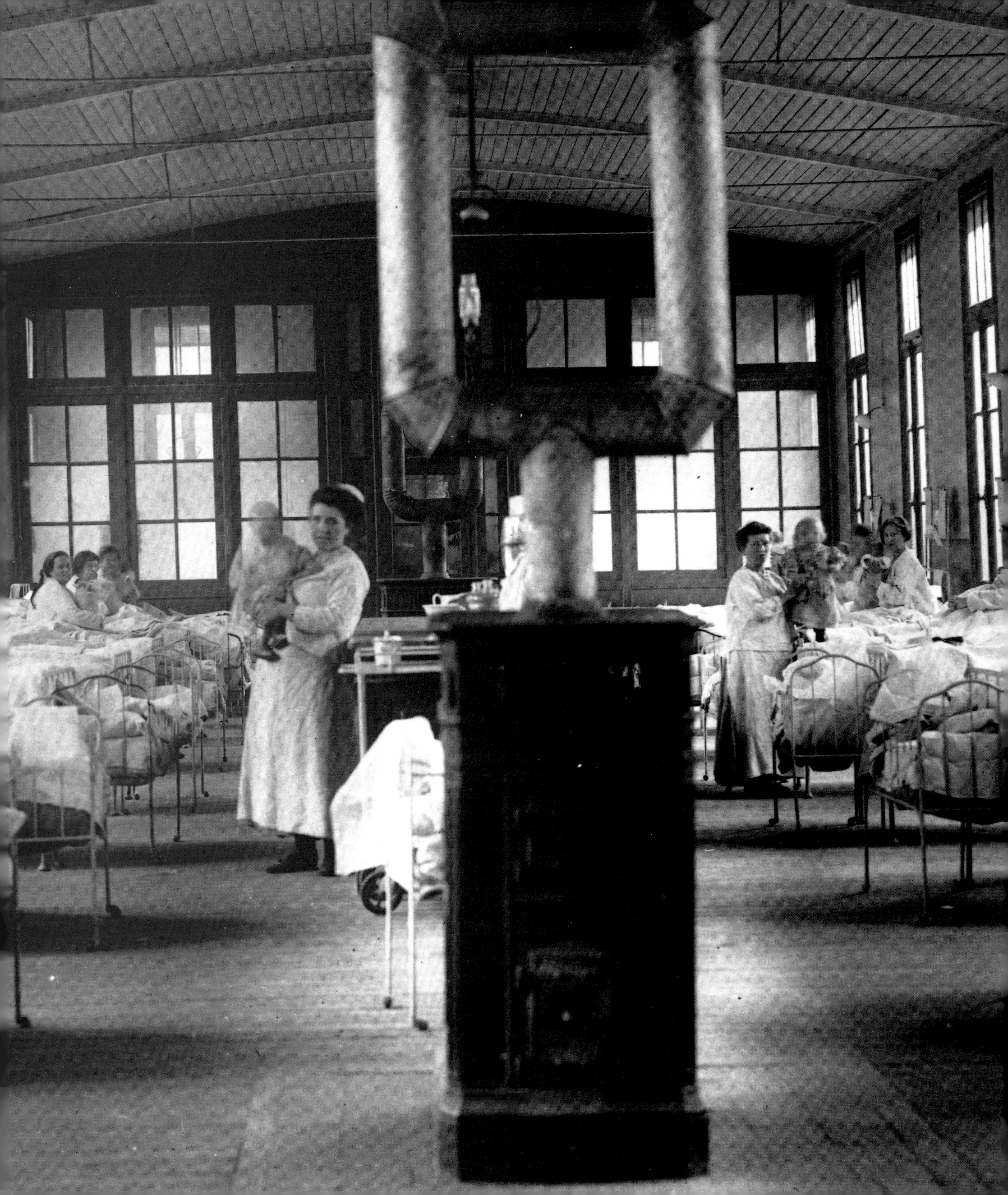

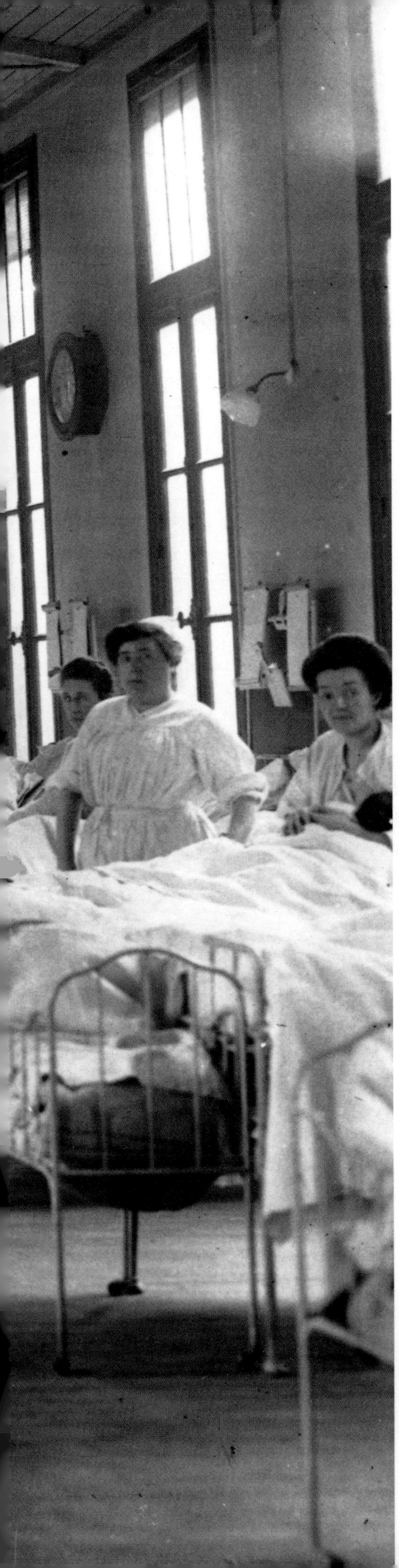

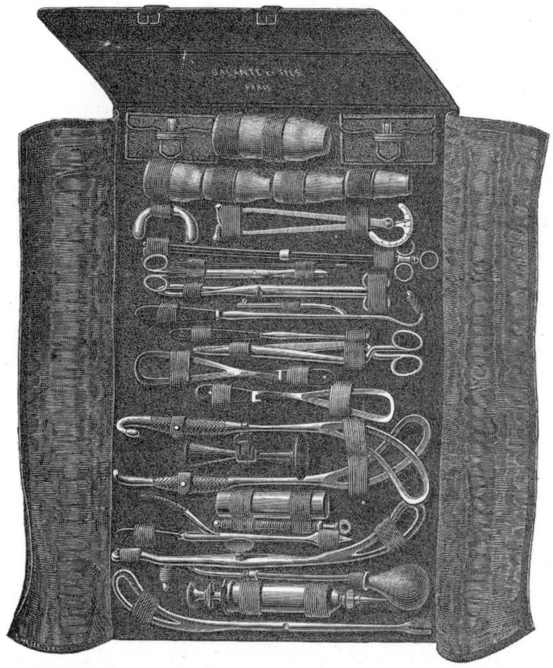

So sah im beginnenden 20. Jh. ein Krankensaal im Pariser Entbindungsheim Port-Royal aus.

Links: Foto, 1910.
Oben: Geburtshilfebesteck, Stich, 19. Jh.

Europa berühmte Lehrstuhl für Geburtskunde eingerichtet; sein erster Inhaber war Baudelocque. Das Zeitalter der Aufklärung sollte auch das der großen Geburtshelfer werden: Baudelocque in Paris, Deventer in Amsterdam, Fried in Straßburg, Vespa in Florenz, Hunter in England. Die Studenten der Medizin absolvierten deshalb ihre Ausbildung an mehreren europäischen Universitäten: »Das Europa der Geburtshelfer« war geboren, stellt Jacques Gélis in seinem Buch *La Sage-Femme ou le Médecin* fest. Bis zum 19. Jahrhundert stammte die Klientel dieser Gelehrten allerdings ausschließlich aus der Oberschicht.

In den Anfängen ließen die Zustände auf den Entbindungsstationen oft zu wünschen übrig: »Im Hôtel-Dieu stehen in den Sälen möglichst viele Betten. Die Toten liegen mit den Lebenden zusammen; die Luft ist abgestanden, da man nicht lüftet, und nur schwach dringt dunstiges Licht in die Säle. Der Saal Saint-Joseph ist den Schwangeren vorbehalten. Egal, ob verheiratet oder leichtlebig, gesund oder krank, hier liegen sie alle zusammen. Zu dritt oder viert in einem Bett leiden sie unter Schlaflosigkeit und laufen Gefahr, sich bei kranken Bettnachbarinnen anzustecken oder ihre Leibesfrucht zu verletzen. Die Wöchnerinnen teilen sich, in unterschiedlichen Stadien des Kindbetts, zu viert oder mehreren eine Lagerstatt. Beim bloßen Gedanken an diese Lage, in der sich alle gegenseitig anstecken, wird einem übel. Die meisten sterben oder siechen dahin«, heißt es in einem Bericht über das berühmte Krankenhaus im Jahr 1789. Seine Wöchnerinnenabteilung nahm seit dem 13. Jahrhundert Frauen aus besonders unterprivilegierten Schichten auf. Trotz der unzulänglichen hygienischen Bedingungen konnte es sich aber gerade dank dieser Frauen, die den großen Geburtshelfern

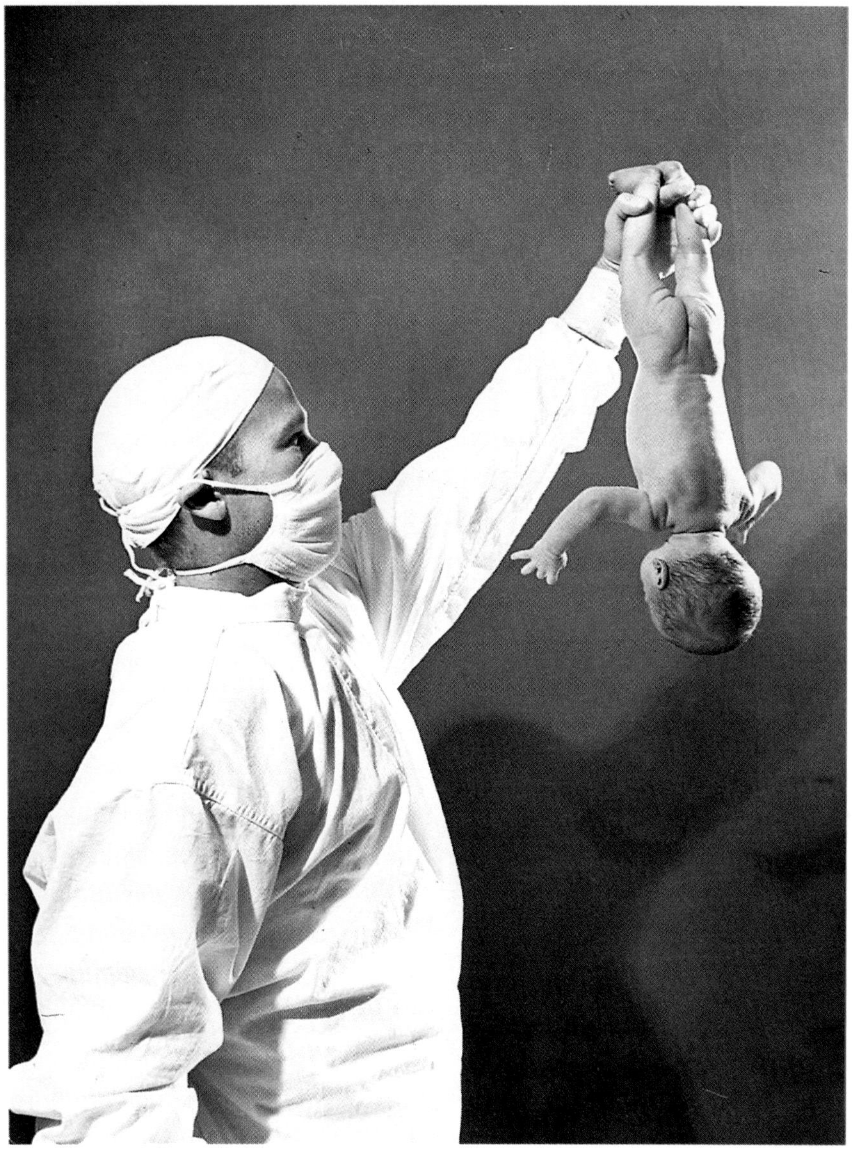

Oben: **In den 50er Jahren wurde das Neugeborene in den ersten Minuten seines Lebens an den Füßen kopfüber in die Luft gehoben.**

Rechts: Foto von Robert Mayne.

Folgende Doppelseite: Säuglingspflegekurs für werdende Eltern in San Francisco, USA, 1951.

des 12. und 13. Jahrhunderts als »Versuchskaninchen« dienten, später zu einer weit über die Grenzen Frankreichs hinaus berühmten Ausbildungsstätte der Geburtskunde entwickeln. Während des 19. Jahrhunderts wurden in vielen Krankenhäusern erstmals Entbindungsstationen eingerichtet. »Es wütete damals in der Maternité eine der furchtbaren Epidemien von Kindbettfieber, die die menschliche Fruchtbarkeit mit ihrem tödlichen Hauch trafen. Die Luft war wie vergiftet, die jungen Mütter starben reihenweise, es war, als ginge die Pest um, die die Jüngsten und Gesündesten binnen einer Stunde dahinraffte, eine Pest, die aus den Wiegen der Neugeborenen aufstieg und sich an dem Trieb der Fortpflanzung rächte. Rings um Germinie hielt der Tod schauerlich Ernte«, heißt es jedoch 1865 bei den Gebrüdern Goncourt in ihrem Roman *Germinie – Die Geschichte einer Pariser Dienstmagd*. Bis Ende des 19. Jahrhunderts starben die Frauen in den Wöchnerinnenabteilungen wie die Fliegen. Lange Zeit glaubte man an eine Epidemie als Ursache dafür, daß eine von zehn Schwangeren das Krankenhaus nicht lebend verließ. Erst 1850 erkannte der Wiener Geburtshelfer Philipp Semmelweis, daß das Kindbettfieber möglicherweise von einer Infektion herrührte, die der Arzt durch seine Hände auf die Gebärende übertrug. Denn nicht wenige Ärzte kamen gerade von einer Autopsie und führten als nächstes eine Entbindung durch, ohne sich vorher desinfiziert zu haben! Die großen Geburtshelfer weigerten sich jedoch kategorisch, Mikroben als Ursache dieser Krankheit anzuerkennen, und lehnten es deshalb auch weiter ab, sich die Hände mit einem Desinfektionsmittel zu waschen. Erst Pasteur gelang es mit seinen Entdeckungen, die Ärzteschaft von der Notwendigkeit der Keimfreiheit zu überzeugen und die Geißel zu bekämpfen, die so viele Tote gefordert hatte.

Die ärztlich überwachte Geburt

Bis Ende des 19. Jahrhunderts und häufig auch noch während der ersten Hälfte des 20. Jahrhunderts kamen die Frauen möglichst zu Hause oder bei einer ausgebildeten Hebamme nieder. Auf den Entbindungsstationen der Krankenhäuser fand man vor allem sehr arme Frauen oder ledige Mütter, später auch die Fälle, bei denen man Komplikationen befürchtete. Erst seit rund fünfzig Jahren ist die Klinikgeburt die Norm. Die Fortschritte in der Geburtskunde hatten bei vielen Frauen Vertrauen in die Kunst

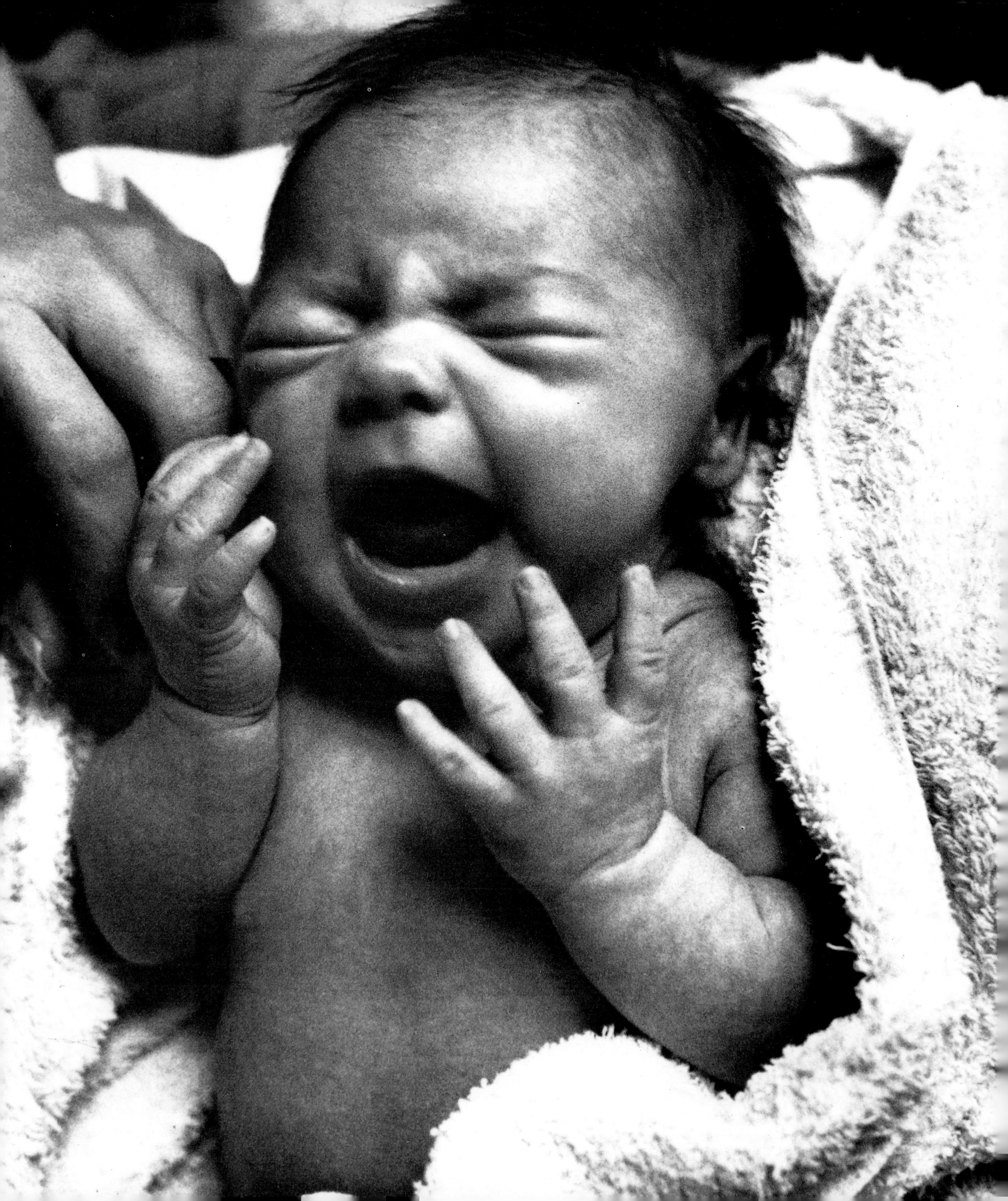

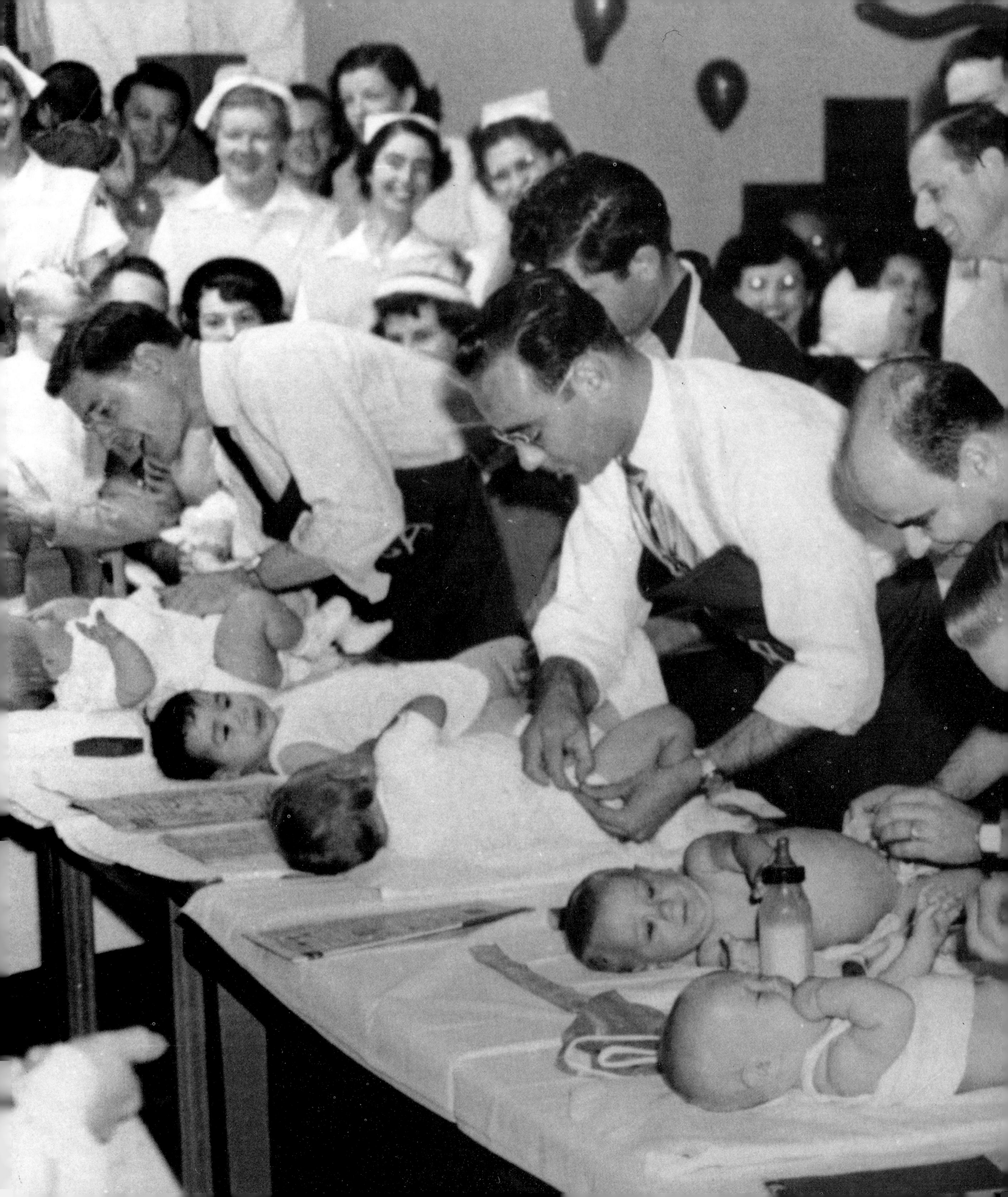

der Ärzte geweckt. Man hatte die Möglichkeiten der Schmerzlinderung erforscht, die lange Zeit einzig und allein aus beruhigenden Worten, grobem Salz, das die Frauen mit verkrampften Händen zerrieben, oder Wein bestanden hatte, den die Hebemütter den Frauen häufig einflößten. In England begann man Mitte des 19. Jahrhunderts, Geburten unter Äther oder Chloroform durchzuführen. Königin Viktoria war die erste Frau, die diese Methode bei der Geburt ihres achten Kindes ausprobierte.

Zu Beginn des 20. Jahrhunderts entdeckte man weitere Analgetika und Anästhetika (schmerzstillende und betäubende Mittel) bis hin zur Periduralanästhesie. Um den Frauen bei der Niederkunft beizustehen, wurden auch Methoden zur Geburtsvorbereitung entwickelt. Die Fortschritte in bezug auf Hygiene und Komfort erleichterten den werdenden Müttern die Entscheidung für das Krankenhaus: Arzt und Hebammen trugen nun Handschuhe und Mundschutz; Laken und Instrumente waren steril. In den 60er Jahren richtete man auf den Entbindungsstationen Drei- oder Vierbettzimmer ein. Nach Ende des Zweiten Weltkriegs machten Geburts- und Kinderheilkunde Riesenfortschritte. Auch die Einrichtung der gesetzlichen Krankenkassen, die die Kosten für die Geburt übernehmen, führte dazu, daß mehr und mehr Frauen sich zu einer Klinikgeburt entschlossen.

Heute kritisieren viele Frauen die ihrer Ansicht nach überhandnehmende Technisierung der Geburt. Sie sei zu einem chirurgischen Eingriff geworden, bei dem die Frau – die Beine in Beinhaltern und in grellem Licht – auf dem Entbindungsbett liegt und unter den Blicken von zwei oder drei Fremden ihr Kind zur Welt bringt. Das hatte nachteilige Auswirkungen auf die Beziehungen der Frau zu ihrer Umgebung, der Mutter zu ihrem Kind. Doch seit rund zwanzig Jahren zeichnet sich ein neuer Trend ab. Man bemüht sich, die Klinikgeburt humaner zu machen. Mit einer gedämpften, ruhigen Atmosphäre und indem man das Neugeborene auf den Bauch der Mutter legt, versuchen viele Entbindungsstationen eine Umgebung zu schaffen, in der Zärtlichkeit, Sicherheit und Geborgenheit genauso wichtig sind wie die medizinisch-technische Versorgung.

Die Periduralanästhesie wurde zum erstenmal im Jahr 1885 von dem amerikanischen Arzt Corning beschrieben. Nachdem sie 1901 von zwei französischen Ärzten im Krankenhaus Tenon wiederentdeckt wurde, geriet sie erneut in Vergessenheit. Erst seit 1970 kommt sie in der Geburtshilfe zum Einsatz.

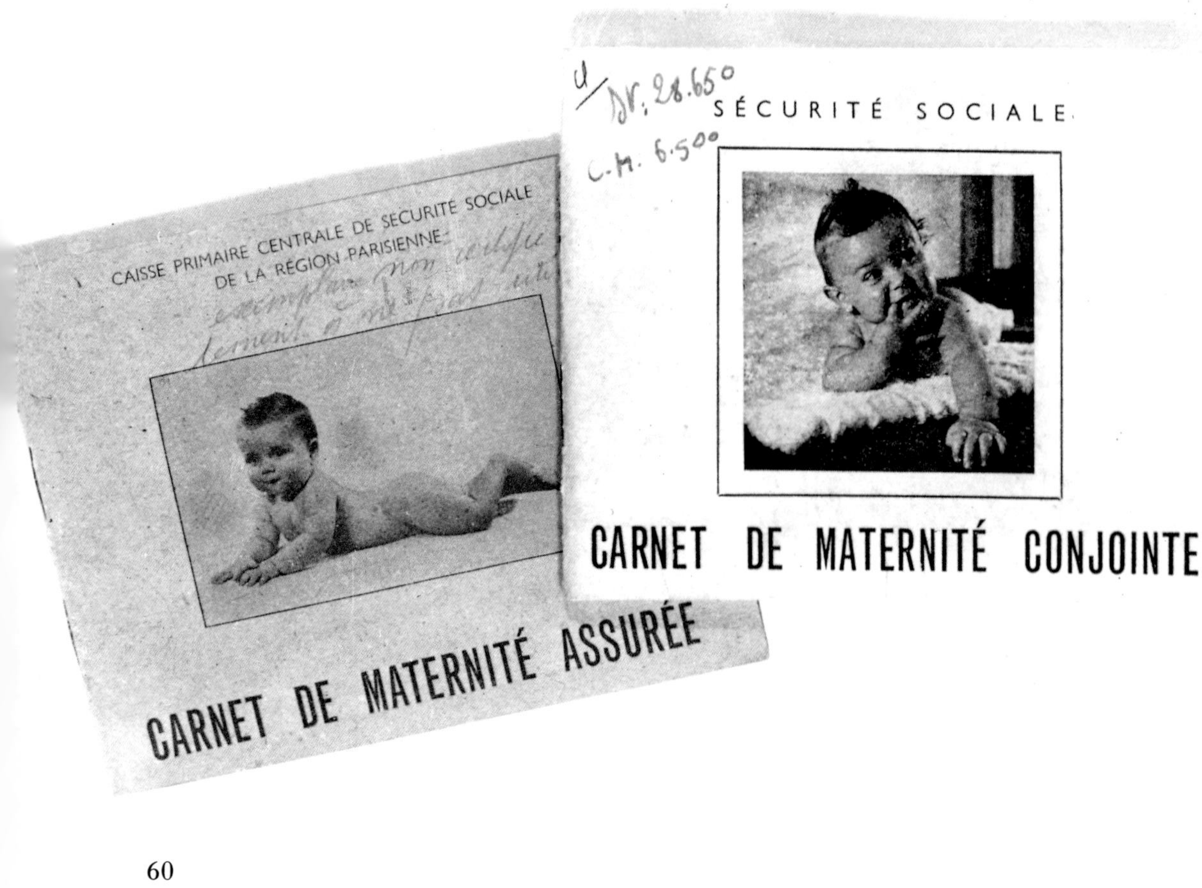

Unten: Mutterpässe.

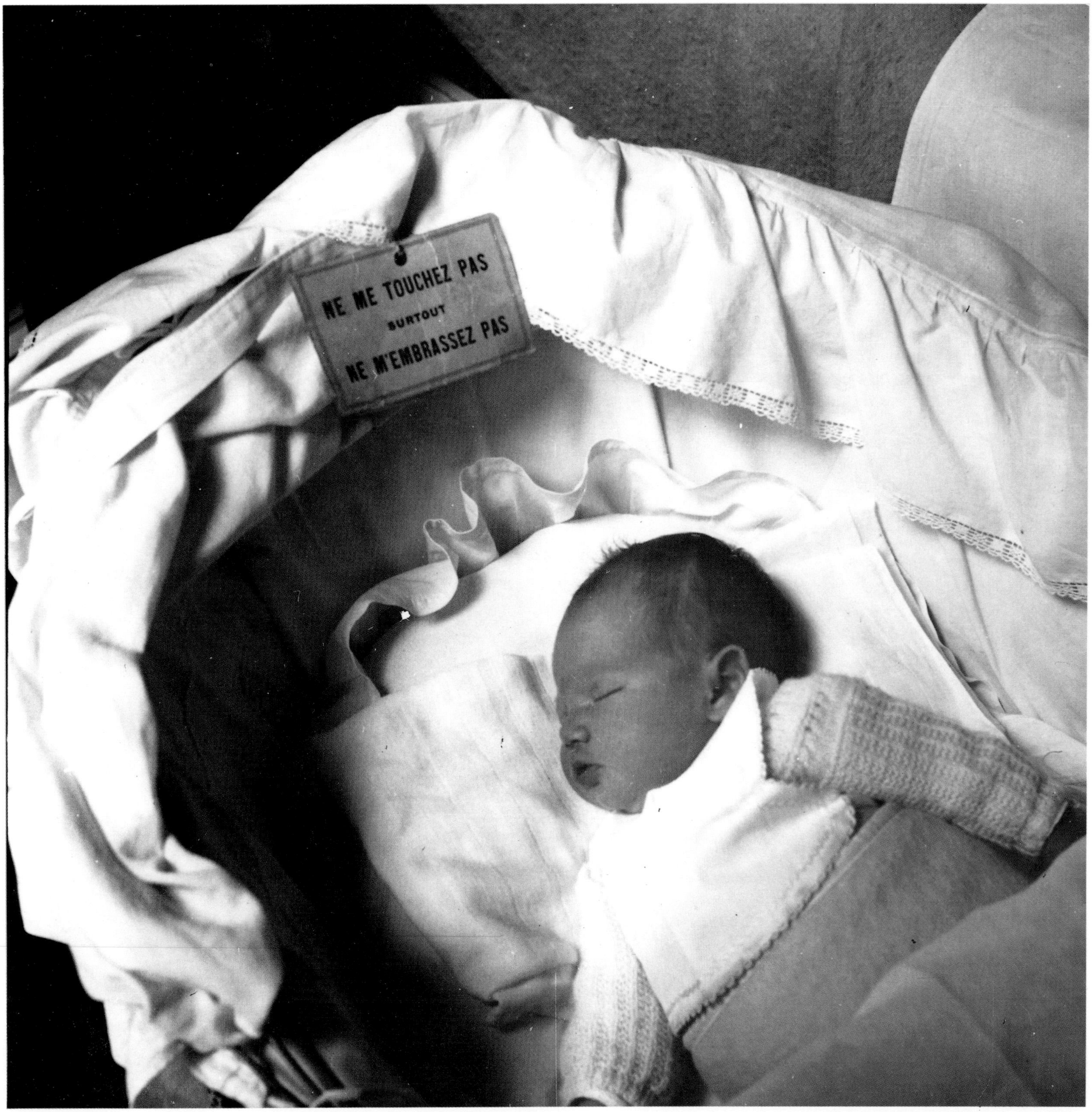
NE ME TOUCHEZ PAS
SURTOUT
NE M'EMBRASSEZ PAS

Heilen

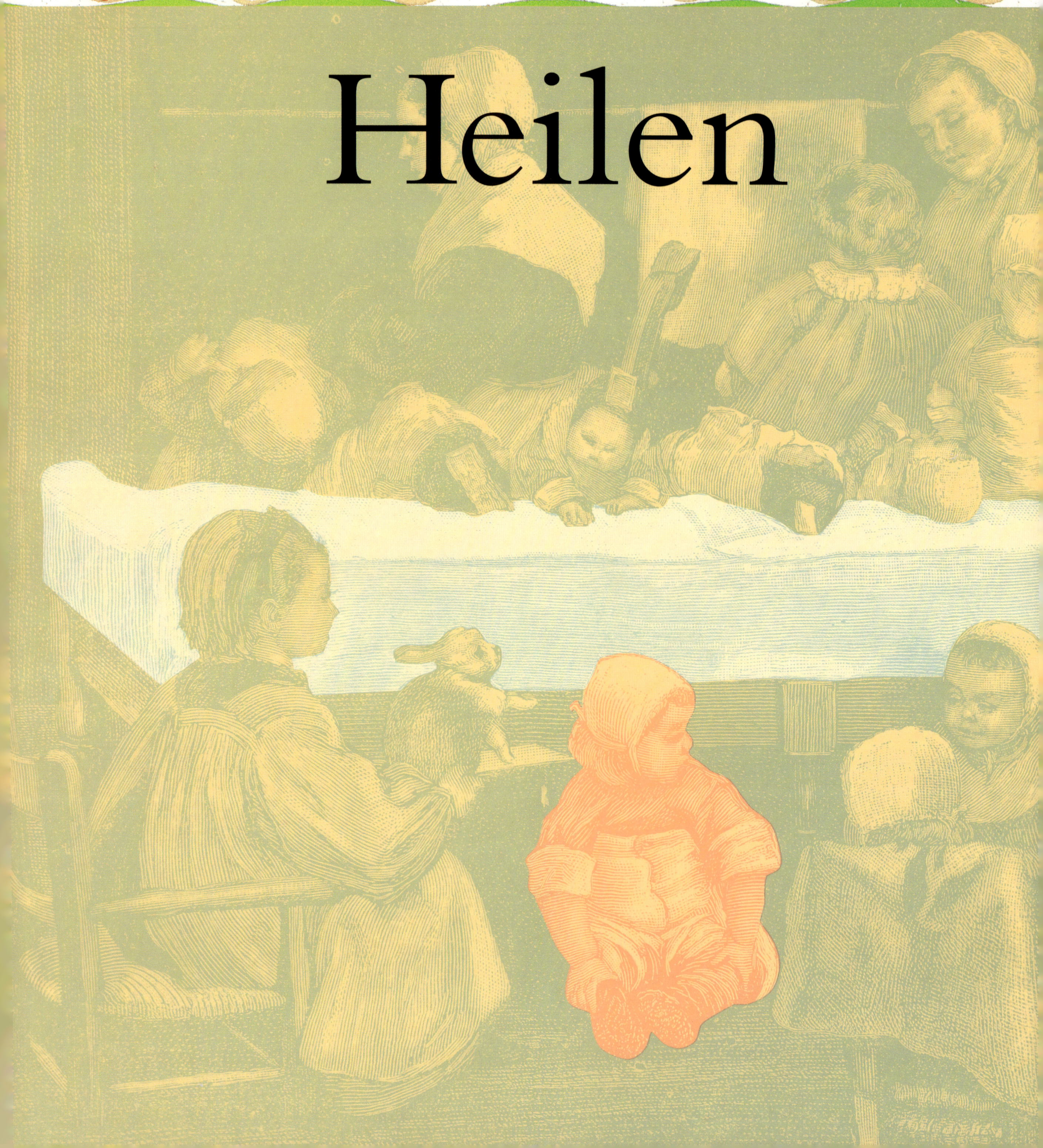

Früher erkrankten Säuglinge so häufig, daß die Kindheit gleichsam als ein permanenter Krankheitszustand angesehen wurde. Dennoch kümmerten sich die Ärzte lange Zeit nicht um die Krankheiten kleiner Kinder. Diagnosen basierten zumeist auf den Aussagen der Kranken selbst, und Säuglinge können ihr Unwohlsein ja nicht beschreiben. Zudem waren die Chancen, ein erkranktes Kleinkind zu retten, äußerst gering. Um ihre Ohnmacht zu kaschieren, überließen die Ärzte die Kleinen den Hebammen, Hexen und Quacksalbern. Die eigentliche Kinderheilkunde entwickelte sich erst im 19. Jahrhundert, doch bereits in der Antike gab es einige »Spezialisten«, die Säuglingskrankheiten besondere Aufmerksamkeit schenkten.

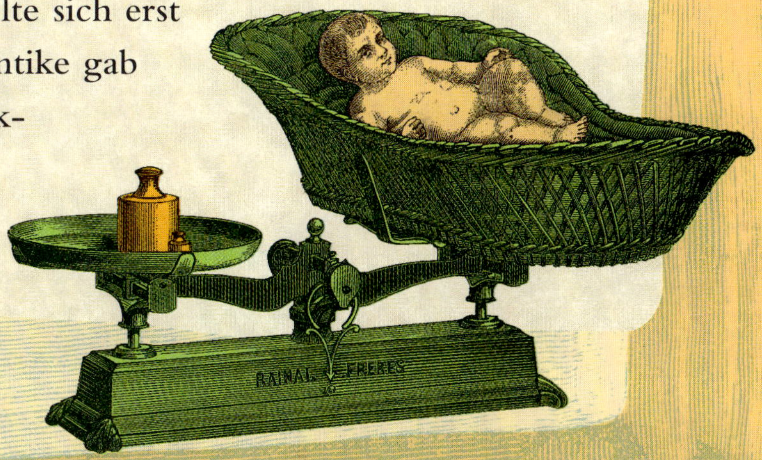

Von der gekochten Maus zum Antibiotikum

Die matriarchalischen Zivilisationen Ägyptens und Babyloniens widmeten sich den Säuglingen mit großer Fürsorge und kannten bereits eine Vielzahl von Heilmitteln für den Krankheitsfall. Wie ägyptischen Papyrusrollen zu entnehmen ist, waren diese stark von magischen Ritualen geprägt. Zur Behandlung von Harnwegserkrankungen wurde z.B. empfohlen, eine alte Papyrusrolle in Öl zu kochen und den Säugling damit einzureiben. In besonders hoffnungslosen Fällen mußte das Kind eine gekochte Maus zu sich nehmen. Die Knochen des Tieres wurden in Stoff gewickelt und dem kleinen Patienten um den Hals gehängt. Mit Wespendreck vermischter Mohn sollte weinende Kinder beruhigen. Neugeborenen legte man auch Steine mit heilender Wirkung um den Hals: Lapislazuli, Jaspis und Malachit. Von Herodot wissen wir, daß die ägyptische Medizin schon hochspezialisiert war, für jede Krankheit gab es einen Arzt. In Babylonien wurde jede Art von Schmerz einem bestimmten Dämon zugeordnet: Utukku war für Halsschmerzen verantwortlich, Labartu schadete vor allem Frauen und Neugeborenen. Eine magische Beschwörungsformel auf einer Papyrusrolle von etwa 1450 v. Chr. gebietet dem Dämon der Krankheit und des Todes, den Körper des bedrohten Kindes zu verlassen: »Weiche, Dämon, Dämon der Finsternis, der du dich heimtückisch hier eingeschlichen hast. Bist du gekommen, dieses Kind zu umfangen? Ich lasse nicht zu, daß du es umfängst. Bist du gekommen, es zu betäuben? Ich lasse nicht zu, daß du es betäubst. Bist du gekommen, ihm zu schaden? Ich lasse nicht zu, daß du ihm schadest. Bist du gekommen, es mir zu nehmen? Ich lasse nicht zu, daß du es mir nimmst.« Eine der wichtigsten vorbeugenden medizinischen Maßnahmen der Babylonier und Ägypter war die Insektenvernichtung. Da sie wußten, daß Fliegen das für Säuglinge so verhängnisvolle Fieber übertragen, stellten sie ihnen unerbittlich mit der Fliegenklatsche nach.

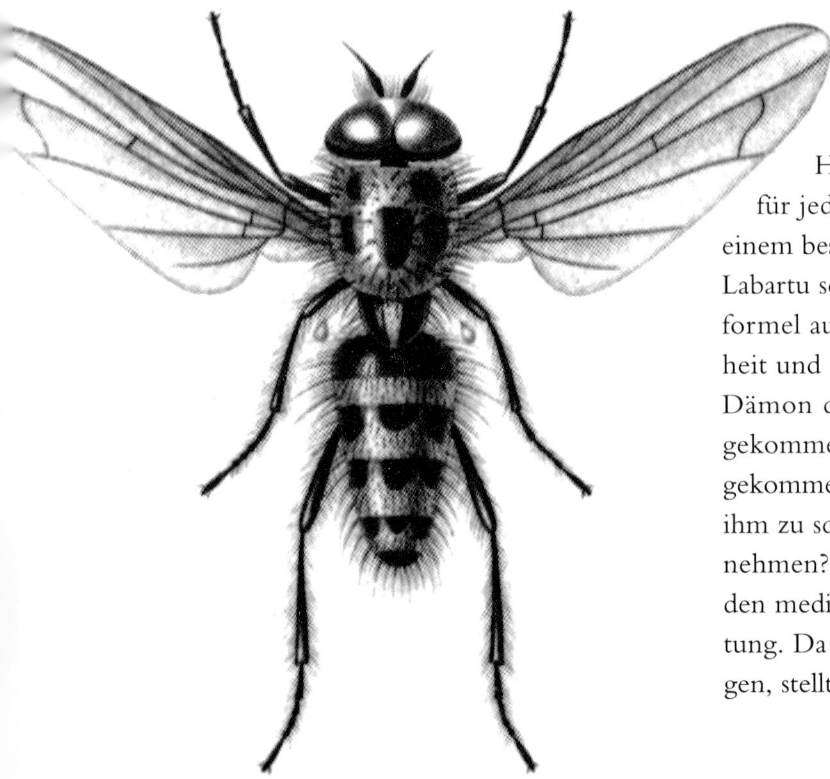

Antike Arzneien

Im Rom und Griechenland der Antike war es völlig legal, Neugeborene auszusetzen oder zu töten. Hatten die Eltern sie aber angenommen, wurden sie mit großer Hingabe umsorgt. Gerste, Honig, Datteln, Feigen, Oliven- oder Rosenöl waren Bestandteile der wohlriechenden Arzneien, die in den Zivilisationen des Mittelmeerraums Verwendung fanden. Soranus von Ephesus befaßte sich ausführlich mit den typischen Kinderkrankheiten und verordnete sanfte Heilmittel. Zur Behandlung von Mundbläschen empfahl er Linsenbalsam oder Mohnpaste. Er kritisierte indessen die Praktiken der syrischen Ammen, die sich ein Haar um den Finger wickelten und diesen in Honig oder Öl tauchten, um das Geschwür zu reinigen. Gegen Ausschlag und Juckreiz – Beschwerden, die bei Säuglingen häufig auftreten – verordnete er Breiumschläge aus Zichorien- oder Gerstenmehl, gegen Mandelentzündung gerösteten Kümmel, der unter dem Kinn aufgetragen wurde. Zahnte das Kind, wurde der schmerzende Kiefer mit Hühnerfett massiert. Bei besonders heftigen Schmerzen riet Soranus, in Olivenöl getränkte warme Schwämme auf das Zahnfleisch zu legen und Kopf und Kiefer mit sauberen, weichen Wolltüchern zu umwickeln. Bei Husten sollte das Kind Pastillen aus Pinienkernen, Süßholzsaft und gerösteten Mandeln lutschen.

Schon in der Antike machten sich Ärzte also Gedanken darüber, wie die Leiden von Säuglingen zu lindern seien; so erkannte bereits der Römer Celsus, daß Kinder nicht mit denselben Mitteln behandelt werden sollten wie Erwachsene. Andere äußerten Zweifel an bestimmten Rezepten, die mehr auf Aberglauben als auf dem gesunden Menschenverstand basierten. Plinius der Ältere mokierte sich über eine gängige Behandlungsmethode des Leistenbruchs bei Kindern: »Man nehme eine männliche Eidechse, lasse sie durch ein goldenes, silbernes oder purpurnes Tuch in die erkrankte Stelle beißen, dann hänge man sie an einem Schilfrohr in den Rauch einer Feuerstelle. Stirbt die Eidechse, so ist das Kind geheilt.«

»Hier ist ein kleines, zartes Mädchen zu beweinen. Sechs Monate und acht Tage hat es gelebt, wie eine Rose hat es geblüht und ist doch zugleich dahingewelkt.« Römische Grabinschrift

Rechts: Mumie mit Bildnis eines Kindes, 1.–4. Jh. n. Chr., Foto von Erich Lessing/Magnum, Ägyptisches Museum Berlin.

Heilkundige Heilige

Eines der beliebtesten Motive der mittelalterlichen Kunst ist die Jungfrau mit dem Kind. Unzählige Gemälde zeugen von der Sorge um das Kind, das man mit allerhand Zaubermitteln zu schützen sucht: Die »vorbeugende Medizin« des Mittelalters bediente sich u.a. der verschiedensten Amulette. Kreuze, Tierzähne, Korallenstacheln, Säckchen mit Pflanzensamen oder Maulwurfspfoten und Knoblauchketten sollten Säuglinge vor den beiden klassischen Kinderleiden – Zahnschmerzen und Würmer – bewahren. Tatsächlich aber waren Kindercholera und Erkrankungen der Atemwege die Hauptursachen für die Sterblichkeit im frühen Kindesalter, und dagegen vermochten auch Wolfszähne nichts auszurichten. Wenngleich weniger gefährlich, waren auch Hautkrankheiten bereits weit verbreitet. Windelausschlag bei Neugeborenen wurde behandelt, indem man Luft an den Kinderpopo ließ und ihn dann über der Feuerstelle trocknete oder aber, indem man ihn in ein schmutziges Tuch wickelte, dem heilende Wirkung zugeschrieben wurde.

Erkrankte das Kind jedoch ernsthaft, waren die Eltern hilflos. Ein Drittel aller Kinder starb vor Vollendung des vierten Lebensjahrs. Ärztliche Hilfe war den wohlhabenden Städtern vorbehalten. Mehr noch als auf pflanzliche Heilmittel vertraute die Landbevölkerung den Heiligen, die als die ersten Kinderärzte des Christentums anzusehen sind. So verließen Eltern, sobald ihr Kind von einer Krankheit heimgesucht wurde, Haus und Hof und begaben sich auf eine Pilgerreise. Die Heiligen Apothemus, Gibrius, Blasius, Nikolaus und Ludwig (auf deren Grab man die kleinen Kranken legte) galten als Schutzheilige der Kinder. Der eigentümlichste unter ihnen aber ist zweifellos Saint Guinefort – ein Hund, der getötet wurde, als er das Leben eines Säuglings verteidigte. Die ihm zugeschriebene Macht hängt mit einem alten Aberglauben zusammen: Hatte der Säugling Fieber, nahm er ab oder weinte er, redeten sich die Bäuerinnen ein, daß es sich nicht um ihr eigenes Kind, sondern um ein von den Walddämonen ausgetauschtes handele. Dann beteten sie zu Saint Guinefort, der den Teufel zwingen sollte, das richtige Kind zurückzugeben. Überlebte der Säugling, war der Dämon besiegt. Starb er, konnte sich die Mutter damit trösten, nicht ihr eigenes Kind verloren zu haben. Ab dem 13. Jahrhundert bekämpfte die Kirche diesen Brauch. Nicht, daß sie einen solchen Austausch angezweifelt hätte, aber sie empörte sich ob des Heiligen mit vier Beinen! Man ließ also das

In Rom warfen die Frauen ihre unerwünschten Kinder in den Tiber. Diener des Papstes waren damit betraut, sie zu retten und einem Spital zu übergeben.

Diese Seite: Miniaturen, Kopie einer Handschrift aus dem 15. Jh., Bibliothèque Nationale, Paris.

Der Teufel tauscht das Kind gegen einen kleinen Dämon aus.

Seite 67: Legende des hl. Stephanus, Martino di Bartolomeo (1389–1434), Städelsches Kunstinstitut und Städtische Galerie, Frankfurt.

Würmer – eine große Gefahr für die Kinder

Wie vielen unterschiedlichen Krankheiten ich doch begegne! Wie der numidische Jäger, der sich in den vom Fluß Nagrada durchzogenen Sandebenen Libyens an einsame Ufer oder in den dichten Wald vorwagt und dort eine Unmenge wilder Tiere entdeckt. Da ein Löwe mit furchterregendem Blick, dort ein grausamer Tiger, ein Leopard und an anderer Stelle ein glänzender Drache und von einer Schlangenbrut erzeugte Ungeheuer: Also blickt er sich unsicher um und bleibt untätig stehen, da er angesichts so vieler Ungeheuer nicht weiß, welches er angreifen und welchem er ausweichen soll. Ähnlich geht es auch mir, wenn ich an die unzähligen Krankheiten denke, da ich nicht weiß, mit welchen ich beginnen und mit welchen ich aufhören soll. (...) Ich muß hier von jenen Würmern sprechen, die bekannt sind ob der großen Gefahr, die sie für Kinder bedeuten, von jenen gefährlichen Würmern, die den Gedärmen des Kindes grausame Bisse zufügen, sobald dieses Milch getrunken hat, die in seinem Magen verdorben ist und sich dann in den Gedärmen festsetzt wie unlösbares Moos. Nun greift die weise Natur auf einen Kunstgriff zurück. Sie macht sich daran, das zu vernichten, was sie nicht vertreiben kann, und so erzeugt sie aus dem unsauberen Moos Würmer, die sich in den gesamten Gedärmen ausbreiten. Doch nachdem diese Insekten alles Vorgefundene verschlungen haben, greifen sie in ihrer Gefräßigkeit mit gefährlichen Bissen die Gedärme selbst an. (...) Darum sollte man solche Feinde auszumerzen versuchen. Mit Wurmpuder, das man zusammen mit süßen Äpfeln dem Brei beimischt. Man kann auch Kümmel mit Ochsengalle vermengen und als Breiumschlag auf den Bauch des Kindes geben.«

Scévole de Sainte-Marthe,
Paedrotrophia, 1680.

Um ein Kind zu heilen, behandelten die Ärzte häufig auch Mutter oder Amme; bei tödlichen Epidemien raffte jedoch der Tod oft Mutter und Kind dahin.

Danse macabre (Totentanz), Miniatur aus dem 15. Jh., Bibliothèque Nationale, Paris.

Tier ausgraben, das Wäldchen, in dem die Rituale vorgenommen wurden, abbrennen und die Ausübung des Brauchs verbieten. In einem anderen Bereich aber war das konkrete Eingreifen der Kirche weit entscheidender für die Geschichte der Kindermedizin: Sie rief Heime für ausgesetzte Kinder ins Leben. 787 gründete Datheus, Erzbischof von Mailand, das erste Heim dieser Art. Später erhielten Montpellier (1010), Marseille (1190), Venedig (1380) und Florenz (1421) ebenfalls solche Einrichtungen. Wegen der vielen toten Säuglinge, die aus dem Tiber gefischt wurden, richtete Papst Innozenz III. im Jahr 1198 im Krankenhaus Santa Maria eine Pflegestation für Findelkinder ein. All diese Heime für Waisenkinder waren Vorläufer der Kinderkrankenhäuser.

Erste Bücher zur Kinderheilkunde

Im Mittelalter gab es keine Monographie zur Kinderheilkunde, nur einzelne Kapitel zu diesem Thema. Der Grund dafür ist jedoch keinesfalls in einer Mißachtung der Kleinkinder zu sehen. Vielmehr strebte der enzyklopädische Geist des Mittelalters eher nach einer Zusammenfassung aller Wissensbereiche als nach Auffächerung. Im Zuge der Entwicklung der Druckkunst und der Erweiterung des Wissens veröffentlichten dann die Ärzte in ganz Europa einen neuen Typus von Fachliteratur. Weit entfernt von den Kompilatoren des Mittelalters, standen sie deren medizinischen Abhandlungen eher kritisch gegenüber. Doch neben den volkstümlichen Arzneien mit ihren symbolischen und magischen Heilmitteln verschrieb die »gelehrte« Medizin gegen Ende des 18. Jahrhunderts den Kindern in etwa dieselben Heilmittel, die schon Molière kritisiert hatte: Aderlaß, Klistier, Abführmittel, Brechmittel, Diät, Arzneitränke... Einige Autoren allerdings beweisen mehr Sensibilität und Beobachtungsgabe. Simon de Vallambert z.B. beschreibt in seinem 1565 veröffentlichten Buch über die Ernährung und Erziehung von Kindern mit eindrücklichen Worten ein krankes Kleinkind: »Es kann das Köpfchen nicht gerade halten, legt es auf die eigene Schulter oder diejenige der Person, welche es auf dem Arm hält; will es ständig getragen werden und nicht in seiner Wiege bleiben, quält es sich auch, wenn es getragen wird, will und will es doch nicht, daß man es wieder hinlegt, will es, daß man ständig mit ihm auf- und abgeht, will und will es zugleich auch nicht, daß man ihm etwas vorsingt oder es liebkost, wird es zornig, weil es kein Vergnügen an den Liedern und Liebkosungen findet, so kann man leicht den Schluß ziehen, daß das Kind krank ist.« Bei kranken Kindern, die noch gestillt wurden, zog er es vor, die Ammen zu behandeln, die die Arznei über die Milch weitergaben. Waren die Kleinen abgestillt, war »darauf zu achten, daß die verabreichten Arzneien nicht

1565 vertrat der sonst fortschrittliche Vallambert die Meinung, daß man Kindern Klistiere und Zäpfchen verabreichen soll, und berief sich dabei auf die Erfahrungen früherer Generationen.

Stich, 18. Jh., Bibliothèque Nationale, Paris.

bitter oder unangenehm schmecken, denn wenn sie sie pur ablehnen oder sie verabscheuen, würden sie mehr schaden als nützen«. Bei Fieber riet er, das Kind nicht zu stark fasten zu lassen, darauf zu achten, daß ihm nicht zu heiß sei, viel Wasser oder Kräutertee zu trinken zu geben und es zu baden und zum Schwitzen zu bringen, um »die Krankheit aus dem Körper zu ziehen«. Einem Aderlaß stimmte er zu, allerdings empfahl er, ihn bei der Amme vorzunehmen! Gegen Pocken und Röteln verordnete er Orangen- oder Zitronensaft und Granatapfelwein zum Obstsalat. Ein Kind mit Röteln mußte in eine rote Decke, ein scharlachrotes Betttuch oder ein Leintuch gewickelt werden, das mit einem Aufguß aus Feigen und Fenchel getränkt war. Kugelflaschen mit heißem Wasser wurden in das Bett gelegt, »während Gesicht und Nase des kleinen Patienten sanft mit einem Fächer gekühlt werden müssen, damit er nicht vor Hitze ohnmächtig wird«. Um die Augen vor Pocken zu schützen, sollte man die Augenbrauen mit Akazien- und Aloeöl betupfen und Koriandertropfen in die Augen träufeln. Vallambert wies darauf hin, daß man die Pocken mit frischer Butter oder dem Fett einer Speckbouillon zum Reifen bringen sollte und sie dann, »wenn die Pusteln richtig reif sind, mit einer goldenen oder silbernen Nadel aufsticht«. Die Vorsorge gegen die Pocken war nur allzu berechtigt, denn sie führten zu einem furchtbaren Massensterben, und die Überlebenden waren entsetzlich entstellt.

Die »Republik der Kinder«

»Auch soll man Kindern nicht bei jeder kleinen Unpäßlichkeit Medizin geben oder den Arzt rufen, besonders wenn dieser ein geschäftiger Mann ist, der (...) ihre Mägen mit Medikamenten anfüllt. (...) Man sollte Kinder (...) nur dann in Behandlung geben, wenn zwingende Notwendigkeit es einmal erfordert.« John Locke, 1693

Oben: Familienportrait, Anthonis van Dyck (1599–1641), Eremitage, St. Petersburg.
Rechts: Stich, 18. Jh., Bibliothèque Nationale, Paris.

Im 17. Jahrhundert machte die Wissenschaft beachtliche Fortschritte: 1616 wurde der Blutkreislauf beschrieben, die Mikroskopie entwickelt; die Physiologie des Verdauungsapparates und der Atmung war bekannt. Im Bereich der Kinderheilkunde hingegen gab es nichts Neues zu verzeichnen. Das 17. Jahrhundert, ein Jahrhundert religiöser Spannungen, großer Epidemien und Hungersnöte, ist bekannt für die harten Lebensbedingungen der Kinder, die zu Hunderten ausgesetzt oder verstümmelt wurden, um bessere Bettler abzugeben. Die einzige Ausnahme bildete Holland, »die Republik der Kinder«, wie der Historiker Simon Schama feststellt. Die ersten volkstümlichen Werke zur Säuglingspflege wurden dort in relativ preisgünstigen Ausgaben veröffentlicht. Das Trotzalter, erste Hilfeleistung, die Erziehung zur »Sauberkeit« wurden abgehandelt und, nicht zu vergessen, die ersten Spiele. Noch ehe Erkenntnisse über die Rolle der Vitamine in die abendländische Medizin Eingang fanden, wußten einige holländische

Gelehrte bereits, daß ein erhöhter Verzehr von frischem Gemüse und Obst das beste Mittel gegen Rachitis ist.

Im Zeitalter der Aufklärung rühmten die Philosophen neue Werte: Natur, Freiheit und Mutterliebe. Die Gemälde von Chardin und Greuze zeigten das traute Familienleben. Die Ärzte kümmerten sich jetzt ganz nüchtern um das »Überleben der Kinder«, denn noch im 18. Jahrhundert starb jedes vierte Kind vor Vollendung des ersten Lebensjahrs. Ab 1750 war die Lehre von den Kinderkrankheiten Gegenstand ernsthaften und andauernden Interesses. Der Beitrag englischer Ärzte wie Cadogan, Armstrong und Underwood prägte die Geschichte der Pädiatrie, die ihren Höhepunkt Ende des Jahrhunderts mit Jenner und der Entdeckung der Impfungen erreichte, des ersten wirksamen Schutzes gegen die verheerenden Pocken. Dennoch ist die Beschreibung, die Jean-Jacques Rousseau in *Emil* vom Gesundheitszustand der Kinder gibt, deprimierend: »(Die Natur) übt ihre Kinder beständig; sie härtet sie durch Prüfungen aller Art ab; sie lehrt sie von früh an, was Schmerz und Leid ist. Das Zahnen läßt sie fiebern; Leibschmerzen führen zu Krämpfen; Husten läßt sie fast ersticken; Würmer quälen sie; die Plethora verdirbt das Blut; es entwickeln sich Gärstoffe und verursachen gefährliche Ausschläge. Fast die ganzen ersten Lebensjahre sind Krankheit und Gefahr.«

So bekundete der Armeechirurg William Cadogan seine Freude darüber, »daß die vernünftigen Menschen sich endlich für die Pflege ihrer Kinder interessieren«. Seiner Auffassung nach war es ein Fehler, diese Pflege Frauen zu übertragen, denn wegen mangelnder Kenntnisse könnten sie ihrer Verpflichtung nicht gebührend nachkommen. Außerdem stellte er einen großen Unterschied zwischen der Kindererziehung in einfachen und wohlhabenden Schichten fest: »Eine arme Frau, die nur über einige erbärmliche Lumpen verfügt, um ihr Kind zu bedecken, und über keine andere Nahrung

als ihre Milch, sieht, wie es wächst und bald ohne ihre Hilfe auskommt. Der Sprößling einer reichen Familie hingegen wimmert unter einem Berg von Putz, mit dem er überhäuft wird, verweigert die Köstlichkeiten, mit denen man ihn vollstopft, und wird zum Opfer dieser wahnsinnigen Zärtlichkeit.«

Der Hauch einer Feder

Bis Mitte des 17. Jahrhunderts war die Wiederbelebung der Neugeborenen kein Thema für die Ärzte. Sofern sie eingriffen, bedienten sie sich der Techniken der Hebammen. Diese Methoden waren zwar primitiv, aber zuweilen dennoch wirkungsvoll. Die Geburtshelferin nahm Wein oder Schnaps in den Mund und blies ihn dem Neugeborenen ein oder besprühte sein Gesicht damit. Da Ludwig XIII. bei der Geburt sehr schwach war, wandte sich die Hebamme Louise Bourgeois an Heinrich IV.: »Herr König, wenn dies ein anderes Kind wäre, so nähme ich ein wenig Wein in meinen Mund und gäbe es also dem Kind in sein Mündlein, weil ich Sorg habe, es möchte noch schwächer werden.« Der König erwiderte: »Machet nun allhie, wie Ihr es mit anderen Kindern auch machet!«, und das Kind kam wieder zu sich. Um das Kind zu wärmen, legte man die in der Pfanne mit Wein gebratene Plazenta auf den Bauch des Neugeborenen. Man rieb es auch mit Cidre, Essig oder Schnaps ein, hauchte ihm »durch eine Schreibfeder Tabakrauch ein« oder kitzelte es mit einer Feder unter den Fußsohlen. Zu Beginn des 18. Jahrhunderts machte sich ein verstärktes Bemühen um das Überleben des Kindes bemerkbar. Mauriceau war einer der ersten, die der Wiederbelebung ein eigenes Kapitel widmeten, vor allem um gewisse Methoden zu verdammen, wie etwa eine Knoblauchzehe oder ein Stück Zwiebel in den Mund des Säuglings zu schieben oder auch die Plazenta auf seinen Leib zu legen, da ihr Gewicht das Atmen eher noch erschwerte. Nicolas Saucerotte schreibt in einem seiner Bücher: »Ja, ich bin so glücklich gewesen, daß ich sehr viele Kinder, welche tot auf die Welt kamen, zum Leben gebracht habe, dadurch, daß ich Luft in die Lunge einblies, sie mit Tüchern, welche mit warmem Brandwein befeuchtet waren, gerieben, daß ich sie mit Werkzeugen des Geruchs und des Geschmacks gekitzelt habe.« Zuvor hatte man alle Anstrengungen darauf konzentriert, das Leben der Mutter zu retten. Doch die Fortschritte im Bereich der Geburtshilfe und die Entwicklung der Zange steigerten deren Überlebenschancen erheblich. Also widmete der Arzt seine Aufmerksamkeit vermehrt dem Neugeborenen; dessen Leben zu retten war nun sein Ziel.

Die Pocken waren im 18. Jh. der Schrecken der Eltern. Sie kosteten jedes zehnte Kind das Leben. 1796 entdeckte der englische Arzt Edward Jenner, daß die Impfung eine gutartige Infektion hervorruft, die vor der Krankheit schützt.

La Première Vaccination de Jenner (Jenners erste Impfung), Mélingue, 1879, Académie de Médecine, Paris.

Ein krankes Kind wurde zur Heilung in das Wasser einer Wunderquelle getaucht. War das Kind zu schwach, so tränkte die Mutter sein Hemdchen darin und zog es ihm so wieder an. Anhand der Kleidungsstücke waren auch Weissagungen möglich. In der Bretagne z.B. legten die Eltern das Hemd auf die Wasseroberfläche: Schwamm es, so war das Leiden gutartig; versank es, waren die Tage des Kindes gezählt. Für die Eltern gab es immer eine Möglichkeit, den Vorgang so zu deuten, daß Hoffnung auf Heilung bestand.

Rechts: Fontaine miraculeuse (Wunderquelle), Eugène Fines, 19. Jh., Musée des Jacobins, Morlaix.

Seite 75: Der hl. Nikolaus, Epinal.

Wunderquellen und Heiligenpuder

Bis zum Ende des 19. Jahrhunderts lebte, von den Gelehrten bespottet und verachtet, die volkstümliche Medizin fort und umgab die Kinder mit ihren magischen Schutzmaßnahmen. Ihre Rolle war durchaus nicht unnütz, denn sie machte den Eltern der kleinen Patienten Mut, ein nicht zu unterschätzender Faktor im Heilungsprozeß. Wie im Mittelalter nahmen viele Eltern auch jetzt noch Zuflucht zu Wallfahrten und Gebeten zu den Heiligen. Wurde ein schwer erkranktes Kind geheilt, so weihte man es der Jungfrau oder dem Heiligen, der es gerettet hatte. Bis zur Ersten Kommunion wurde es in einer einheitlichen Farbe gekleidet, häufig in Blau, der Farbe der Jungfrau, in Braun oder Rot. Der hl. Quintinus wurde bei Husten oder bei dem für Säuglinge äußerst gefährlichen Keuchhusten angerufen, der hl. Blasius bei Halsschmerzen, der hl. Nikolaus bei Leibschmerzen. Litt ein Kind an Koliken, so wurde ihm eine Schnur um den Bauch geschlungen, die man anschließend um den Hals einer Nikolausstatue in der Kirche legte. Oder ein wenig Staubpuder vom Leib der Statue wurde dem Brei untergemischt. Gegen Würmer, von denen man annahm, daß sie das Herz anfräßen und durchlöcherten, zu Gewichtsverlust führten und sogar auf »das Herz des Säuglings pinkelten«, verabreichte man Knoblauch (der auch als Halskette getragen wurde) oder Wein oder legte dem Kind einen Umschlag aus Würmern auf den Leib. Vor allem aber betete man zum hl. Medardus. Man konnte das kranke Kind, ersatzweise seine Kleidung, auch in eine Wunderquelle tauchen.

Kristallklappern und Maulwurfspfoten

Zu jeder Zeit war der Zahndurchbruch, ein entscheidender Augenblick im Wachstum des Kindes, eine der Phasen, welche die Eltern am meisten fürchteten. Der Organismus des Kindes ist in dieser Zeit besonders anfällig und hat keine Abwehrkräfte gegen die zahlreichen drohenden Krankheiten: Durchfall, Bronchitis usw. Zur Linderung der Schmerzen hängte man dem Kind ein Säckchen um den Hals, das die Pfote eines auf besonders grausame Weise getöteten Maulwurfs enthielt: Er war bei lebendigem Leib mit einem Draht durchbohrt worden, dann wurde ihm der Kopf abgeschnitten. Die Qualen des Maulwurfs sollten die des Kindes mildern. Der symbolische Stellenwert dieses Tieres ist gewiß darauf zurückzuführen, daß es äußerst scharfe Zähne hat und sich – wie der Zahn, der sich durch das Zahnfleisch bohrt – seinen Weg unter der Erde gräbt. Die Kinder trugen auch Zahnungsketten, die ursprünglich aus Efeuzweigen und Pfingstrosenwurzeln gefertigt wurden und lang genug waren, daß das Kind darauf beißen konnte. In wohlhabenden Familien bestanden diese Ketten aus edleren Materialien wie Koralle oder Bernstein, denen eine vorbeugende Wirkung zugesprochen wurde. Auch Beißringe, die einen Wolfszahn enthielten, sollten dem Kind Erleichterung verschaffen. Wie Ambroise Paré erwähnt, befestigten die Ammen manchmal Kristalle und kleine Glöckchen an den Klappern, damit die Kinder »spielen« könnten. Die Glöckchen dienten zur Vertreibung böser Geister. Bernsteinketten sollten vor Kehlkopfdiphtherie schützen und Reizungen in den Halsfalten verhindern. Eine geröstete Roggenähre, die in den Ärmel geschoben und jeden Tag ausgewechselt wurde, saugte den bösen Zauber auf, der das Neugeborene befallen hatte. Man ließ die kleinen Kranken auch ein Geldstück berühren, das anschließend eingewickelt und unter einem Stein versteckt wurde; derjenige, der es aufsammelte, nahm die Krankheit auf sich. In beiden Fällen sollte Heilung eintreten, indem man die Krankheit auf ein symbolisches Objekt übertrug.

Mit Unterstützung einiger adliger Damen richtete Vincent de Paul in Paris ein Spital für Findelkinder ein und wurde so zu einer legendären Figur.

Findelkinder

Ende des 18. Jahrhunderts wurden jährlich mehr als fünftausend Kinder in den Pariser Spitälern aufgenommen. Louis Sébastien Mercier liefert uns die traurige Beschreibung des Ammenbesorgers: »Es handelt sich um einen Mann, der auf seinem Rücken eine gepolsterte Kiste trägt, in der drei Säuglinge Platz haben. Sie stehen in ihren Hemdchen darin und bekommen von oben Luft. Der Mann hält nur zu den Mahlzeiten an und um ihnen ein wenig Milch zu geben. Öffnet er seine Kiste, so findet er oft eines der Kinder tot vor, dann setzt er seine Reise mit den beiden übrigen fort, ungeduldig, sich endlich von seiner Last zu befreien.« Im Spital angekommen, waren diese Kinder halbtot. Nur jedes zehnte überlebte. Anfang des 19. Jahrhunderts lag die Sterblichkeitsrate so hoch, daß ein zeitgenössischer Autor vorschlug, über dem Tor des Spitals folgenden Spruch einzumeißeln: »Hier läßt man Kinder auf Kosten der Allgemeinheit sterben.« Die Ärzte allerdings nutzten diese Heime und Krankenhäuser für ausgesetzte Kinder mit ihren verschiedenen furchtbaren Krankheiten als Forschungsfeld.

Im 19. Jahrhundert nahm zwar die Armut ab, doch der gesellschaftliche Druck zwang ledige Mütter – oft handelte es sich um von ihren Herren mißbrauchte Dienst-

Diese Seite: Saint Vincent de Paul, Stich, Musée de l'Assistance Publique, Paris.

Seite 77 oben: Findelkind, Stich, 19. Jh., Musée Carnavalet, Paris.

Seite 77 unten: Eine Mutter setzt ihr Kind in einem der berühmten »Drehkästen« aus, Stich, 19. Jh.

Monsieur Vincent

Im 16. Jahrhundert wurden immer häufiger Kinder ausgesetzt. Man glaubte damals, jedes ausgesetzte Kind sei zwangsläufig die Frucht einer außerehelichen Liebesbeziehung: ein Bastard. In Wahrheit bestand meistens ein enger Zusammenhang zwischen der Anzahl der Kindesaussetzungen und dem Brotpreis, also der herrschenden Armut. Die Eltern glaubten, ihrem Neugeborenen mit der Aussetzung eine Überlebenschance zu geben, in Wirklichkeit jedoch starben die Säuglinge in den Spitälern wie die Fliegen. Mehrere Jahrhunderte lang gehörten in Tücher gewickelte Kinder, die in einem Körbchen vor Kirchen- und Krankenhaustüren oder einfach auf der Straße ausgesetzt wurden, zur traurigen Realität, die auf Gemälden und Stichen, in Romanen und Melodramen wiedergegeben wurde. Medaillons, Briefchen oder andere Erkennungs-

mädchen –, ihre Neugeborenen heimlich im »Drehkasten« eines der Spitäler auszusetzen. Das war eine ins Portal eingelassene Vorrichtung, die den Säugling aufnahm, ohne daß dabei die Anonymität der Mutter verletzt wurde. Lag das Kind in dieser kleinen Hütte, läutete die Mutter eine Glocke und eilte mit gebrochenem Herzen davon. Eine Nonne auf der anderen Seite nahm sich des Säuglings sogleich an. Anfang des 19. Jahrhunderts befand sich der Staat in einem Dilemma: Die »Drehkästen« ermunterten zur Aussetzung, und immer mehr Kinder fielen der Allgemeinheit zur Last. Hätte man sie abgeschafft, wäre die Zahl der Kindsmorde sofort gestiegen. Schließlich wurde beschlossen, die »Drehkästen« durch Empfangsstellen zu ersetzen, in denen die Anonymität gewährleistet war. Es soll auch gewitzte Mütter gegeben haben, die ihr Kind durch eine verständige Matrone ins Spital bringen ließen und sich dann als bezahlte Ammen anboten, um ihr eigenes Kind zu betreuen.

zeichen, wie etwa eine halbe Spielkarte, deren anderen Teil die Mutter behielt, zeigen, daß diese insgeheim die Hoffnung hegte, ihr Kind eines Tages wiederzufinden. Am 29. November 1633 gründete der Priester Vincent de Paul die »Filles de la Charité«, einen Orden, der sich zunächst der Pflege der Armen widmete und sieben Jahre später den Auftrag erhielt, sich auch um die Findelkinder von Paris zu kümmern. Bei seiner Gründung genoß das Spital noch einen guten Ruf, doch angesichts der großen Anzahl ausgesetzter Kinder und der fehlenden Mittel war es schon bald hoffnungslos überfüllt und wurde zu einer riesigen Sterbekammer. Wurden um 1660 in Paris durchschnittlich jährlich 438 Findelkinder registriert, so war im darauffolgenden Jahrhundert ein schwindelerregender Anstieg zu verzeichnen. Später wurden die Säuglinge unter grauenvollen Bedingungen aufs Land und auch ins Ausland geschafft.

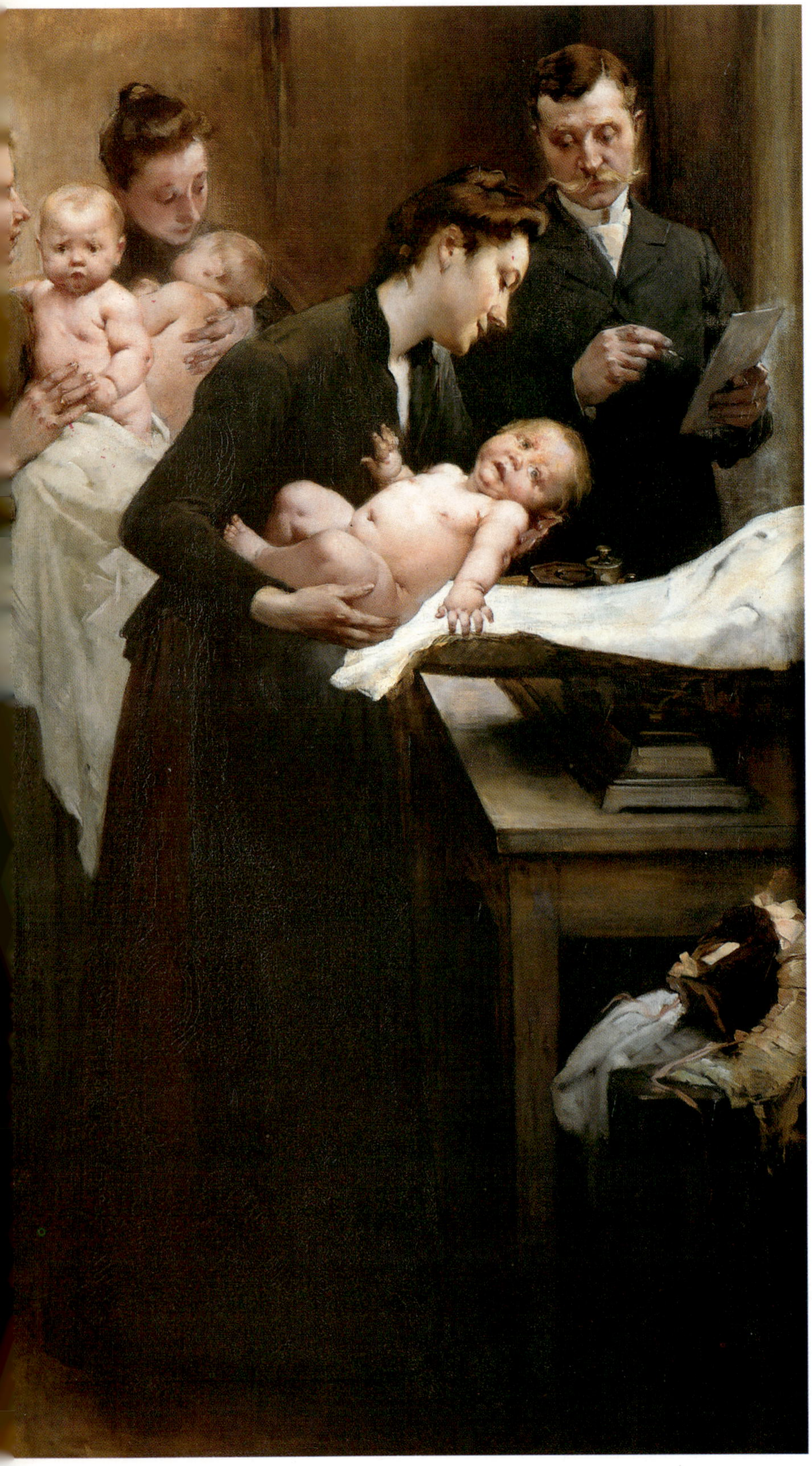
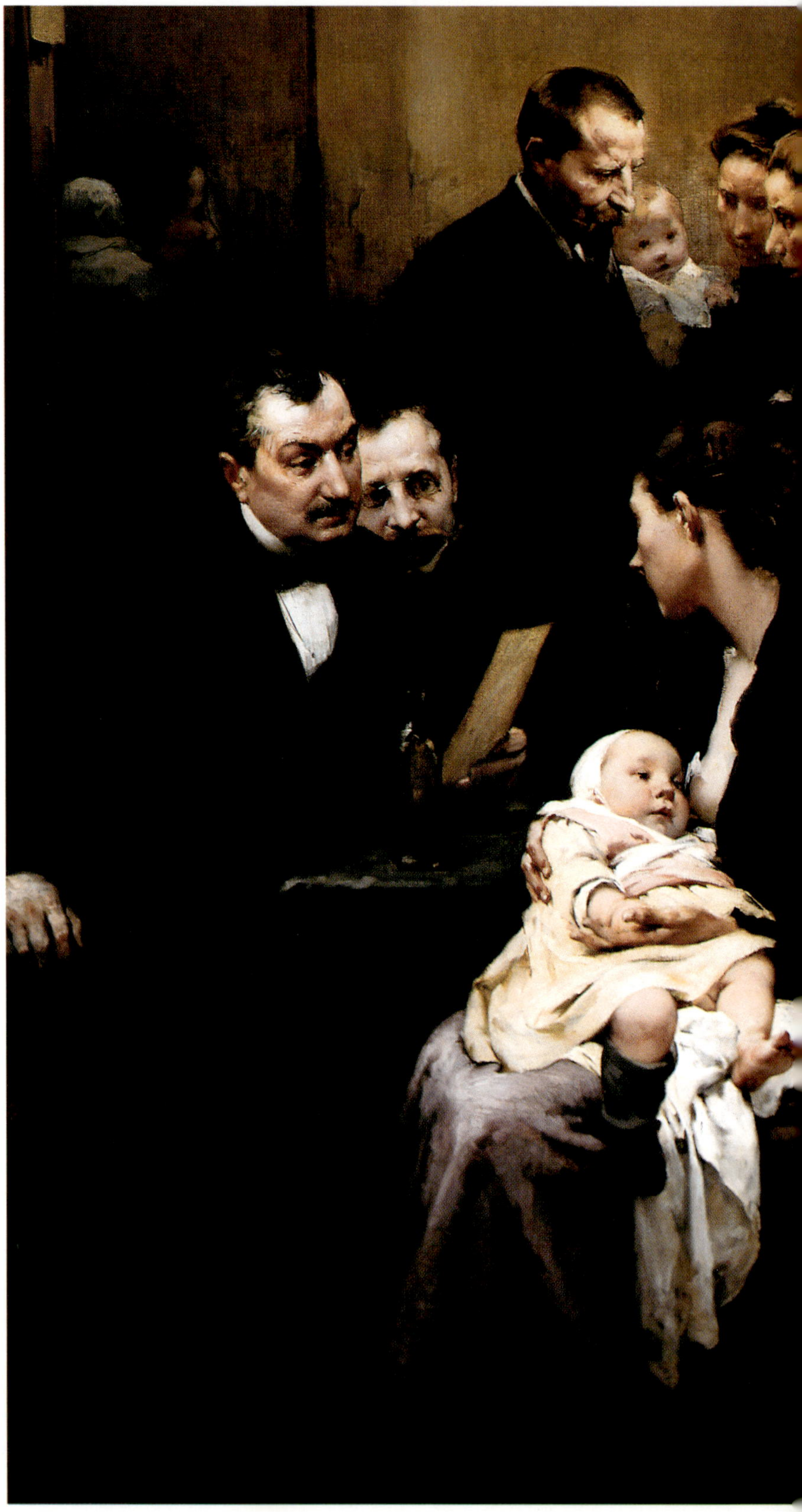

Ende des 19. Jh.s wurde die Säuglingspflege zu einer Wissenschaft. Während das Wort *pédiatrie* (Kinderheilkunde) erstmals 1872 auftauchte, wurde der Begriff *puériculture* (Säuglingspflege) bereits 1864 von dem französischen Arzt Caron geprägt: »Die Säuglingspflege hat für die Gesundheit der Kinder dieselbe Bedeutung wie die Fruchtbarkeit des Bodens für die Landwirtschaft.«

Vorhergehende Doppelseite: La »Goutte de lait« de Belleville, Jean Geoffroy (1853–1925), Musée de l'Assistance Publique, Paris.

Unten: Mütter-Hilfszentrum, Foto, 1944.

Rechts: In den Krippen wurden die Kinder auch gewogen, Foto, 1909.

Die ersten Kinderkrankenhäuser

Das Pariser Findelheim wurde unbeabsichtigt zum größten Studienzentrum der frühkindlichen Pathologie. Die Kinderheilkunde und die Säuglingspflege im eigentlichen Sinne nahmen im Laufe des 19. Jahrhunderts ihren Aufschwung. Diagnostik und Kenntnisse über klassische Kinderkrankheiten – Röteln, Angina, Diphtherie, Krupp, Lungenentzündung, Keuchhusten, Hirnhautentzündung, Scharlach, Tuberkulose – hatten sich wesentlich verbessert.

1802 wurde das »Hôpital des Enfants Malades«, das erste Kinderkrankenhaus der Welt, gegründet, denn bisher war es allgemein üblich gewesen, Alt und Jung in derselben Einrichtung zu behandeln. Während des ganzen Jahrhunderts setzten sich Ärzte unter oft schwierigen Bedingungen uneigennützig für diese Aufgabe ein. Als Beispiel gilt die folgende Beschreibung, die Robert Debré von einem seiner Lehrer gibt, dessen Name heute in der Öffentlichkeit in Vergessenheit geraten ist: »Arnold Netter hatte ein eigentümliches Äußeres. In unseren Augen glich er einem Propheten aus dem Alten Testament – aber einem lachenden (Propheten). (...) Jeden Tag, Sonn- und Feiertage eingeschlossen, erscheint er in aller Frühe, lange vor uns, im Krankenhaus. Er vernachlässigt nichts, vergißt kein Kind in seinem kleinen Bettchen, keinen Säugling in seiner Wiege, lächelnd beugt er sich zu ihnen hinab wie ein wohlwollender Großvater, untersucht vorsichtig die schmerzende Körperstelle, beruhigt das kleine Wesen und denkt lange schweigend nach. (...) Der Ruf des Gelehrten eilt ihm voraus. Er kennt die Entwicklung der Medizin und die Geschichte der Krankheiten, und als er 1915 in Paris die ersten Fälle von Gehirnhautentzündung sieht, fallen ihm nicht nur die neueren Veröffentlichungen dazu ein, sondern auch die alten, anschaulichen Beschreibungen aus dem Jahr 1695.«

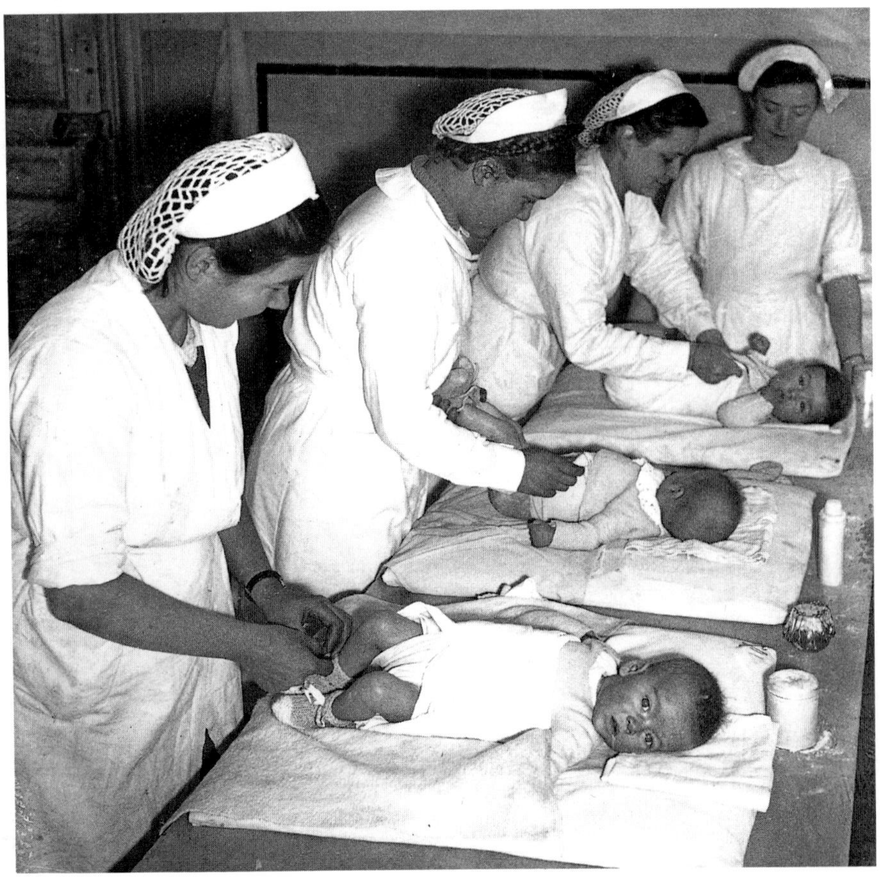

Mehrere Männer dieses Schlages – einige Krankenhäuser tragen noch heute ihre Namen – haben diese Zeit geprägt: Trousseau, Bretonneau, Billard, Parrot, Laennec. Charles Billard ist der Autor der bedeutendsten Abhandlung über Kinderheilkunde des frühen 19. Jahrhunderts. In diesem Werk beschrieb er die wichtigsten Abschnitte der psychomotorischen Entwicklung des Kindes. Er erklärte, wie man Gelbsucht erkennt, stellte Normen für Gewicht und Größe des Säuglings auf. Doch geradezu ergreifend ist Billards Werk, die Grundlage der modernen Pädiatrie, vor allem deshalb, weil er die Krankengeschichte zahlreicher Kinder beschrieb, die er nach ihrem Tod autopsiert hatte.

Die Erfindung der Brutkästen

Bei Frühgeburten empfahl man im 18. Jahrhundert Sand- oder Dampfbäder. Schon lange wußte man, wie wichtig es ist, die Säuglinge warm zu halten. Doch die gängigste Methode, um eine Unterkühlung der Frühgeburten – der »zurückgebliebenen Kinder«, wie man sie damals nannte – zu verhindern, bestand darin, sie in eine Schicht Watte zu hüllen und dann fest einzuwickeln; darum bezeichneten die Hebammen diese Kinder als »Watteballchen«. Daraufhin legte man sie mit zwei oder drei mit heißem Wasser gefüllten Kugelflaschen in ihre Wiege. 1857 wurde der erste Brutkasten entwickelt: eine doppelwandige Zinkwiege, die mit warmem Wasser gefüllt werden konnte. Im Entbindungsheim von Port-Royal wurde 1880 ein mit Alkohol beheizter Holzkasten mit Glasdeckel erprobt. Später kamen einzelne Brutkästen mit Petroleumbetrieb, dann aus Steingut zum Einsatz. Anfänglich erstickten die Frühgeburten, da den Modellen die Luftlöcher fehlten. Es folgten Glaskästen, die von unten mit Warmwasserkugeln beheizt wurden, die man alle zwei bis drei Stunden auswechseln mußte. Damit die Luft nicht zu trocken wurde, wurde ein feuchter Schwamm in den Kasten gelegt. In den 30er Jahren waren Metallbrutkästen mit einer Glastür verbreitet, das Belüftungssystem wurde durch einen nach außen gelegten Schlauch verbessert. Es gab auch Versuche mit Gasbrutkästen, die sich allerdings wegen der Brandgefahr nicht bewährten. Trotz all dieser technisch ausgeklügelten Erfindungen berichtete ein älterer Herr, der 1914 als Frühgeburt zur Welt kam, daß er nur überlebt habe, weil man ihn in einer mit Watte gepolsterten Schuhschachtel wie einen Hefeteig in den Backofen geschoben habe!

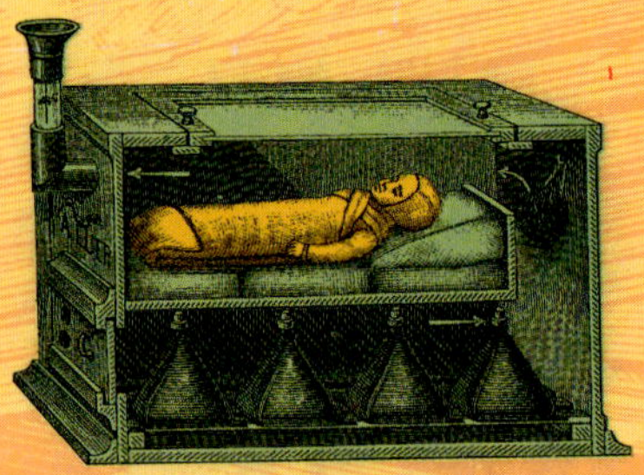

Vor der Erfindung des elektrisch beheizten Brutkastens benutzte man meist ein Modell, das durch Kugelflaschen mit warmem Wasser gewärmt wurde.

Oben: Schnitt durch den Brutkasten Tarnier, Stich, 19. Jh.

Unten: Die ersten Brutkästen, österreichischer Stich, Bibliothèque Nationale, Paris.

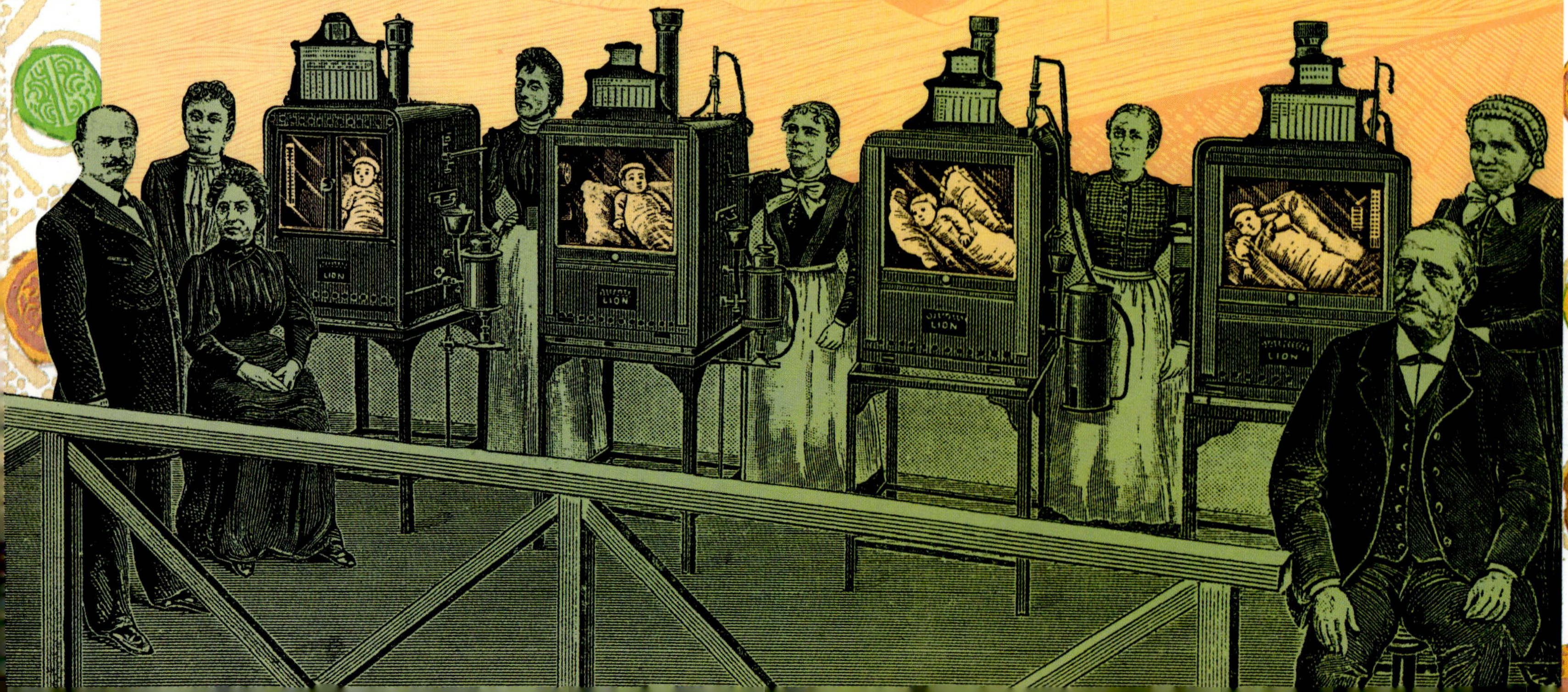

Die »Milchambulanzen«

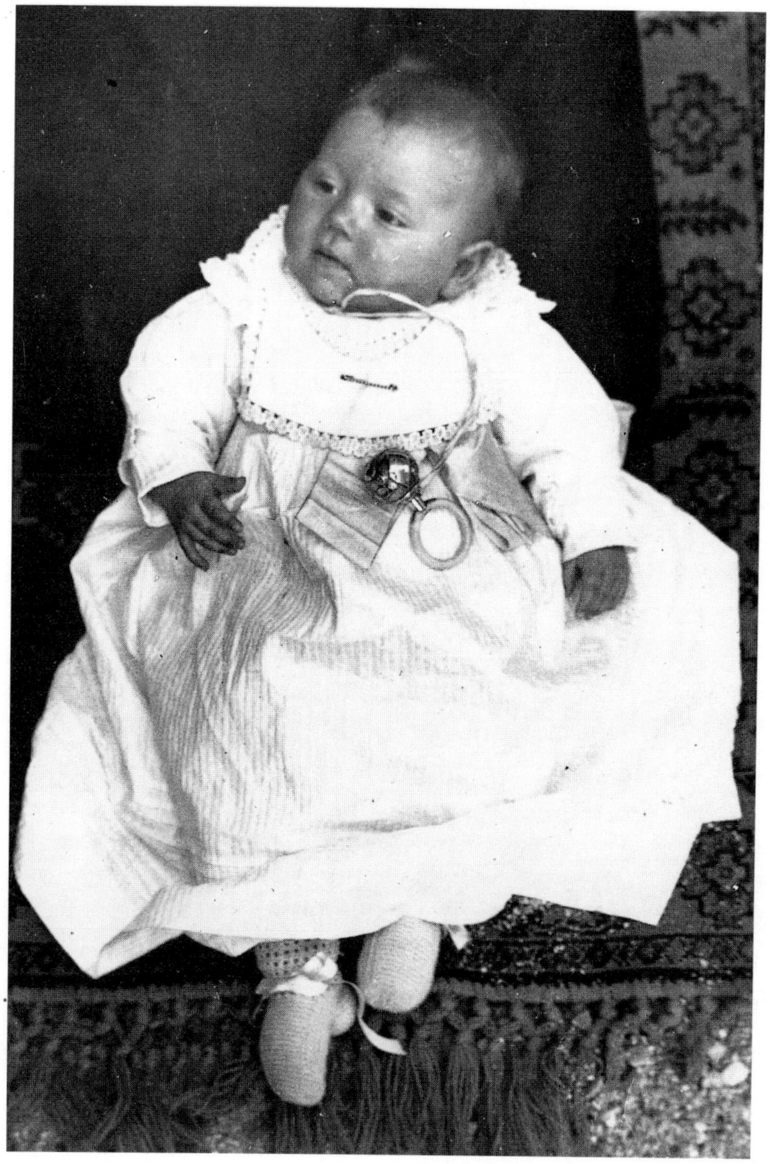

Zu den Einrichtungen, die im Bereich des Kinderschutzes und der Anleitung der Mütter eine Wegbereiterrolle spielten, gehört die erste Säuglingssprechstunde, die Dr. Budin 1892 in Paris einrichtete. Wenn dieser Arzt die Mütter nach dem Befinden ihres Kleinkindes fragte, bekam er allzuoft die Antwort: »Es ist tot.« So kam er auf die Idee, Mütter und ihre Kinder zwei Jahre lang zu kostenlosen Untersuchungen zu bestellen. In dieser ersten »Schule für Mütter« wurden alle möglichen Ratschläge erteilt, und es wurde sterilisierte Milch ausgegeben. Die »Schule« erwies sich als Erfolg: Nicht ein einziges Kind, das regelmäßig in die Sprechstunde gebracht wurde, starb. 1894 richtete Doktor Dufour in Fécamp die erste *Goutte de lait* (Milchambulanz) ein. In dieser Ambulanz konnten Arbeiterinnen gegen ein bescheidenes Entgelt Körbe mit je sechs Flaschen pasteurisierter Milch erwerben. Die Auswirkungen dieser Maßnahme auf die Kindersterblichkeit waren so beeindruckend positiv, daß bald auch wohlhabendere Frauen nach dieser Milch fragten. Weitere *Gouttes de lait* entstanden, unter anderem die, die Dr. Variot in dem Pariser Vorort Belleville einrichtete. Mütter, die sterilisierte Milch bekamen, mußten jede Woche mit ihren Kindern zur Untersuchung kommen. Dann wurden die Säuglinge abgehorcht, gewogen und gemessen.

Ende des 18. Jahrhunderts begann dank Pasteur das Zeitalter der Bakteriologie. Die Krankheitserreger wurden erkannt, und man hatte herausgefunden, daß man sie mit Phenol zerstören konnte. Endlich wurden die Regeln der Antisepsis, später dann der Asepsis beachtet. Auch das politische Klima trug zur Entwicklung der Kindermedizin in Frankreich bei: Tief getroffen vom Sieg der Preußen über ihr Land, kämpften patriotisch gesinnte Politiker, Ärzte und Hygieniker gegen die Entvölkerung Frankreichs an. Durch ihre Säuglingssprechstunden, Vorträge und zahlreichen Handbücher für die Mütter wurden Männer wie Budin, Variot und Pinard zu den Vätern der modernen französischen Säuglingspflege. Zum Schutz der Kinder wurden neue Gesetze erlassen. 1879 wurde an der medizinischen Fakultät von Paris der erste Lehrstuhl für Kinderkrankheiten eingerichtet. Zu den positiven Auswirkungen der Säuglingspflege und der Pasteurschen Hygiene kamen andere, bedeutende Entdeckungen, die zur Verbesserung der klinischen Untersuchungen beitrugen, wie etwa die Röntgenologie im Jahr 1895, die den Handlungsspielraum der vorbeugenden Medizin erweiterte. Die Kindersterblichkeit ging endlich zurück. Das Bestreben, die Kleinkinder zu schützen und die Mütter besser auszubilden, lebte in verstärktem Maße wieder auf, nachdem Philosophen und Mediziner erstmals Ende des 18. Jahrhunderts in dieser Richtung gearbeitet hatten.

Als der Begriff »Säuglingspflege« zum ersten Mal an der Sorbonne Verwendung fand, erregte er zunächst Heiterkeit, dann Unwillen, ehe er sich 1900 schließlich durchsetzte. Ärzte regten sogar Wettbewerbe für das schönste Baby an.

Baby mit Beißring, Foto, 1895.

»Die größten Erfolge, die ein Arzt erreichte, beruhten auf der Möglichkeit, durch die Genauigkeit der Diagnose die Angst vor einer schlimmen Krankheit zu lindern.«

L'Honneur de vivre,
Robert Debré, 1974.

Oben: Einführung einer Sonde bei einem an Diphtherie erkrankten Kind. G. Chicoto, Musée de l'Assistance Publique, Paris.

Rechts: Besuch beim Kinderarzt, Foto von Wayne Miller, Magnum.

TOP
V. MUELLER & CO.

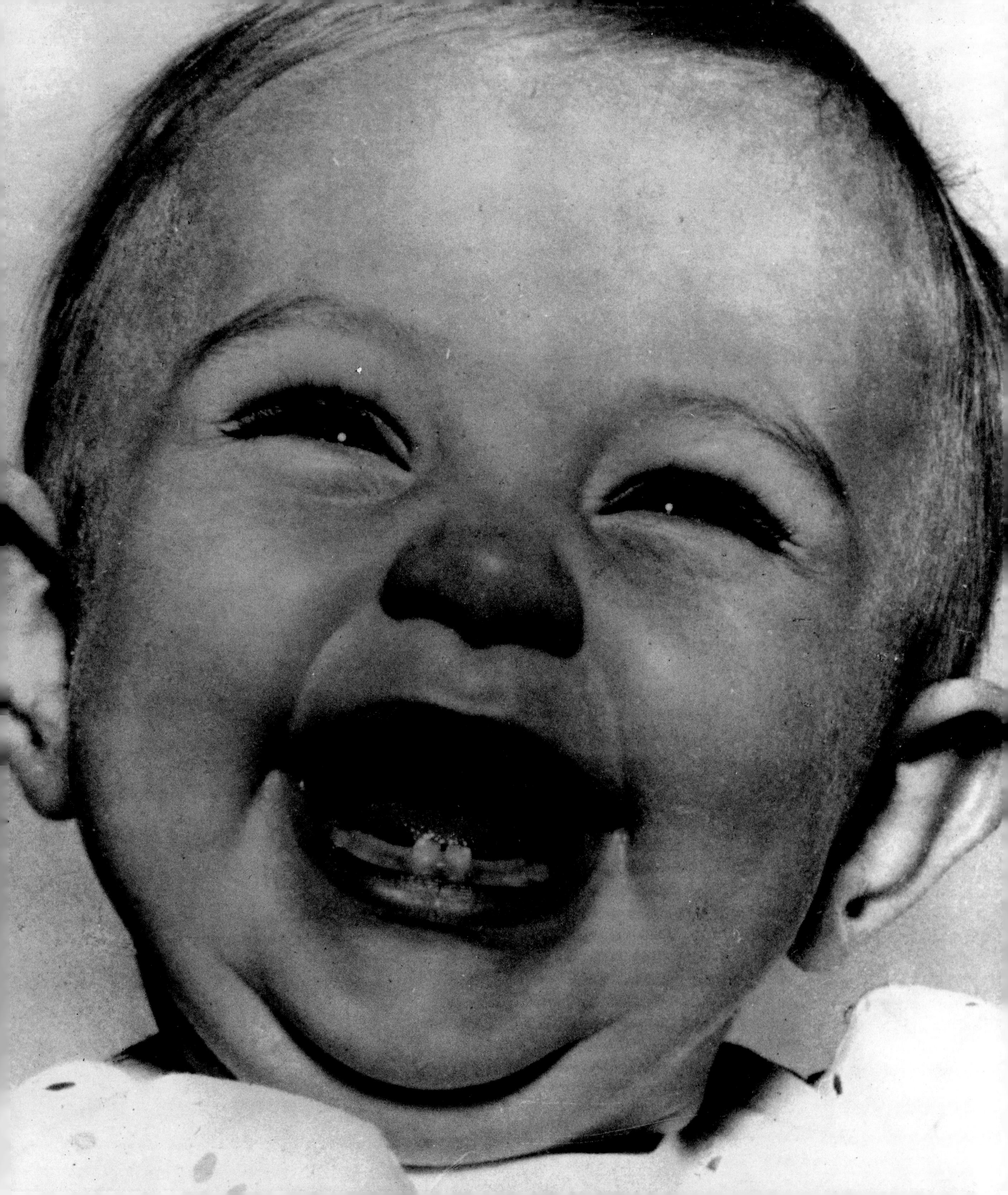

Riesenfortschritte in der Kinderheilkunde

»Heute kann man sich kaum mehr vorstellen, welche Ängste eine eitrige Angina auslöste, die sogleich das Schreckgespenst von Diphtherie und Krupp heraufbeschwor. Ein plötzlicher Temperaturanstieg, verbunden mit einer Halsentzündung, ließ Scharlach vermuten. Bei einer Mittelohrentzündung befürchtete man damals ernsthafte Komplikationen, und bei Leibschmerzen dachte man sofort an eine schwere Blinddarmentzündung. Einfache Kopfschmerzen lösten Angst vor einer tuberkulösen, zum Tod führenden Gehirnhautentzündung aus. Stellte eine Mutter fest, daß ihr Kind an Gewicht verlor, dann vermutete sie eine verborgene tuberkulöse Infektion. Und war grüner Durchfall bei einem Säugling nicht ein untrügliches Zeichen für die so oft tödlich verlaufende Kindercholara?« heißt es bei dem berühmten französischen Kinderarzt Robert Debré. Als sich die Grundregeln der Hygiene in der breiten Öffentlichkeit langsam durchzusetzen begannen, als Impfungen entwickelt, die Rolle der Vitamine in der Ernährung erkannt und postnatale Kontrollen durchgeführt wurden, machte die Gesundheit der Säuglinge innerhalb weniger Jahrzehnte die seit Jahrhunderten erhofften Fortschritte. Auch die Verbesserung des Wohnkomforts und der Heizmöglichkeiten, vor allem aber die Entdeckung der Antibiotika im Jahr 1928 (die industrielle Herstellung begann 1943) leisteten dazu einen entscheidenden Beitrag. In den Jahren vor und nach dem Zweiten Weltkrieg konnten Infektionen endgültig geheilt werden. Und die Biologie, eine wichtige Stütze der Kinderheilkunde, eröffnete den Ärzten unerwartete therapeutische Möglichkeiten. Früher mußten die Kleinen wochenlang unter den Kinderkrankheiten leiden, und es dauerte oft Monate, bis sie wieder ganz hergestellt waren. Heute sind sie schon nach wenigen Tagen wieder auf den Beinen. Während man Ende des 19. und den größten Teil des 20. Jahrhunderts die Kinder wie besessen wog und maß, verbreitete die volkstümliche Medizin noch Anfang des 20. Jahrhunderts eine gegenläufige Lehre: Man dürfe das Kind auf keinen Fall wiegen, ein wenig Schmutz sei eher von Vorteil, und gegen ein paar Schlucke Wein sei nichts einzuwenden. Die Mediziner begegneten solchen Praktiken natürlich mit Verachtung, wollten ihre symbolische und poetische Bedeutung nicht erkennen. Doch das Blatt hat sich in der Zwischenzeit gewendet, denn heute unterliegt die Kindheit nicht mehr solch strikten medizinischen Kriterien. Selbst die Ärzte halten es nicht mehr für absolut notwendig, das Gewicht eines Babys permanent zu kontrollieren und Fläschchen zu sterilisieren. Auf der anderen Seite sind heute viele Mütter der Meinung, im ersten Lebensjahr würden allzu häufig bei fiebrigen Krankheiten Antibiotika, Aspirin und Paracetamol verabreicht.

Quecksilber, Eisenfeilspäne, in Säuren aufgelöstes Kupfer... An die Stelle der grauenvollen Heilmittel gegen Würmer, die im 18. Jh. verabreicht wurden, sind weniger schädliche Wurmmittel getreten.

Oben: Werbung für ein Wurmmittel, *L'Illustration*, 1934.

Ernähren

Über Jahrtausende hinweg haben die Frauen ihre Kinder gestillt. Doch schon in der Antike entwickelte sich der eigenartige Brauch, die Neugeborenen einer anderen Frau, einer Amme, anzuvertrauen. Bis zum Ersten Weltkrieg, als dieser Berufsstand langsam ausstarb, wurden diese »Söldnerinnen« von Philosophen, Ärzten und Priestern hartnäckig angegriffen. Welche ökonomischen und menschlichen Gründe gab es für den Fortbestand des Ammenberufs, der heute so barbarisch anmutet? Und woran lag es, daß bis zum Ende des 19. Jahrhunderts mehr Kinder durch das Fläschchen gestorben sind als »Männer durch das Schießpulver«?

Von der Brust zum Fläschchen

Glaubst du, die Natur hat den Frauen Brustwarzen gegeben, damit zwei anmutige Ausbuchtungen ihre Brust zieren und nicht etwa, um ihre Kinder zu ernähren?« empörte sich der römische Philosoph Favorinius Ende des 2. Jahrhunderts. In der Tat gab im alten Rom die Frage des Stillens jahrhundertelang Anlaß zu hitzigen Debatten. Schon der Grieche Plutarch geißelte »jene unwürdige Praktik, Säugammen zu mieten und die zarten Opfer dem Geiz und der Raffgier von Leihmüttern zu überlassen«.

Die Pragmatiker unter den Ärzten erstellten Kriterien für die Auswahl einer guten Nährmutter, die zum Statussymbol geworden war. Soranus von Ephesus, der in der Blütezeit des Römischen Reiches zu den ersten Ärzten zählte, erlaubte die Einstellung von Ammen, »auf daß die Mutter nicht vor der Zeit altere, denn das tägliche Aussaugen der Brüste nimmt sie sehr mit«. Verschiedene Rezepte zur Milchbildung, die bei den Ammen hoch im Kurs standen, sind überliefert: Regenwürmer in mit Honig gesüßtem Wein, Zitzen von Milchvieh oder, besser noch, eine Mischung aus Wasser und Fledermaus- oder Eulenasche, mit der die Brust eingerieben wurde. Zeigten diese Mittel keine Wirkung, so war es ratsam, sich an die Gottheiten zu wenden, indem man ihnen eine Votivgabe in Form einer Brust weihte.

Der Ammen-Markt

In Patrizierfamilien hatte jeder Säugling mehrere Ammen, die einander ablösten; zu ihrer Unterstützung gab es eine Frau, die über das Kind wachte, eine, die es wiegte, und eine, die es trug, damit sich die Milch der Amme nicht erwärmte. Die reichen Römer kauften Sklavinnen, die gerade ein Kind geboren hatten. Die Frauen aus dem Volk begnügten sich damit, eine Nährmutter zu mieten. Dazu brauchten sie sich nur auf das Forum Olitorium zu begeben, wo die Anwärterinnen in der Nähe der sogenannten »Milchsäulen« standen. Sie wurden vertraglich für etwa zwei Jahre in Dienst genommen. Während dieser Zeit war ihnen jeglicher Geschlechtsverkehr untersagt; wurden sie schwanger, mußten sie eine Strafe zahlen, denn es war allgemein bekannt, daß Sperma und Schwangerschaft der Milch schaden, die dann, wie Plinius der Ältere feststellte, »zu einer Art Käse gerinnt«. Außerdem mußten sie ein ausgeglichenes Leben führen und bestimmte Übungen absolvieren, um die Brust zu stimulieren. Soranus riet zu Kugelspielen, Gewichtheben, Eimertragen und Bettenmachen. Dem Ruf der Ammen – man beschuldigte sie der Nachlässigkeit, des Geizes, der Trunksucht – standen die Gefühle der Kinder gegenüber, die von ihnen aufgezogen wurden. Während die eigenen Eltern ihnen mehr Autorität als Liebe entgegenbrachten, verkörperte die Amme für das Kind Zärtlichkeit. Die Bindung zu ihr dauerte oft ein ganzes Leben an: Zahlreiche bestimmten Ammen gewidmete Stelen zeugen von einer tiefen Zuneigung. Wie der Text einer Gedenktafel zeigt, war diese Liebe oft gegenseitig: »Dieses Denkmal hat die Amme, süß wie Honig, für ihren Säugling Valerius Stachyus errichtet, dessen Leben acht Monate und 25 Tage währte.«

Mit Ausnahme der Frauen des Pharaos stillten die ägyptischen Frauen ihre Kinder selbst. Gab es keine andere Möglichkeit als die Tiermilch, so wurde diese zunächst in ein Gefäß in Form einer stillenden Mutter gegossen, um sie mit Hilfe einer rituellen Formel der Muttermilch ähnlich zu machen, ehe man sie dem Säugling zu trinken gab.

Links: Ägyptischer Flakon, Louvre, Paris.

Das antike Fläschchen

In den gallo-romanischen Gräbern von Kleinkindern wurden Gefäße aus Ton oder Glas mit schnabelförmigem Ausguß gefunden. Sie dienten vermutlich dazu, dem Säugling zum Zeitpunkt des Abstillens Flüssigkeit oder Brei zuzuführen. Die einzige Erwähnung dieser Vorläufer des Fläschchens findet man bei dem römischen Arzt Soranus von Ephesus: »Wenn einmal das Kind nach dem Essen durstig wird, muß man ihm Wasser oder mit Wasser verdünnten leichten Wein mittelst künstlicher Brustwarzen geben, aus welchen es wie aus den Brüsten ohne nachteilige Folgen die Flüssigkeit zieht.«

Die Brust als allzeit bereite Nährquelle

Im Mittelalter wurde der Säugling oft mit bloßem Hinterteil oder ganz nackt gestillt. Die Mutter erfreute sich an ihm und nutzte die Gelegenheit, um ihn zu wickeln oder zu baden. Sie kleidete ihn am Feuer aus, hängte die Windeln zum Trocknen auf und nährte ihn. Die Bäuerinnen, die zu beschäftigt waren und vielleicht auch weniger auf Hygiene achteten, stillten ihre Kleinen vollständig gewickelt. Dennoch gaben sie dem Säugling zu jeder Tages- und Nachtzeit – ob sie arbeiteten, reisten oder schliefen, drinnen, draußen, im Stehen, im Sitzen oder im Liegen – die Brust, sobald er danach verlangte.

Die Beschaffenheit ihrer Kleidung machte ein sofortiges Stillen möglich. Bis zum 15. Jahrhundert trugen Mütter und Ammen Kleider, unter deren Faltenwurf sich seitliche Schlitze verbargen, durch die sie jederzeit rasch die Brust hervorholen konnten. Später änderte sich die Mode. Das Dekolleté machte die Brust leichter zugänglich und Schlitze überflüssig.

Für den einfachen Bauern wie für den Gelehrten war die Milch nichts anderes als weißes Blut. War die Frau schwanger, so hatte sie keine Regel mehr, da das Blut den Fötus ernährte. Nach der Geburt stieg es in die Brust auf, wo es sich in Milch für das Neugeborene verwandelte. Dadurch übertrug die Frau ihre eigenen körperlichen und moralischen Eigenschaften auf das Kind und vermochte es somit weiter zu prägen, was für die Verfechter des Stillens durch die Mutter ein gewichtiges Argument war: Die Ammen übertrügen nämlich mit der Milch ihre sittlichen Fehler auf das Kind. Dieses Risiko aber hinderte die Reichen nicht daran, die Dienste der Ammen dennoch in Anspruch zu nehmen.

Im Mittelalter konnten Frauen von Stand ihrer Pflicht, in kurzen Abständen möglichst viele Kinder zu gebären, nur nachkommen, wenn ihnen das Stillen abgenommen wurde. Ein gutes Dutzend Kinder war zu jener Zeit und in dieser Gesellschaftsschicht durchaus üblich. Trotz der hohen Kindersterblichkeit konnte man sich auf diese Weise eine ausreichende Nachkommenschaft sichern.

Einige adlige Damen, wie z.B. Blanka von Kastilien, waren hingegen sehr darauf bedacht, ihre Kinder selbst zu stillen. Eine der Hofdamen soll dem weinenden Kind, dem späteren Ludwig dem Heiligen, einmal in Abwesenheit der Königin die Brust gegeben haben. Als Blanka davon erfuhr, stürzte sie entsetzt zu ihrem Kind und tat alles, damit es die fremde Milch erbrach.

War es zu Beginn des Mittelalters noch ein Privileg der Adelsfamilien gewesen, ihre Kinder einer Amme anzuvertrauen, so weitete sich dieser Brauch später auch auf das Bürgertum aus. In den wachsenden Städten waren Frauen nun in verschiedensten Berufen tätig, viele gingen ihren Männern als Händlerinnen oder Wirtinnen zur Hand. Also blieb ihnen nichts anderes übrig, als die Kleinkinder einer Nährmutter anzuvertrauen. Im 12. Jahrhundert wurden bereits die ersten Berufsvereinigungen für Ammen gegründet.

Die Mutter mußte die Amme ihres Neugeborenen sorgfältig auswählen: Ehe sie die Milch kostete, betastete sie die Brüste, die weder »zu groß noch zu klein, weder zu hart noch zu weich« sein durften.

Oben: Miniatur aus dem 16. Jh., Bibliothèque Nationale, Paris.

Rechts: Miniatur aus dem 15. Jh., Bibliothèque Nationale, Paris.

Die ideale Milch

Im 13. Jahrhundert entwarf der italienische Arzt Aldebrandin von Siena ein am Vorbild der Antike orientiertes Bild der idealen Amme. Sie solle zwischen 25 und dreißig Jahre alt sein, denn in diesem Alter sei »die natürliche Wärme, die zu guter Laune führt, am größten«. Sie solle auch der Mutter so ähnlich wie möglich sein. Ihre Milch dürfe »weder zu dünn noch zu dick, weder grün noch rot noch schwarz sein«, der Geschmack »weder sauer noch bitter oder salzig, sondern eher süßlich«. Rabelais wies darauf hin, daß die Nase des Kindes durch die Brüste der Amme geformt würde. Auf Gargantuas Frage »Warum hat Bruder Jakob eine so schöne Nase?« antwortete der Mönch: »Der wahren klösterlichen Philosophie entsprechend soll es daran liegen, daß meine Amme weiche Brüste hatte, meine Nase drückte sich hinein wie in Butter und wuchs und hob sich darin wie ein Hefeteig. Kinder, deren Amme eine harte Brust haben, bekommen eine Sattelnase.«

Die Amme mußte sich bei ihrer Ernährung an bestimmte Vorschriften halten: Sie sollte zartes, junges Fleisch essen, das dem des Säuglings entsprach, wie z.B. Lamm, Zicklein usw. Die Speisen, die sie aß, durften nicht zu kräftig gewürzt sein; Zwiebeln, Knoblauch, Pfeffer, Minze oder Basilikum waren zu meiden. Hatte sie nicht genug Milch, wurde ihr der Verzehr von Kohl, Fenchel und Anis empfohlen, »die Erleichterung bringen, indem sie die Blähungen vertreiben und die Milchbildung anregen«, aber auch Kopfsalat »wegen der Milch, die darin im Überfluß enthalten ist«.

Die Amme ernährte das Kind nicht nur, sondern sie wickelte es auch, wusch es, kleidete es an, paßte auf es auf und erzog es. Vor allem aber liebte sie es. Aus diesen täglichen Gesten entstand zwischen Kind und Amme eine starke emotionale Bindung. In den wohlhabenden Familien nahm die Amme eine zentrale Stellung ein, sie wurde beschützt, geehrt und gut entlohnt. Die Kinder hingegen, die zu einer Nährmutter aufs Land gebracht wurden, waren zahlreichen Gefahren ausgesetzt, u.a. der des Erstickens. Da Mütter und Ammen oft zu arm waren, um sich eine Wiege leisten zu können, nahmen sie das Kind nachts mit in ihr Bett. So konnten sie es im Halbschlaf stillen. Anfang des 15. Jahrhunderts wurde in Florenz ein Schutzgestell für Säuglinge entwickelt, das sogenannte *arcuccio* – eine Holzkonstruktion, die ins Bett der Erwachsenen gestellt wurde, damit das Kind nicht erdrückt werden konnte. Später wurde den Ammen die Benutzung dieses Gestells gesetzlich vorgeschrieben. Damals starben mehr Kinder, die in die Obhut einer Amme gegeben wurden, als solche, die von ihren Müttern gestillt wurden. Dennoch wurden im späten Mittelalter viele Kinder aus den Städten zu Ammen aufs Land geschickt – für arme Familien ein unerschwinglicher Luxus. Konnte die Mutter nicht stillen, so war das Fläschchen oft die einzige Rettung.

Im Mittelalter war weiße, schimmernde Milch ein Symbol der Reinheit; die Milch der Jungfrau wurde zu einer Reliquie.

Links: Maria lactans, Hans Memling, 15. Jh., Kathedrale von Granada, Spanien.

Unten: Stich, Bibliothèque Nationale, Paris.

Papas Brei

Im Mittelalter bekamen die Säuglinge in den ersten Lebenstagen zusätzlich zur Milch einen dicken Brei. Man hielt die flüssige Milch für nicht ausreichend, um das Neugeborene zu kräftigen; es bedurfte stärkerer Nahrung, um den kleinen Körper widerstandsfähig zu machen. Der Brei köchelte in einem kleinen Tontopf am Feuer und wurde oft vom Vater beaufsichtigt, der so an der Ernährung des Säuglings Anteil nahm. Dieser Brei, der aus Milch, Mehl und Honig bestand, war ein Luxus, den nicht alle Familien ihren Kleinen bieten konnten. Mit der Empfehlung, Milch und Wasser abzukochen, legten die damaligen Ärzte in diätetischer und hygienischer Hinsicht eine fortschrittliche Haltung an den Tag. Sie empfahlen auch, dem Brei ein wenig mit Wasser versetzten Wein zuzufügen und das Ganze gut durchzukochen, damit der Alkohol verflog und nur der Gerbstoff zurückblieb, der als hervorragendes Heilmittel gegen Durchfall galt. Gleichzeitig warnten sie vor den Gefahren einer zu früh verabreichten Mischnahrung, die für den Säugling unverdaulich und eine häufige Todesursache war. Im Mittelalter wurden die Kinder bis zum Alter von etwa zwei Jahren gestillt. Häufig wurde der Zeitpunkt des Abstillens durch die nächste Schwangerschaft bestimmt. Dann wurde das Kind unter allen erdenklichen Vorsichtsmaßnahmen entwöhnt. Es bekam zartes Fleisch, das vorgekaut und damit durch den Speichel vorverdaut wurde: »Sie kauen das Fleisch für die Kinder vor, solange diese noch keine Zähne haben, damit sie es ohne Gefahr und so nutzbringend wie möglich zu sich nehmen können.« Zwei Jahrhunderte später ernährte man die jungen Prinzen am Hof von Burgund mit »gekochtem Fleisch, das so fein gehackt werden muß, daß sie es mühelos kauen können, und derjenige, der das Fleisch schneidet, muß darauf achten, daß kein Knöchelchen darin bleibt«. All diese Ratschläge und Sorgen um die Ernährung des Kindes zeugen von der Aufmerksamkeit und Zuneigung, die ihm zuteil wurden.

Das Jesuskind spielt mit einem kleinen Löffel, den seine Mutter ihm überläßt, um es in Ruhe füttern zu können.

Oben: Vierge à la tasse de lait (Jungfrau mit Milchtasse), Gérard David (1460–1523), Musée Réali, Brüssel.

Rechts: Le Père de famille (Familienvater), Adrien van Ostade, 1648, Stich, Bibliothèque Nationale, Paris.

Das Saughorn

Starb oder erkrankte die Mutter oder reichte ihre Milch nicht aus, um Zwillinge zu stillen, mußte man sich in den armen Familien um eine andere Form der Ernährung bemühen. Die Ernährung direkt am Tiereuter war heftig umstritten, da man annahm, das Kind könne durch die Übertragung der Charakterzüge seiner »Amme« debil werden. Zu Zeiten der Pest griff man dennoch auf dieses Mittel zurück, um eine Ansteckung zu vermeiden. Im Mittelalter wurde die Tiermilch den Kleinen im allgemeinen in einem Horn verabreicht. In Ländern, in denen Viehzucht betrieben wurde, lieferten Kühe und Ziegen sowohl das Fläschchen – in Form ihres Horns – als auch seinen Inhalt, die Milch. Zumeist wurden Ziegen herangezogen, da ihre kleinen Hörner mit einer Spitze enden, durch die die Milch langsam und gleichmäßig austritt, so daß der Säugling nicht daran erstickt. Die besonders verträgliche Ziegenmilch wurde gern als Ersatz für Muttermilch gewählt. Auch das Kuhhorn wurde zum Fläschchen umgewandelt, doch seine breitere Spitze mußte mit einem Stück Leinen oder Leder verkleinert werden.

»Nachdem sie mit mir niedergekommen war, taten ihr die Brüste so weh, daß sie mich nicht stillen konnte: Ich habe niemals an der Mutterbrust getrunken, wie mir meine selige Mutter selbst erzählt hat; das war der Beginn meines Elends. Ich mußte mittels eines kleinen durchlöcherten Horns mit Kuhmilch ernährt werden, wie man es hier zum Abstillen der Kinder verwendet.«

Thomas Platter, 15. Jh.

Rechts: Saughorn, Musée de l'Assistance Publique, Paris.

Hintergrundillustration: Stich, Bibliothèque Nationale, Paris.

Stillen oder tanzen

»Nach der Geburt eines Kindes muß eine Mutter es an ihrer Brust nähren, jener schönen Quelle, die Mutter Natur ihr zu diesem Zweck mitgegeben hat. (...) Und welchen schöneren Zeitvertreib könnte es für eine Frau auf dieser Welt geben als den, ihre Kleinen zu nähren, deren gestammelte und anmutige Worte, ihre Aussprache, ihr liebevolles Gelächter, mit dem sie das Haus erfüllen, schöner sind als alle Scherze dieser Welt.«
Montaigne, *Essais*, 1580.

Die heilige Familie, Rembrandt, um 1634, Alte Pinakothek, München.

Wie im Mittelalter vertrauten auch im 16. Jahrhundert viele Frauen die Ernährung ihres Kindes einer Säugamme an, vor allem, weil während der Stillzeit jeder Beischlaf verboten war, da man annahm, das Sperma lasse die Milch sauer werden und eine Schwangerschaft vergifte sie. Der Arzt Laurent Joubert war einer der wenigen, die sich gegen diesen Glauben auflehnten: »Die Frau, die ich über alles liebe, hat meine Kinder genährt, solange sie Milch hatte, und ich habe nicht aufgehört, bei ihr zu schlafen und sie zu lieben, wie es ein guter Ehemann seiner besseren Hälfte nach den Regeln der Ehe schuldig ist. Gott sei Dank wurden unsere Kinder gut ernährt und haben sich gut entwickelt. Ich erteile anderen keine Ratschläge, die ich nicht auch selbst befolge. Ein großes, ungestilltes Verlangen ist der Hauptgrund für verdorbene Milch.«

Neben diesem sexuellen Verbot, das allerdings kaum eingehalten wurde, zwangen auch die veränderten Lebensbedingungen in der Stadt die Frauen dazu, die Dienste einer Amme in Anspruch zu nehmen. Eine kräftige Bäuerin war hochwillkommen, um die dünne, gehaltlose Milch der Damen von Welt zu ersetzen, die durch das mondäne, mit dem Stillen so unvereinbare Leben erschöpft waren. Die Gründe, die dagegen sprachen, dem eigenen Kind die Brust zu geben, waren zumeist sehr oberflächlicher Art: Schönheit, Empfänge, Bälle und die Angst, sich lächerlich zu machen. Es schickte sich nicht, sein Kind selbst zu ernähren. »Die auserlesene Gesellschaft, in der wir heute leben, stellt die meisten Damen der höheren Kreise unter die tyrannische Herrschaft der Mode und unterwirft sie der Tortur des Korsetts, das oft die Verdauungsorgane schwächt; das Nervensystem wird überreizt, und sie werden zu Opfern jener Feste der großen Welt, bei denen sie ihren Lebenssinn in durchwachten Nächten und aufregenden Bällen zu finden hoffen, doch läßt diese hochentwickelte Zivilisation den Müttern die Kraft, ihr Kind zu ernähren?« Im 18. Jahrhundert beantwortete der Chronist Louis Sébastien Mercier diese Frage, ohne zu zögern, mit nein.

Ab dem 16. bis hin zum 18. Jahrhundert ging in den Städten die Bereitschaft der Frauen zu stillen zurück, obwohl Kirche, Ärzteschaft und Philosophen sich dafür aussprachen. Mit verzweifelter Vehemenz propagierten sie die Theorien der antiken Schriftsteller und entwickelten einen außergewöhnlichen Einfallsreichtum, um stillende Mütter zu ermuntern, denn schließlich war es eine heilige, gottgegebene Pflicht der Frau, ihre Kinder selbst zu nähren. In den Städten und Dörfern versuchten die Priester, ihre weiblichen Schäfchen dazu anzuhalten, und im England des 17. Jahrhunderts schmähten die Puritaner in ihren Gebeten jene unwürdigen Mütter, die versuchten, sich ihrer Pflicht zu entziehen.

Es galt als äußerst gefährlich, sich gegen die Natur aufzulehnen: Durch die Milch der Amme könne das Neugeborene die gräßlichsten Laster erben. Der Mutter drohe eine furchterregende Gefahr, denn die Milch, die sie dem Säugling vorenthalte, könne sich im ganzen Körper ausbreiten und zu Krankheiten wie Kindbettfieber, Schlaganfällen usw. führen oder aber durch den Nabel austreten!

Die Liebkosung des Säuglings

Das Stillen galt nicht nur als Pflicht, sondern auch als große Befriedigung. »Kann man seine Zeit besser verbringen als mit einem Kind, das seiner Amme beim Trinken schmeichelt, wenn es mit einer Hand die andere Brust erkundet und befühlt, denen Fußtritte versetzt, die es wegziehen wollen, und zugleich mit strahlenden Augen seiner Amme tausend kleine Lächeln und Blicke zuwirft?« begeisterte sich Laurent Joubert im 16. Jahrhundert. »Die Gesundheit, Fröhlichkeit und Zärtlichkeit eines Säuglings ersetzen einer guten Mutter Zerstreuungen, Bälle und Feste«, stellte ein anderer Arzt fast zweihundert Jahre später fest. Ende des 18. Jahrhunderts, als man immer häufiger auf fremde Nährmütter zurückgriff, löste Jean-Jacques Rousseau mit *Emil* eine wahre Revolution aus, indem er die Muttermilch in Mode brachte. Rousseau rühmte das Familienideal und die Bande des Blutes, gestärkt durch die Pflege, die man dem Kind angedeihen ließ. Dieser Vater, der seine eigenen fünf Kinder zu ihrem Besten im Stich ließ, fand es grauenvoll, »das Mutterrecht teilen zu müssen, oder vielmehr, es zu veräußern. Sehen zu müssen, wie eine andere Frau ihr Kind ebenso oder sogar mehr liebt; zu fühlen, daß die Zärtlichkeit für die Mutter eine Gnade ist, für die Pflegemutter aber eine Pflicht ist«.

»Die Stimme der Natur ist in die Herzen unserer jungen Frauen vorgedrungen, was ihnen sicherlich öffentliche Anerkennung einbringen wird. Vergnügungen, Mußestunden, all das haben sie geopfert! Doch sie sollten uns sagen, ob sie nicht bemerken, wieviel Achtung ihnen die Umwelt entgegenbringt, ob ihre Männer ihnen nicht mehr verbunden sind, ob die Beziehung nicht zärtlicher ist und ob sie nicht glücklicher sind. Und sie sollten uns auch sagen, ob ihre Kinder, die sie nähren, nicht gesünder, kräftiger und empfänglicher für gute Prinzipien sind und ob sie nicht oft davon überzeugt sind, daß ihr Kind in den Händen einer Söldnerin den Tod gefunden hätte.«

Prost de Royer, 18. Jh.

Diese Seite: Stiche von N. de Lamay, 18. Jh., Bibliothèque Nationale, Paris.

Rechts: Avant le bal (Vor dem Ball), Edouard Debat-Ponsan, 1886, Musée des Beaux-Arts, Tours.

DEBAT-PONSAN

»Stets hat der Anblick jener breiten Karren der Ammenbesorger, in denen sich Ammen und Säuglinge wie Vieh drängen, betrübte Gefühle in mir erweckt«, schrieb ein Autor 1866.

Der große Säuglings-Exodus

Vom Mittelalter bis zum 16. Jahrhundert waren die Familien der gehobenen Gesellschaft – Könige, Aristokraten und reiche Kaufleute – Hauptarbeitgeber der Ammen. Im Laufe des 17. Jahrhunderts gesellte sich dann das Bürgertum hinzu. Und im 18. Jahrhundert gab in ganz Europa ein großer Teil der Stadtbewohner, ob reich oder arm, seine Kinder in die Obhut einer Amme. Das traf auch auf die einfachen Schichten zu, und nur die Allerärmsten bildeten eine Ausnahme. Dem Polizeipräfekten Lenoir zufolge wurden von 21 000 im Jahr 1780 in Paris geborenen Kindern nur 1000 von der leiblichen Mutter gestillt, 1000 von Ammen, die in die elterliche Wohnung kamen, während 19 000 zu einer Nährmutter außerhalb der Stadt gebracht wurden. Die Nachfrage war so groß und das Angebot an Ammen in der Stadt so dürftig, daß die Kinder in immer entferntere Ortschaften gebracht werden mußten. Die Frauen der Handwerker, die in den Städten ein großes Potential an Ammen bildeten, gehörten zu den ersten, die ihre Kinder nicht mehr selbst stillten, um ihre Arbeit als Amme nicht unterbrechen zu müssen. Im 18. Jahrhundert fanden in den großen Städten die meisten Eltern ihre Nährmutter mit Hilfe einer Ammenverdingerin. Diese warb auf dem Land Frauen an, die dann von einem Ammenbesorger zu ihr nach Paris gebracht wurden, sobald die Ammenverdingerin einen Säugling gefunden hatte. Lange Zeit unterlagen weder Ammen noch Ammenverdingerinnen einer Kontrolle. Doch als die Kindersterblichkeit immer mehr zunahm, erließen die Behörden, beunruhigt über diese Entwicklung, im 18. Jahrhundert strengere Auflagen für diesen Beruf.

Die Körbe der Ammenbesorger

Die Kinder wurden in Kiepen, in Sattelkörben auf dem Rücken eines Esels oder in offenen Karren wie Tiere eingepfercht zu ihren Ammen gebracht. 1773 legte ein Polizeierlaß fest: »Die Ammenbesorger und -besorgerinnen sind unter Androhung einer Buße von fünfzig Pfund, der Amtsenthebung oder gar einer Kerkerstrafe angewiesen, einen geeigneten Wagen mit Bretterboden zu benutzen, der mit reichlich frischem

Oben: L'Arrivée des nourrices (Die Ankunft der Ammen), Etienne Jeaurat (1699–1789), Musée de Laon.

Folgende Doppelseite: Darstellung eines Besuchs bei der Amme von Lega Silvestro, 19. Jh., Galleria dell'Arte Moderna, Florenz.

Stroh ausgelegt ist, mit Seitenteilen, die durch dicht zusammengefügte Bretter oder Bast- oder Strohmatten geschlossen und mit einer festen, straff gespannten, ausreichend großen Plane abgedeckt sind. Bei gleicher Strafe ist es ihnen verboten, Säuglinge zu befördern, wenn nicht an beiden Enden des Wagens auf mit Kordeln und Riemen festgezurrten Hängebänken Ammen mitreisen.«

Der Ammen-Kodex

Zu Beginn des 18. Jahrhunderts versuchte Ludwig XIV. das Geschäft der Ammen per Erlaß zu regeln. Sie mußten jetzt über eine vom Dorfpriester ausgestellte Identitäts- und Moralitätsbescheinigung verfügen. 1769 wurde durch einen weiteren Erlaß die Einrichtung eines Hauptamtes für Ammenverdingung bestimmt. Diese Einrichtung blieb bis zur Mitte des folgenden Jahrhunderts maßgebend.

Ähnliche Ämter entstanden in ganz Europa, etwa in Versailles, Stockholm, Lyon und Hamburg. Im 18. Jahrhundert war es in dieser Einrichtung üblich, daß die Milch der Ammen von Ärzten gekostet wurde, die anschließend auf der Bescheinigung »gekostet und angenommen« oder »gekostet und abgelehnt« vermerkten.

Die königlichen Ammen gehörten dem Adel an. Stolz präsentiert Longuet de La Giraudière dem künftigen Sonnenkönig ihre üppige Brust.

Ludwig XIV. und seine Amme, 17. Jh., Versailler Schloß.

Trotz dieser Vorschriften wurden die Ammen der schlimmsten Untaten beschuldigt, bis hin zu dem Vorwurf, ihre kleinen Pensionäre sterben zu lassen, die eigenen Kinder an ihre Stelle zu setzen und den Lohn weiter einzustreichen. Dieses furchterregende Bild wurde von den Verfechtern des mütterlichen Stillens entworfen, die das schwierige Leben der Ammen nicht berücksichtigten. Müdigkeit und Arbeitsüberlastung beeinträchtigten bisweilen deren Milchbildung. Dann gaben sie dem Kind zu der allzu mageren Milchration Zusatznahrung, mischten dem Brei ein wenig Alkohol bei oder bestrichen ihre Brustwarzen mit Opium, um wenigstens ein paar Stunden Schlaf zu finden.

Viele Kinder, die in die Obhut einer Amme gegeben wurden, bekamen selten oder nie Besuch von Mutter oder Vater, was teilweise auf den Zustand der Straßen und die langen, beschwerlichen Reisen zurückzuführen war. Doch was ist von jenen Eltern zu halten, die sich, wenn sie vom Tod ihres Kindes erfuhren, nicht einmal zur Beerdigung begaben? An die Bürgermeister der Heimatdörfer der Ammen gerichtete Briefe zeugten hingegen auch von der Sorge und Liebe vieler Eltern, die allzu lange nichts von ihrem Kind gehört hatten. Eines dieser Zeugnisse stammt von der Ehefrau eines Pariser Handwerkers: »Verzeiht die Belästigung, doch Ihr hört eine Mutter, die in größter Sorge um ihr Kind ist, das am 18. November 1833 einer Amme, einer gewissen Guille, Frau des Holot, wohnhaft in Beaubray, anvertraut wurde. Sie hat am 5. Dezember geschrieben, daß mein Sohn sehr krank sei, und seither sind wir ohne Nachricht. Allmonatlich habe ich ihr Geld an das Amt gezahlt, doch nie hat sie mir den Erhalt bestätigt. Habt die Güte, mir zu antworten, Ihr erwieset damit einer zutiefst beunruhigten Mutter einen großen Dienst.« Viele Kinder sahen ihre Eltern vor dem zweiten oder dritten Lebensjahr kaum und wurden dann zu Fremden gebracht, in ein Haus, das ihnen unbekannt war.

»Es sind alte Frauen, die (den Kindern) Kuhmilch und vorgekautes Brot geben. Es sind Vagabundinnen ohne Ehemann, Geld oder Benehmen, die das Stillen unserer Kinder in ein übles Gewerbe verwandelt haben, indem sie sieben oder acht Säuglinge aufnehmen, die sie eine Weile mit Wein, Öl, Brot oder Käse am Leben erhalten, dann aber erschlagen oder ersticken, weil ihr Geschrei sie stört«, beschuldigte ein Polizeipräfekt die Ammen im 18. Jh. Dieses überspitzte Bild der Ammen läßt all jene außer acht – und es waren ihrer sicherlich viele –, die die ihnen anvertrauten Kinder liebevoll umhegten.

Bildnis einer Amme von Mattia Preti, 19. Jh., Galleria Nazionale, Parma.

Fläschchen aus Holz, Leder oder Zinn

Für Waisenkinder, Frühgeburten, ausgesetzte oder syphiliskranke Kinder war Tiermilch oft die einzige Überlebenschance. Auch die Ammen setzten sie bei ihren Pflegekindern ein, wenn diese zu zahlreich waren oder die Milch ausblieb. Der Mode entsprechend wurde Tiermilch oft freiwillig als Säuglingsnahrung gewählt. So galt sie in England Ende des 17. Jahrhundert als bestes Säuglingsnahrungsmittel überhaupt und wurde von den königlichen Ärzten den Ammen vorgezogen, die grundsätzlich als schlecht angesehen wurden. Sie fielen mehr und mehr in Ungnade, und selbst die wohlhabenden Familien ernährten ihre Kinder *by hand*. Doch die Mehrheit der Ärzteschaft stand der Ernährung durch Tiermilch skeptisch gegenüber, da die Sterblichkeitsrate bei so aufgezogenen Kindern nachweislich höher lag als bei gestillten. Deshalb empfahlen sie diese Form der Ernährung nur Müttern, die nicht stillen konnten.

Wie aber wurde damals den Kleinen diese Milch verabreicht? Auf zweierlei Weise: durch Tiereuter oder durch Fläschchen. Letztere waren aus den unterschiedlichsten Materialien gefertigt: in der Antike aus Ton oder Glas, im Mittelalter aus Horn, in der Renaissance aus Holz, Leder oder Metall und im 18. Jahrhundert schließlich aus Porzellan und Steingut. Diese Materialien waren mehr oder weniger hygienisch und unterschiedlich leicht zu reinigen. Leder und Holz saugten die Milch auf und waren schnell schmutzig und übelriechend, während Glas und Porzellan leicht von allen Milchresten befreit werden konnten. Die Hauptschwierigkeit bestand in einer Milchdosierung, die der der Brust nahekam. Um eine zu weite Öffnung zuzustopfen, schob man ein Stück Schwamm, Leder oder Tuch hinein. Der Sauger wurde erst Ende des 16. Jahrhunderts in Schweden erfunden. Ab dem 17. Jahrhundert wurden verschiedene

Gläserne Kännchen mit eingebautem Sauger (18. Jh); die seitliche Öffnung diente zum Einfüllen der Milch.
Zinnfläschchen aus dem 17. Jh. mit Metallsauger oder stoffumwickeltem Ausgießer.

Der Brei wurde mit einem Teelöffel oder mit dem Finger verabreicht.

Unten: Stich, 17. Jh., Bibliothèque Nationale, Paris.

Seite 111: Die sorgsame Schwester, Carl Böheim, 1867, Österreichische Galerie des 19. und 20. Jahrhunderts, Wien.

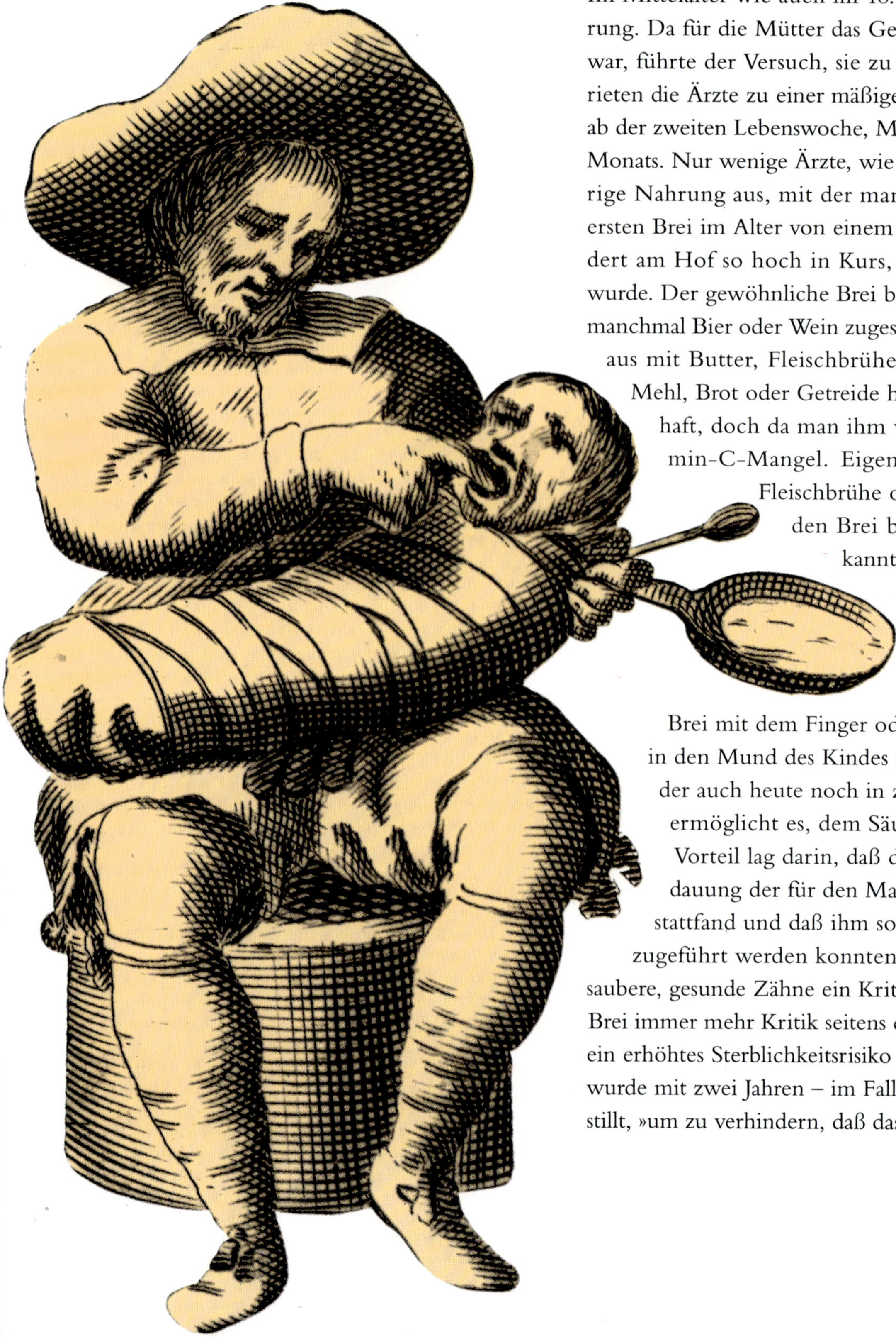

Materialien, die der Brustwarze der Frau ähnlich waren, zur Herstellung der Sauger getestet. Dem Kuheuter, das zu schnell verdarb, zog man bald Kork oder durchlöchertes Leder vor.

Das Füttern der Säuglinge

Im Mittelalter wie auch im 18. Jahrhundert bekamen die Säuglinge früh Zusatznahrung. Da für die Mütter das Gewicht ihrer Kinder Gradmesser von deren Gesundheit war, führte der Versuch, sie zu kräftigen, oft zu einer Überernährung. In dieser Zeit rieten die Ärzte zu einer mäßigen Verabreichung von Brei. Ambroise Paré empfahl ihn ab der zweiten Lebenswoche, Mauriceau ab dem dritten, Dionis ab Anfang des zweiten Monats. Nur wenige Ärzte, wie z.B. Gui Patin, sprachen sich gegen diese »derbe, klebrige Nahrung aus, mit der man die Kinder umbringt«. Ludwig XIII. bekam seinen ersten Brei im Alter von einem Monat; diese Mischung stand im 16. und 17. Jahrhundert am Hof so hoch in Kurs, daß sie sogar an der Tafel der Erwachsenen serviert wurde. Der gewöhnliche Brei bestand aus in Wasser oder Milch gekochtem Brot, dem manchmal Bier oder Wein zugesetzt wurde. Eine andere Variante, die Brotsuppe, wurde aus mit Butter, Fleischbrühe oder Milch, manchmal auch mit Eiern verrührtem Mehl, Brot oder Getreide hergestellt. Im 16. Jahrhundert war der Brei recht nahrhaft, doch da man ihm weder Gemüse noch Obst zufügte, führte er zu Vitamin-C-Mangel. Eigenartigerweise empfahl man im 17. Jahrhundert statt Fleischbrühe oder Milch die Verwendung von Wasser oder Bier, um den Brei bekömmlicher zu machen. Es war den Ärzten unbekannt, daß sie ihm damit auch Vitamine, Proteine, Kalzium und Eisen entzogen. Diese Veränderung der Breizusammensetzung führte zum verstärkten Auftreten bestimmter Krankheiten, wie etwa Rachitis. Die Mutter, die Amme oder der Vater nahmen ein wenig Brei mit dem Finger oder einem Löffel und kauten ihn selbst vor, ehe sie ihn in den Mund des Kindes schoben. Dieser altüberlieferte Brauch des Vorkauens, der auch heute noch in zahlreichen Ländern der Dritten Welt praktiziert wird, ermöglicht es, dem Säugling auch einen festeren Brei zu verabreichen. Sein Vorteil lag darin, daß durch den Speichel des Erwachsenen eine Art Vorverdauung der für den Magen des Kleinkindes noch ungeeigneten Lebensmittel stattfand und daß ihm so während des Abstillens leichter feste Nahrungsmittel zugeführt werden konnten. Aus diesem Grunde waren bis zum 18. Jahrhundert saubere, gesunde Zähne ein Kriterium bei der Ammenauswahl. Doch später erfuhr der Brei immer mehr Kritik seitens der Ärzte, die diese »unverdauliche, klebrige Masse« für ein erhöhtes Sterblichkeitsrisiko der Neugeborenen verantwortlich machten. Das Kind wurde mit zwei Jahren – im Falle einer erneuten Schwangerschaft auch früher – abgestillt, »um zu verhindern, daß das erste Kind an den Füßen des kommenden saugt«.

Kann das Kind nicht saugen, weil die Frau Hohlwarzen hat, raten die Ärzte, auf das Korsett zu verzichten und die Warzen zu »zupfen und zu ziehen, um sie zum Anschwellen zu bringen«. Zeigt dies keinen Erfolg, so kann man Saughütchen aus echtem Kuheuter benützen, die bis 1830 empfohlen wurden.

Milchpumpen und Saughütchen aus Elfenbein, Stiche, 19. Jh.

Von der Hexe zur geliebten Amme

In ländlichen Gegenden wurden bis zum Beginn des 20. Jahrhunderts die meisten Kinder von der Mutter gestillt, und es galt als Drama, wenn eine Mutter keine Milch hatte. So soll es im Elsaß Brauch gewesen sein, eine Mutter, die im Kindbett starb, mit kräftigen Nagelschuhen zu begraben, damit sie in den Wochen nach ihrem Tod nachts zurückkommen und ihr Kind stillen konnte. Mit zunehmendem Reichtum verzichtete das Bürgertum darauf, seine Kinder aufs Land zu schicken. Um sie in der Familie behalten zu können, und auch aus Prestigegründen wurde die Amme jetzt ins Haus bestellt. Ein neues Gewerbe war geboren: die Hausamme. Arbeiter-, Handwerker- und kleine Kaufmannsfamilien, die sich in den großen Städten auf engstem Raum drängten, schickten ihre Kinder jedoch oft weiterhin zur Amme aufs Land. Wenn die Sterblichkeitsrate der von Ammen genährten Kinder höher lag als bei denen, die von ihren Müttern gestillt wurden, ist dies nicht unbedingt auf Lieblosigkeit, Unwissenheit oder Habgier der Amme zurückzuführen. In ihrer Untersuchung *Breast, Bottles and Babies* erwähnt die englische Historikerin Valerie Fildes eine wichtige Erkenntnis der Kinderheilkunde: Bei der Geburt verfügt jedes Kind über einen von der Mutter übertragenen Immunschutz. Wenn es aber weit von zu Hause entfernt in eine Umgebung kommt,

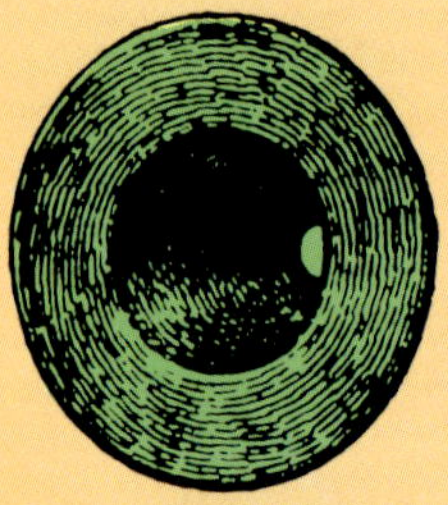

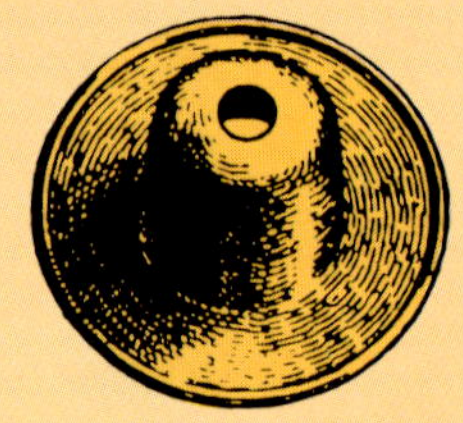

Die Saugpumpen

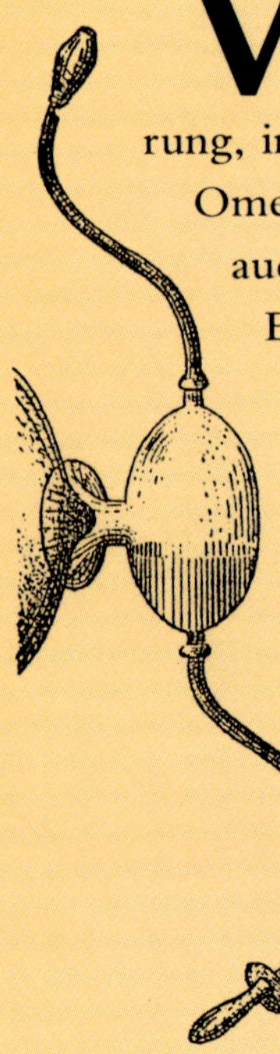

Von jeher gab das Stillen Anlaß zu Sorgen, deren häufigste der Milchstau war. Auf dem Land verschaffte man den Frauen Erleichterung, indem man einen warmen Pfannkuchen oder ein Omelette auf die geschwollene Brust legte, aber auch Umschläge aus Kohl, Milch, weichem Brot, Eigelb, Weinstein, zerstoßenen Kürbisblättern oder, ein besonders ausgefallenes Rezept, in Rotwein aufgekochten Pfingstrosenblüten. Eine nicht weniger originelle Methode bestand darin, einen jungen Hund, eine Frau oder einen Mann an der Brust saugen zu lassen.

Ende des 19. Jahrhunderts lebte im Departement Gard ein sehr bekannter »Säuger«: »Man sah ihn von einem Dorf zum anderen eilen, wo man ihn zu den Wöchnerinnen bestellt hatte. Es hieß, in ernsten Fällen begebe er sich auch in benachbarte Departements. Die Professoren der medizinischen Fakultät von Montpellier empfahlen ihn ihren wohlhabenden Patientinnen. Dieser Säuger war ein entsetzlich häßlicher Bauer mit rotem Bart und struppigem Haar.« Eine weniger ausgefallene, mechanische Methode, um eine allzu reich gesegnete Brust zu erleichtern, war die Milchpumpe. Brustglas, Sauger und allerlei andere Utensilien, mit und ohne Behälter – ob Saug- oder Pumpgeräte, alle Arten von Milchpumpen wurden verkauft. Dieses Arsenal zur Destillation der Muttermilch wurde entwickelt, da es in früherer Zeit keine Säuglingsmilchnahrung gab und die menschliche Milch die einzige für das Neugeborene geeignete Nahrung war.

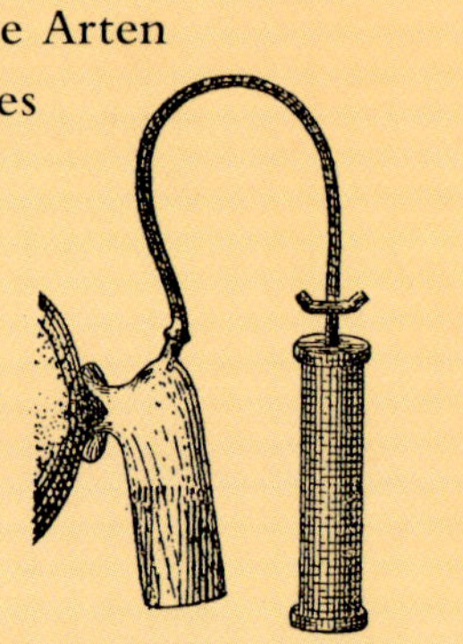

für die es keine Abwehrkräfte besitzt, und zusätzlich durch die Trauer über die Trennung von der Mutter und die vielleicht lange Reise geschwächt ist, schwebt es in großer Gefahr. Darüber hinaus werden Säuglinge, wenn sie früh von der Mutter getrennt werden, um die Vormilch gebracht, die noch unbekannte Immuneigenschaften besitzt. Deshalb kann man davon ausgehen, daß viele Kinder, von denen man annahm, daß sie erstickt wurden, in Wirklichkeit dem Kindstod oder einer Infektion zum Opfer fielen.

Trotz der demütigenden Einstellungsbedingungen hatte die Amme, die im Haus ihrer Herrschaft wohnte, ein besseres Los als die auf dem Land. Unter den Hausangestellten war sie die Ranghöchste. Allerdings warf man ihr auch vor, die Tatsache auszunützen, daß man ihr aus Angst, der Milch zu schaden, nicht widersprach. Diese zumeist einfachen jungen Frauen ließen das eigene Kind im Heimatdorf zurück und setzten es dadurch oft dem Verderben aus: »Sieht man auf den öffentlichen Spazierwegen eine majestätische und wohlgenährte Amme, die einen Säugling auf dem Arm trägt, so darf man nicht vergessen, daß ihr eigenes armes Kleines oft leidet oder schon gestorben ist«, schrieb 1904 der Geburtshelfer Adolphe Pinard.

Schon bei der Einstellungsuntersuchung verdächtigten die Ärzte die Ammen des Betrugs. Einige zeigten nur die Brust, an die nie ein Kind angelegt wurde. Die Qualitäten einer Amme wurden auch durch die Untersuchung ihres eigenen Kindes festgestellt. Für diesen Anlaß mieteten daher manche Ammen einen präsentablen Säugling.

Oben: Die Ammenvermittlung, Stich, 19. Jh.

Folgende Doppelseite: Das Mittagessen, Léon Lhermitte, 1881, Art Gallery and Museum, Burnley Towneley Hall.

Lhermitte

»Der Mann der Amme ist in der Rolle des Märtyrers, denn seinem Drang, sie zu umarmen, darf sie nicht stattgeben. Weil sie sicher ist, beobachtet zu werden, beginnt die Amme zu jammern. Da man befürchtet, daß das Kind unter der Umarmung leiden könnte, sendet man dem Ehemann zum Trost eilig eine Postanweisung.«

Dr. Cassine, *Le Conseiller de la jeune femme*, 1894.

Oben: Ammen in Deutschland, Foto, um 1900.
Rechts: Karikatur, 20. Jh.

Wohlgenährt und karikiert: die Pariser Ammen

Selbst wenn sie eine gute Stellung hatte, reichlich Nahrung, ein bequemes Zimmer und einen großzügigen Lohn bekam, war die Amme Demütigungen ausgesetzt, die ihr keinerlei Intimität ließen. »Einige von ihnen leiden an Verstopfung und wollen es nicht zugeben, um ihrem Ansehen gegenüber den Eltern nicht zu schaden. Es ist ratsam, sie unter Androhung der Entlassung zu mehr Offenheit aufzufordern, wenn man ihnen auf die Schliche kommt«, meinte ein Arzt. Die Amme tauchte in Literatur, Theater und Zeitschriften als eines der originellsten Urbilder der Pariser Gesellschaft auf. Man karikierte sie meist als junge, dicke Pute oder aber als gewelkte Alte, selten wurde sie als sanfte, zärtliche Frau dargestellt. In zahlreichen Liedern wurde sie besungen, wie etwa in *La Nourrice sèche* (Die ausgetrocknete Amme) von Yvette Guilbert.

»Wenn Herzen hoch und höher schlagen
An schönen Sommersonnentagen,
Strecken Soldaten verliebt die Waffen
Vorm Charme der Ammen;
auch wohl begaffen
Die dürre Amm' im Trockenstand,
Die dort in grauem Bußgewand,
Doch trotzig und ganz ungeniert
Allein in der Allee spaziert.
Beklag, Soldat, der Amme Los:
Die Angel jetzt ohn' Köder bloß.
Wo Fülle einst, ist Ebbe jetzt,
Jedwede Rundung abgewetzt!
Der Liebe Glut ist dir versagt,
Wenn Angst dich
vor der Leere plagt.
Sie gilbt dahin, verweht wie Sand,
Die Amme dort im Trockenstand.«

Yvette Guilbert,
La Nourrice sèche

Das Rohrfläschchen, in dem sich todbringende Keime besonders leicht einnisten konnten, war dennoch sehr verbreitet. Denn da die Milch auch bei schwachem Saugen aufsteigt, mußte man das Fläschchen nicht schräg halten. Das kam den Ammen sehr zupaß, da der Säugling auf diese Weise allein trinken konnte. Diese lebensgefährlichen Modelle wurden in Frankreich erst 1910 verboten.

Oben: Verschiedene Rohrfläschchen-Modelle.

Unten: Reklame aus Großbritannien, Anfang des 20. Jh.s.

Hintergrundillustration: Werbung für das Fläschchen der Witwe Breton.

Giftige Fläschchen, mörderische Sauger

Wenn eine Mutter ihr Kind mit blasser, wächserner Haut und schlaffem Fleisch bringt, wenn man dann erfährt, daß es seit einiger Zeit unter Durchfall leidet, wenn die Augen tief in den Höhlen liegen und das Näschen spitz geworden ist, dann braucht man nicht mehr zu fragen, wie es ernährt wird, denn man erkennt sogleich die Folgen der Flaschenernährung«, schrieben zwei Ärzte im Jahr 1889. Die Fläschchen haben sich im Laufe der Zeit, vor allem aber im 19. Jahrhundert, stark verändert. Trotz der Vielzahl technischer Neuerungen wurden sie jedoch weiterhin von den Ärzten verdammt, die sie zu Recht für den oft tödlich verlaufenden Magen-Darm-Katarrh bei Säuglingen verantwortlich machten. Was bis in die 70er Jahre des 18. Jahrhunderts als »todbringendes Gerät« galt, mauserte sich später zum »Parfait Nourricier« (perfekte Amme), wie der Name eines der bekanntesten Modelle um 1890 lautete. Inzwischen hatten sowohl die Pasteurisierung als auch die Vereinfachung der Form und der weitere Flaschenhals die Gebrauchsbedingungen verbessert. Ende des 19. Jahrhunderts wurde in einem Prospekt das Rohrfläschchen kritisiert, um die Verdienste der Marke »Parfait Nourricier« um so mehr hervorzuheben:

»Nichts Gutes führt auf unsrem Bilde
Die faule Amme hier im Schilde.
Gar lässig, träg und nonchalant
Streckt sie sich müd' im Pfühl entlang.
Ihr Pflegling wälzt in Krämpfen sich
An ihrer Seite fürchterlich.
Gar niemals wollt' sie nach ihm schau'n
Zur Babymahlzeit! Und o Grau'n!
Noch ist die Flasch' in seiner Hand,
In der die Krankheit sich befand!
Es sind die Cholera-Mikroben,
Die seine Därme jetzt durchtoben.
Gottlob tut dort im Vordergrund
Ein glücklicheres Kind sich kund.
Das macht:
Hier gibt's für Emil und Emilia
Die Babyflasche Typ ›STERILIA‹
Dank Mutters kluger Überlegung.
›STERILIA‹ hemmt Fortbewegung
Von Cholera-Mikroben-Ringen,

Die so viel' Babys Unglück bringen.
Vernünftig schenkt Mama den Kleinen
›STERILIA‹, das spart viel Weinen.
Wer noch mehr Sicherheit bezweckt,
Wählt Babyflasche Typ ›PERFEKT‹.«

Trotz der Kritik der Ärzteschaft nahm die Zahl der Flaschenkinder zu, während immer weniger in die Obhut einer Amme gegeben wurden (1907 wurden noch dreißig bis vierzig Prozent der Neugeborenen zu einer Amme aufs Land gebracht). Die Mutter-Kind-Beziehung wurde zu jener Zeit idealisiert. War diese Entwicklung auf ein verstärktes Bedürfnis nach menschlicher Wärme bei den harten neuen Lebensformen der Industriegesellschaft zurückzuführen? Das Fläschchen war auf alle Fälle das einzige Mittel, den Säugling bei sich zu behalten, wenn man ihn nicht von einer Amme stillen lassen wollte oder konnte. Die Industrie nutzte das Potential dieses neuen Marktes und erfand allerlei technische Spielereien: Fläschchen mit Maßeinteilung, mit eingebautem Thermometer, mit Ventil, um den Fluß der Milch zu regeln, mit hochtrabenden Namen wie z.B. »Die unvergleichliche Nährmutter, patentiert, eingetragenes Warenzeichen, modernste Perfektion, von beiden Seiten zu reinigen«. Zwar waren die Fläschchen jetzt technisch ausgefeilter, aber insgesamt doch kaum besser als die vergangener Jahrhunderte. Die bauchige, seltsame Form und die ins Glas gravierten Namen ihrer Erfinder begünstigten die Milch- und Mikrobenablagerung. Erst Ende des 19. Jahrhunderts wurde die Form einfacher und einheitlich. Mit Beginn der Sterilisierung lösten gerade, leicht zu säubernde Formen die bauchigen, sackartigen Modelle ab. Auf dem Land hingegen wurden auch damals noch einfache, mit einem Schwamm, später mit einem Sauger verschlossene Glasflaschen verwendet.

Die ersten Kautschuksauger kamen um 1830 auf. Damals waren sie noch sehr unzulänglich, ja sogar giftig. Einige Hersteller mischten dem Kautschuk, der nach Gewicht verkauft wurde, Bleisalz, Zink, Antimon und Arsen bei, um ihn schwerer zu machen.

Oben: Reklame für Sauger und Schnuller.

Unten: Ein Exemplar eines patentierten Fläschchens mit einem Sauger aus Buchsbaumholz, Ende des 19. Jh.s, Musée de l'Assistance Publique, Paris.

1881 wurde neben dem Kinderkrankenhaus der Pariser Fürsorge ein Stall mit Eselinnen zur Ernährung der syphiliskranken Kleinkinder eingerichtet. Eine Eselin, für die keine Ansteckungsgefahr bestand, konnte pro Tag zwei Kinder ernähren. Die Frauen saßen auf einem Hocker, und die Kinder lagen so auf ihrem Schoß, daß sie am Euter der Eselin saugen konnten.

Rechts: La Nourricerie Parrot, Stich, *L'Illustration*, 1887.

»Und was die Ziegen anbetrifft, so ist es in meiner Umgebung bei den Frauen des Dorfes Brauch, die Ziegen zu Hilfe zu rufen, wenn sie die Kinder mit ihren Brüsten nicht selbst ernähren können, ich habe z.B. zwei Diener, die nicht länger als acht Tage Muttermilch getrunken haben. Diese Ziegen gewöhnen sich sogleich daran, diese kleinen Kinder säugen zu kommen, sie erkennen ihre Stimmen, wenn sie schreien, und laufen herbei. Wenn man ihnen einen anderen als ihren Säugling gibt, weisen sie ihn zurück, und das Kind verhält sich gleich bei einer anderen Ziege«, schrieb Montaigne in einem seiner *Essais*.

Seite 121 links: Postkarte, 20. Jh.

Haarige Ammen

Im 19. Jahrhundert haftete dem Fläschchen noch ein so schlechter Ruf an, daß manche Ärzte dazu rieten, das Kind direkt an ein Tiereuter anzulegen. So wurde etwa bei dem ältesten Sohn von Victor Hugo verfahren, aber auch bei Säuglingen, die unter ansteckenden Krankheiten wie der Syphilis litten. Léopold Hugo, 1823 geboren, konnte von seiner kranken Mutter nicht gestillt werden, und auch die Versuche mit verschiedenen Ammen waren ohne Erfolg geblieben. Schließlich kaufte die Familie eine Ziege, um die Ernährung des Kindes zu sichern. Die Ärzte gaben zwar Eselsmilch den Vorzug, weil sie in ihrer Zusammensetzung der Muttermilch am ähnlichsten und für das Neugeborene meist verträglich ist. Trotz ihres halsstarrigen Charakters übernahmen die Eselinnen bereitwillig die Rolle der Nährmutter für die kleinen Menschenkinder. Doch ihre Größe und die geringe Milchproduktion machten den Einsatz dieser langohrigen Ammen, vor allem in der Stadt, schwierig. Es empfahl sich also eher eine Ziege. Ein Arzt behauptete sogar, dieses Tier entwickele eine echte Zuneigung zu den Kindern, komme beim geringsten Schrei seiner Adoptivkinder angelaufen, stoße die Decke mit den Hörnern weg und stelle sich über die Wiege, um das Kind zu säugen.

Das Geschäft mit der Milch

Die genannten außergewöhnlichen Techniken der Kinderernährung dienten dem Zweck, das Fläschchen zu umgehen, das aufgrund mangelnder Hygiene und wegen der oft darin befindlichen verdorbenen Milch leicht zu Vergiftungen führte. Auf dem Land hatten Kinder, die in der Nähe eines Stalles mit gesunden Kühen lebten und die Milch kurz nach dem Melken verabreicht bekamen, das Glück, ein qualitativ gutes und hochwertiges Nahrungsmittel zu sich zu nehmen. In der Stadt hingegen, vor allem in Familien, die sich nur billige Milch leisten konnten, schluckten die Kinder eine Flüssigkeit, die nur noch entfernt mit Milch zu tun hatte. Der Lieferweg warf vielfältige Probleme auf. Oft wurde die Milch in schlecht gewaschenen Kannen gesammelt und ohne Kühlsystem mit Pferde- oder Eisenbahnwagen in die Städte gebracht, was den Bakterien hervorragende Vermehrungsbedingungen bot. Oft aber wurde den Kindern auch eine gepanschte Flüssigkeit verabreicht, wenn die Milch mit Wasser gestreckt wurde. Um Aussehen und Geschmack zu erhalten, wurden ihr verschiedenste Zutaten beigefügt, etwa Farbstoffe – verkohlte Karotten, geröstete Zwiebeln, Karamel, Ringelblumenblüten, Staubgefäße der Lilie – und Verdickungsmittel wie Kalkmilch, mit Gips verrührtes Wasser, weißer Ton und Stärke. Um die Sahne zu ersetzen, die man abschöpfte, mischte man eine Emulsion aus Mandeln oder Tierhirn unter.

Bis zum 20. Jahrhundert wurde innerhalb der Ärzteschaft erbittert über die Vorteile frischer oder abgekochter Milch gestritten. 1885 war der Gebrauch von abgekochter Milch für Kinder noch untersagt. Vor Pasteur war dieses Problem weniger akut, und oft bekamen die Kinder Rohmilch, selbst wenn manche Ärzte, besonders bei heißer Witterung, eine verstärkte Gärung befürchteten. Der Nachweis, daß bestimmte Bakterien spezifische Krankheiten verursachen, führte zu der Empfehlung, Säuglingsmilch abzu-

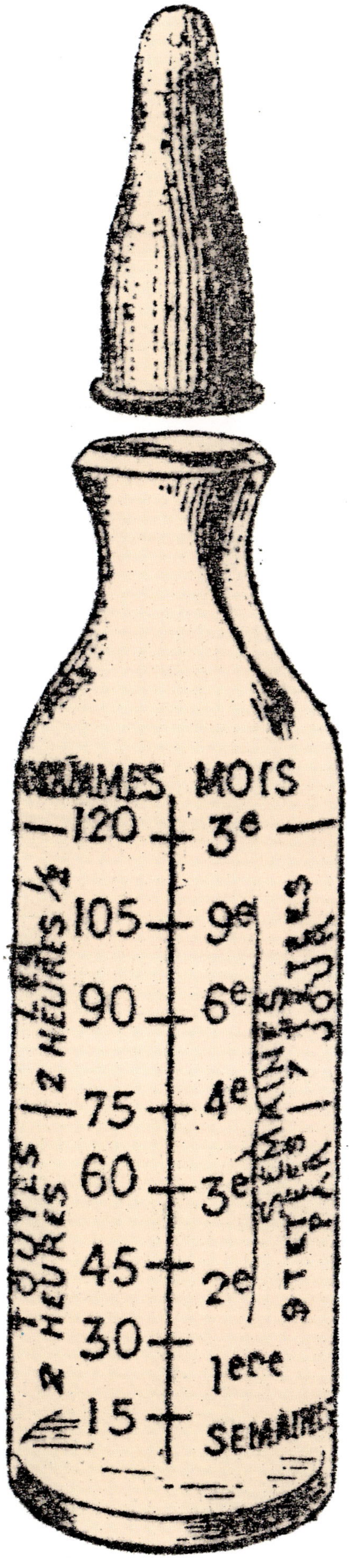

kochen, was jedoch in vielen Fällen nicht befolgt wurde. Die Macht der Gewohnheit, das Mißtrauen gegenüber neuen Techniken, der höhere Preis der sterilisierten Milch und die Hartnäckigkeit, mit der einige Ärzte die Rohmilch verteidigten, führten zum weiteren Verbrauch ungekochter Milch. Ab Anfang des 20. Jahrhunderts riet dann endlich die Mehrheit der Ärzteschaft zum Aufkochen der Milch. Doch erst ab 1910 wurde auch das Auskochen der Fläschchen empfohlen! Durch die sterilisierte Milch und die besser gereinigten Fläschchen war die Ernährung mit der Flasche endlich eine ungefährliche Angelegenheit geworden. Die Kinder konnten in der Familie bleiben und von der Mutter großgezogen werden. Bald erkannten die Ärzte, daß allzu nahrhafte Milch für Neugeborene ungeeignet ist, und rieten, Kuhmilch in dem Alter angepaßten Proportionen mit Zuckerwasser zu verdünnen. Die ersten Versuche mit Säuglingsmilchnahrung Ende des 19. Jahrhunderts waren nicht eben überzeugend: Sie war zwar leichter verdaulich, doch das Neugeborene nahm nicht zu. Bald folgte ein mit Enzymen und Phosphaten angereichertes Milchpulver, doch erst in den 60er Jahren des 20. Jahrhunderts war die Entwicklung der Säuglingsmilchnahrung wirklich ausgereift. Auch wenn erste Versuche schon Mitte des 19. Jahrhunderts unternommen worden waren, setzte sich das Milchpulver erst kurz vor dem Zweiten Weltkrieg durch. Die Begeisterung für diese neue Form der Milch steigerte sich in Europa nach der Befreiung durch die amerikanischen Truppen, und der Siegeszug der in Pulver- oder Granulatform angebotenen Milch begann.

Die gefriergetrocknete Form brachte die flüssige Milch, die so viele Gefahren barg, aus der Mode. Die Mütter zogen es vor, das Pulver oder Granulat selbst anzurühren. Ab diesem Moment schien das Stillen veraltet. Die Anhänger des neuen Milchpulvers proklamierten: »Die Frau ist keine Vorratskammer!«

Oben, links und Seite 123: Reklame, 20. Jh.

Selbst wenn heute wieder zum Stillen aufgerufen wird, ist die Kombination Fläschchen – Milchpulver unumgänglich.

Oben: Foto, Anfang des 20. Jh.

Folgende Doppelseite: Mütter in einem Heim, Foto von Henri Manuel, um 1915.

L'heureux
moment...
BIBERON NESTLÉ
BREVETÉ 5606
POUR LE DOSAGE
LAIT CONCENTRÉ
NESTLÉ
LAIT CONCENTRÉ SUCRÉ
NESTLÉ
ACHETEZ TOUJOURS

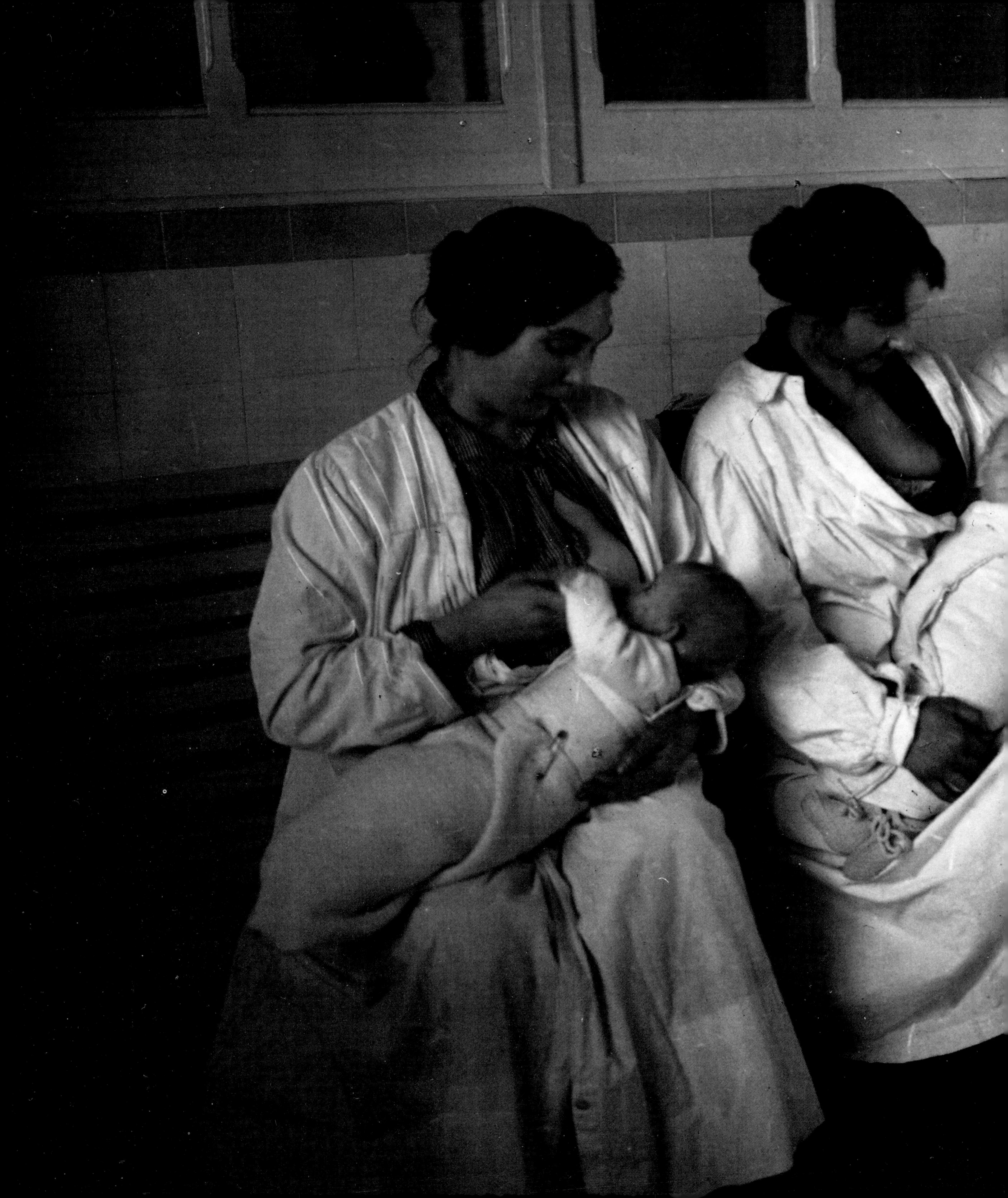

Vom Brei zur Gläschenkost

Bis zum Ende des 19. Jahrhunderts wurden die Säuglinge weiterhin nach bäuerlichen Traditionen aufgezogen. Ab dem dritten oder vierten Monat fütterte man sie mit Speck- oder Kohlbrei, dem Wein, manchmal auch stärkere Alkoholika beigefügt wurden. Um sie vor bestimmten Krankheiten zu schützen, mischte man auch kleingemahlene Bilder von Schutzheiligen unter. Welche vitaminreichen Lebensmittel standen den Menschen damals zur Verfügung? Äpfel gehörten zu den wenigen Früchten, die den Kleinen geboten werden konnten. Es gab weder Bananen noch Kiwis, und die meisten Kinder erhielten bis zum Ersten Weltkrieg nur an Weihnachten eine Orange.

Zweifellos wurde der bäuerliche Brei, auch wenn die Ärzte ihn wegen seiner schweren Verdaulichkeit nicht empfahlen, mit größter Sorgfalt zubereitet; er bestand aus gutem Mehl, wurde auf kleiner Flamme gekocht und auf der Glut warmgehalten.

Ende des 19. Jahrhunderts rieten wohlmeinende Ärzte zu Rezepten, die recht traditionell waren: ab dem fünften Monat ein dünner Brei aus Weizenmehl oder getrocknetem und gemahlenem Brot. Doch sie schlugen auch andere Zutaten vor, wie etwa Sago, Kartoffelmehl, Gerste, Schokoladenpulver, Zwieback und Hafergrütze. Für Einjährige genehmigten sie in Fleischbrühe getauchte Brotrinde, einen Kotelettknochen zum Auslutschen und Rührei. Eigenartigerweise wurden weder Gemüse noch Kompotte erwähnt. Verglichen mit dem Brei, der bis zum 18. Jahrhundert gefüttert wurde, bot das frühe 20. Jahrhundert keine nennenswerten Neuerungen bei der festen Säuglingsnahrung. Erst mit Beginn der Konsumgesellschaft kamen aus anderen Kontinenten neue Nahrungsmittel auf den Speiseplan, wurden neuartige Verpackungstechniken entwickelt und brachten Diätspezialisten für Kleinkindnahrung mit gefriergetrockneten Suppen, Gläschen und Keksen ein wenig Abwechslung in die Babymenüs. Heute steht uns eine nie gekannte Vielfalt an Produkten zur Verfügung, um die kleinen hungrigen Mäuler zu stopfen.

Plastiklätzchen und Warmhalteteller. Die Utensilien der heutigen Säuglingspflege helfen den Eltern bei der reizvollen, aber oft auch nervenaufreibenden Aufgabe des Fütterns.

Links: Nestlé-Werbung.

Rechts: Foto, 1951.

Hüten

Vom Säugling, den man eng gewickelt an einen Nagel in der Bauernstube hängte, bis zu den schmucken Kinderkrippen des 20. Jahrhunderts – das Hüten von Säuglingen war noch nie ein Kinderspiel! Erst Mitte des 19. Jahrhunderts öffneten in Frankreich die ersten Krippen ihre Pforten. Starrten sie anfangs häufig noch vor Schmutz, waren sie in den 1960ern geradezu aseptisch. Erst in letzter Zeit wird darauf geachtet, sie den Bedürfnissen der Kleinen anzupassen.

Die ersten Kinderkrippen

»Diese armen Kinder, die noch naß sind von den Tränen ihrer Mütter, sind dem Tod so nah, daß das unförmige Gefährt, in dem sie verschwinden, auf dem Land das ›Fegefeuer‹ genannt wird.«

J.-B. Firmin Marbeau, 1886.

Unten: Le Départ des nourrices (Aufbruch der Ammen), Stich, 19. Jh., Musée de l'Assistance Publique, Paris.

Rechts: Piazza delle Erbe, Angelo Dall'Oca Bianca (1858–1930), Galleria dell'Arte Moderna, Genua.

Auf dem Land nahmen die Mütter jahrhundertelang ihre Säuglinge in einem Weidenkorb zur Feldarbeit mit oder ließen sie in der Obhut der Großmutter oder der oft noch nicht einmal zehnjährigen »großen« Schwester. So konnte es passieren, daß das umherkrabbelnde Kind im Teich ertrank oder in den Brunnen fiel. Für berufstätige Städterinnen war es ausgeschlossen, ihre Kleinen ein oder zwei Jahre lang zu stillen oder zu beaufsichtigen, wenn sie in das Alter kamen, in dem sie ihre Umgebung erkunden wollten: Die einzige Lösung war die Amme.

Bis Mitte des 19. Jahrhunderts gab es in den Städten keine Einrichtungen, in denen Eltern ihre Kinder tagsüber vertrauensvoll hätten abgeben können. Lediglich wohlhabende Familien konnten es sich leisten, eine Amme ins Haus zu holen. Damals war die Luft in der Stadt sehr schlecht, Tuberkulose und andere Krankheiten grassierten. Familien mit bescheidenem Einkommen brachten große finanzielle Opfer, um ihren Kindern gute Landluft bieten zu können. Doch selbst wenn das Kind in der Stadt von einer Amme gestillt worden wäre, hätte das Probleme mit sich gebracht, denn man hätte es ja abends abholen und bis zum nächsten Morgen mit Fläschchen und Kuhmilch füttern müssen. Hinzu kam, daß die Milch, die es in der Stadt zu kaufen gab, gefährlicher war als Gift. Am besten also, man gab den Säugling aufs Land in Pflege, vorzugsweise zu einer Amme,

»Vor fünf Uhr steht sie auf, zieht das Kind an, besorgt ihren Haushalt, hastet in die Krippe, hastet zur Arbeit; um neun Uhr kommt sie in die Krippe zurück, um zu frühstücken und ihr Kind zu stillen; um zwei Uhr kommt sie wieder; um acht Uhr eilt sie herbei, nimmt ihr Kind und seine Wäsche, legt das arme Kleine schlafen und wäscht seine Sachen, damit sie am Morgen wieder trocken sind; und so geht es weiter, Tag für Tag!«

J.-B. Firmin Marbeau, 1863.

die eine Kuh besaß. Es wurde viel über die Gleichgültigkeit der großen Zahl von Eltern spekuliert, die ihre Kinder weggaben, doch was blieb ihnen anderes übrig? Und warum sollte den Müttern, wenn sie ihren Säugling aufs Land schickten, bei der Trennung nicht schwer ums Herz gewesen sein? Sie wußten, daß sie lange nichts von ihrem Kind hören würden, denn die meisten Ammen waren Analphabetinnen.

Die ersten Krippen wurden erst Mitte des 19. Jahrhunderts eingerichtet. Doch bereits Ende des 18. Jahrhunderts hatte eine Adlige, Madame de Pastoret, einen Versuch in diese Richtung unternommen. Sie richtete in Paris eine Krippe mit zwölf Wiegen ein, die auf zwei ordentlich geheizte Räume verteilt waren. Um die Kinder kümmerte sich eine Barmherzige Schwester, der eine Mutter helfend zur Seite stand. Die Frauen kamen ein- oder zweimal am Tag vorbei, um ihre Kinder zu stillen, und holten sie am Abend ab. Es sollte danach noch gut ein halbes Jahrhundert dauern, bis die ersten richtigen Krippen gegründet wurden.

Krippen für die Arbeiterinnen

»Ihr Name soll an die Geburtsstätte Jesu erinnern; das heißt, man wird sich hier nicht allein auf das körperliche Wohlergehen der Kinder beschränken. Die Krippe steht nur den Familien offen, die ihrer bedürfen und sich ihrer würdig erweisen; es werden weder Kinder von Müttern mit schlechtem Lebenswandel aufgenommen noch Kinder, deren Mütter in einem Haushalt arbeiten, und auch keine kranken Kinder.«

Im Jahr 1844 gründete Jean-Baptiste Firmin Marbeau mit einem Enthusiasmus, der dem der Philanthropen jener Zeit in nichts nachstand, die ersten Krippen. Diese Einrichtungen, wo man sich während der Arbeitszeit der Frauen um deren Kinder kümmerte, nahmen nur Säuglinge auf, die gestillt wurden. Ziel war es, das Stillen in den »bedürftigen« Klassen zu erleichtern. Die Mütter wurden angehalten, ihren Kindern

Oben: Der Schusterjunge, Ludwig Knaus, 1861, Stadtmuseum Schwäbisch Gmünd.

Links: L'Age de l'ouvrier (Zeitalter des Arbeiters), Léon Frédéric (1856–1940), Musée d'Orsay, Paris.

Folgende Doppelseite: Darstellung der Freuden einer Mutter, Gaetano Chierici (1838–1920), Galleria dell'Arte moderna, Florenz.

Im 19. Jh. empfahlen die Ärzte, mit den Kindern regelmäßig an die frische Luft zu gehen. Diese Spaziergänge wurden zu einer regelrechten Institution.

Oben: Kinderspaziergang, Timoléon Lobrichon (1831–1914), Roy Miles Gallery, London.

zweimal täglich die Brust zu geben. Dazwischen wurden die Säuglinge mit einem Brei aus Kuhmilch, warmem Wasser und Grütze gefüttert. Firmin Marbeau versicherte: »Man kann in der Krippe beobachten, wie schmächtige Kinder dank der guten Pflege und Nahrung innerhalb weniger Tage recht kräftig werden; ein kleiner Wildfang wird nach ein paar Wochen umgänglicher; einfältige Kinder sind nach ein paar Monaten geheilt; so groß ist die Wirkung einer guten Erziehung im ersten Lebensjahr.« Auch war er rührend um das Los der älteren Geschwister besorgt: »Der Bruder oder die Schwester, die notgedrungen auf die Kleinen aufpassen mußten, können nun zur Schule gehen.« Und abschließend meinte er: »Die Krippe tut viel Gutes für wenig Geld; wir sollten alles daransetzen, diese Idee zu verbreiten. Die Krippe sagt zur armen Mutter: ›Vertrau mir dein Kind an, und geh unbesorgt arbeiten; hier wird es versorgt wie das von reichen Eltern.‹ Sie sagt zum Staat: ›Richtet viele Krippen ein, und ihr werdet weniger für Hospitäler und Gefängnisse ausgeben müssen.‹ Und der Zivilisation macht sie klar: ›Freu dich! Gottes Krippe war deine Wiege; die Krippe der Armen ist ein neues Unterpfand des Friedens, der Einigkeit, der Liebe und des Fortschritts.‹«

Viele Säuglinge auf engem Raum

Doktor Variot, Arzt an einem Pariser Kinderkrankenhaus, erklärte, warum er es für gefährlich hielt, viele Säuglinge »auf engem Raum« zusammenzubringen: »Bei dem Wort Krippe denkt man an ein gut ausgestattetes, sauberes Haus in gesunder Umgebung, wo ein aus Ammen oder Erzieherinnen bestehendes Personal sich unter hygienisch tadellosen Bedingungen um das Wohl der Säuglinge kümmert. Die Vorstellung, solche Einrichtungen zu gründen und zu leiten, hat auf den ersten Blick etwas Verführerisches für mildtätige Menschen, die sich vorzugsweise für die Kleinsten interessieren. Wie oft bin ich schon von wohltätigen, aber unerfahrenen Damen um Rat gefragt worden, die daran dachten, eine Krippe einzurichten, ohne sich eine Vorstellung von den Schwierigkeiten zu machen, die das mit sich bringt. Zu meinem großen Bedauern mußte ich ihre Illusionen zerstören und ihnen erklären, daß die gemeinsame Aufzucht vieler Säuglinge nicht natürlich und darüber hinaus auch nicht ungefährlich sei; es sei ratsamer, das Kind bei seiner Mutter zu lassen oder, falls das nicht möglich ist, solle man es besser einer guten Amme anvertrauen.«

Im Gegensatz zur Krippe, wo die Kinder abends von ihren Eltern wieder abgeholt wurden, blieben sie in den Horten auch über Nacht.

Oben: Ein Hort mit kreisförmigem Laufstall, Foto, 20. Jh.

Hintergrundillustration: Das Frühstück der Kinder im Fürsorgeheim, Stich, 19. Jh.

In wohlhabenden Familien kümmerte sich eine Gouvernante mit tadellosen Referenzen und in strahlendweißer Schürze und Häubchen um die Kinder. Sie war die Herrscherin über das Kinderzimmer.

Unten: Die Nanny, Illustration von Norman Rockwell, Titelseite der *Saturday Evening Post*, 1936.

Schmutzige Krippen

Die ersten Krippen waren das Werk privater Wohltäter, die sich entweder selbstlos zum Fürsprecher der Kinder machten oder wegen der hohen Kindersterblichkeit besorgt waren. Erst rund zwanzig Jahre später, nach Gründung der ersten privaten Einrichtungen, war man von staatlicher Seite gewillt, diese Idee finanziell zu unterstützen bzw. eigene Krippen zu gründen. Wegen der manchmal katastrophalen hygienischen Zustände und des inkompetenten und unzureichenden Personals wurden die Krippen von den Ärzten aufs heftigste kritisiert. Die größte Verbreitung fanden sie in Industriegebieten, wo die Lebensbedingungen ausgesprochen hart waren. Einige philanthropisch orientierte Unternehmer versuchten, in ihren Fabriken Horte für die Kleinkinder der Arbeiterinnen zu schaffen, um ihnen die Möglichkeit zum Stillen zu geben, doch bei einem 15stündigen Arbeitstag war die

Milchbildung gering. Die Ärzte prangerten die gesundheitlichen Mißstände an, denn durch die vielen Kinder auf engstem Raum war die Ansteckungsgefahr sehr groß. Darüber hinaus bemängelten sie die hohen Kosten dieser Einrichtungen. Doktor Variot, der in Kenntnis der Sachlage die Krippen und Horte Anfang des 20. Jahrhunderts beanstandete, hat sicherlich erheblich zur Verbesserung der Lage beigetragen. Er machte deutlich, wie gefährlich es war, die Säuglinge auf engem Raum zusammenzupferchen. »Es ist nicht verwunderlich, daß diese Einrichtungen oft wahre Brutstätten für Atrophie und Rachitis sind. Kaum eine Mutter, die nicht sagt: ›Als ich mein Kind in der Krippe abgab, um arbeiten zu gehen, war es noch wohlauf; nun seht, in welchem Zustand ich es zurückbekommen habe.‹«

Die Klagen gegen bestimmte Einrichtungen häuften sich. Die Zeitung *Le Matin* schilderte ihren Lesern in der Ausgabe vom 28. März 1916 ein Beispiel: »Rechts davon befindet sich eine Champignonzucht; das bedeutet das ganze Jahr über große Haufen Pferdemist und bestialischen Gestank. Links davon befinden sich die Komposthaufen der unmittelbaren Nachbarn, Gemüsegärtner, von denen im Sommer Myriaden von Fliegen aufsteigen, die man trotz Vertilgungsmitteln nicht loswird.« Variot setzte sich zeitlebens dafür ein, die Lebensbedingungen der Säuglinge zu verbessern. Als Arzt an einem Pariser Kinderkrankenhaus war er Anfang des 20. Jahrhunderts für die

Konnten die Kinder noch nicht richtig sitzen, band man einfach die Enden der Kittelschürzen an der Rückenlehne ihres Stühlchens fest. Alle trugen ein Stoffmützchen, das im Laufe des 20. Jh.s aus der Mode kam.

Kinder im Fürsorgeheim, Stich, 19. Jh.

zugehörige Krippe verantwortlich, in der Säuglinge mit dem Fläschchen aufgezogen wurden. Später, nach dem Ersten Weltkrieg, erinnerte er sich: »Ich bemühte mich, die Zustände in dieser Einrichtung zu verbessern, die in alten, nicht sehr sauberen Gebäuden untergebracht war. Doch, wie ich gestehen muß, mit wenig Erfolg. Immerhin gelang mir die Schaffung eines speziellen, gefliesten Raums, in dem die Fläschchen zubereitet wurden. Vorher waren sie in einer kleinen Küche warm gemacht worden, die zugleich auch als Bade- und Wickelzimmer diente. Die unzureichenden Installationen und die Mittellosigkeit der Pariser Krankenhauskrippen, die zu wenig Personal haben, sind in einem weitaus bedauerlicheren Zustand als in Deutschland, wo man bereits vor dem Krieg keine Kosten scheute, um die Kinderkrippen hygienisch einwandfrei und komfortabel auszustatten. Das geschah, wie wir jetzt wissen, weniger aus Respekt vor dem menschlichen Leben als vielmehr, um Kanonenfutter heranzuziehen. Nichtsdestotrotz haben die französischen Ärzte, die aus Deutschland heimkehrten, ihr Erstaunen über die gute Organisation dieser Einrichtungen zum Ausdruck gebracht.«

»Dank der exzellenten hygienischen Bedingungen, dank unserer gutausgebildeten Krankenschwestern und dank der ausgezeichneten sterilisierten Milch erleben wir bei den Kleinen, die unter Mangelernährung leiden, wahre Wunder«, freute sich Doktor Variot.

Links: Foto von Robert Doisneau.

Unten: Detail einer Postkarte.

Keimfreie Krippen

In den Jahren zwischen 1844 und 1850 entstanden mehr und mehr Krippen, zumindest in Frankreich, doch dann wurde diese Entwicklung gebremst, da sich ihr Betrieb als recht aufwendig und kostspielig erwies. Darüber hinaus wurden sie nicht nur von der Ärzteschaft, sondern auch von einigen Moralisten kritisiert, die den Vorwurf äußerten, damit würden die Familienbande geschwächt und die Mütter von ihren Pflichten entbunden. Ab 1880 kontrollierten Staat und Gemeinden die Krippen, die sie teilweise auch finanzierten. In Frankreich wollten die republikanischen Abgeordneten diese Domäne, die seit langem unter der Obhut katholischer Organisationen stand, zurückerobern. Man sah hier eine Möglichkeit, Pasteurs Hygienevorschriften im Volk bekannt zu machen, mit denen gegen Ende des 19. Jahrhunderts ein regelrechter Kult betrieben wurde.

Zwischen der Idee von der idealen Krippe und ihrer Umsetzung lag ein weiter Weg. Aus einer Untersuchung aus dem Jahr 1902 geht hervor, daß ein Drittel aller Krippen nicht über ein Badezimmer verfügten, ja eine nicht einmal über fließendes Wasser! Doch die allmählichen Fortschritte in der Ausstattung, die Impfungen gegen Kinderkrankheiten und eine bessere Ernährung führten nach und nach zu einer Verbesserung der Krippen.

Oben: Les Berceaux (Die Wiegen), Julie Delance-Feurgard (1859–1892), Musée des Beaux-Arts, Brest.

Rechts: Foto von Robert Doisneau.

Schnell wurde die Gemeinnützigkeit der Krippen erkannt, denn sie boten den Müttern endlich die Möglichkeit, die Kinder in ihrer Nähe beaufsichtigen zu lassen, statt sie zu einer Amme aufs Land geben zu müssen. Doch da die Zahl der Krippen nur langsam stieg, starb das Ammenwesen erst in den 30er Jahren des 20. Jahrhunderts aus. In den 60er Jahren zeichneten sich die Krippen durch einen regelrechten Reinlichkeitswahn aus. Die Betreuung der Kinder bzw. die liebevolle Zuwendung blieben oft auf der Strecke. Wie ein Paket wurde das Kind morgens an einem Schalter abgegeben – eine Praxis, die sich in manchen Krippen bis 1972 hielt. Der Säugling wurde gewogen und dann, ohne ein vertrautes Spielzeug, in seine Wiege verfrachtet. Die Welt bestand für ihn nur aus weißen Wänden, weißen Laken und den weißen Kitteln der Betreuerinnen.

In den 70er Jahren änderte sich das Erscheinungsbild: Zwanzig Jahre intensiver Forschung zum Thema »Kind« hatten einen Wandel bewirkt. Doch trotz Rutschen, Kindersitzen, Becken mit bunten Plastikbällen, Wasserspielen, Schaukeln, Musikinstrumenten, bunten Mobiles, lustig bemalten Wände, Spiegeln zum Grimassenschneiden vergleichen auch heute noch einige Unverbesserliche Krippen mit Hühnerfarmen. Ohne parteiisch werden zu wollen, läßt sich behaupten, daß eine gute Aufsichtsperson, die ein Kind in einer Hütte aus Pappkartons spielen läßt, es damit genauso glücklich machen kann wie mit einer großen Auswahl an pädagogisch wertvollem Spielzeug.

Waschen und kleiden

Säuglinge, die häufig gebadet werden, seien leichter zu formen – darin war man sich von der Antike bis zum Mittelalter einig. Zu Beginn der Neuzeit wurde der Schmutz der Säuglinge im Volksglauben zur »schützenden Kruste«. Gewaschen oder ungewaschen wurden zahllose Säuglinge noch bis Mitte des 20. Jahrhunderts fest gewickelt. Erst in den 60er Jahren befreite die Revolution der Wegwerfwindeln Mütter – und Kinder.

Geformte, gepuderte, geschnürte Säuglinge

»Wir aber gehen von der Voraussetzung aus, daß die ganze Einwickelung nur den Zweck hat, den Körper zu festigen und jede Verrenkung zu verhüten, und halten die Entfernung der Windeln demgemäß erst dann für ratsam, wenn der Körper genügend festen Zusammenhalt gewonnen hat und daher die Verrenkung irgend eines Körperteiles nicht mehr zu befürchten ist. (...) Die Windeln dürfen nicht plötzlich und nicht alle zu gleicher Zeit gelöst werden. Denn jede plötzliche Veränderung zum Gegenteil verursacht eben Schaden.«

Soranus von Ephesus, ***Die Pflege des Kindes.***

Rechts: Gallo-romanische Votivgabe, Musée des Antiquités Nationales, Saint-Germain-en-Laye.

Seite 147: Die Geburt Mariens, Meister der Uttenheimer Tafel, 15. Jh., Germanisches Nationalmuseum, Nürnberg.

Kaum auf der Welt, wurde das männliche Neugeborene in kaltes Flußwasser getaucht und anschließend auf einen Schild neben eine Lanze gelegt. Starb es infolge dieser Behandlung, so taugte es nicht zum Krieger. Auf diese Weise wählten die Bürger von Sparta im alten Griechenland jene Knaben aus, die es wert waren, großgezogen zu werden. Wenige Jahrhunderte später wuschen römische Mütter und Ammen ihre Säuglinge bis zu dreimal täglich in lauwarmem Wasser, wie der Arzt Soranus von Ephesus zu berichten weiß. Aus Angst, die Glieder der Kleinen könnten aufweichen, riet er selbst zu einem einzigen täglichen Bad. Dieses Bad diente jedoch eher dem Zweck, die Kinder zu formen, als sie zu waschen: Der Augenblick des Waschens war nach Ansicht antiker Ärzte ideal, um die kleinen, noch feuchten Körper – formbar wie Wachs, schwammig wie Meeresschaum – zu modellieren. Dank täglicher Gymnastik und Massage würden sie, erst einmal erwachsen geworden, dem römischen Schönheitsideal entsprechen. Den Kopf nach unten, zog die Amme den Säugling an den Füßen aus dem Bad, um seinem Rückgrat die rechte Wölbung zu geben. Dank einer jahrhundertelang bewährten Technik wurde der Säugling auch durch das Wickeln weiter geformt. Entsprechend dem geschlechtsspezifischen Schönheitsideal wurden die Stoffbänder kreuzweise mehr oder weniger fest um das Kind gewickelt – schmale Hand- und Fußgelenke und markantes Hinterteil bei den Jungen, schmaler Brustkorb und breitere Hüften bei den Mädchen. War der Körper des Säuglings gefestigt, wurde er vom vierzigsten Tag an allmählich von seinen Schnüren befreit und in ein kleines, weiches Stoffgewand gehüllt.

»Die Schüssel oder der Bottich, in dem das Kind gebadet wird, darf weder zu groß sein noch zuviel Wasser enthalten, und ein zur Wulst geformtes Wäschestück muß darum gelegt werden, damit die rauhe oder harte Beschaffenheit des Gefäßes dem Körper des Kindes nicht schadet. Die Hebamme oder eine andere Frau muß das Kind im Bade halten, es reiben und sanft kneten, indem sie seine Glieder aufrichtet und achtgibt, daß es sich nicht erkältet oder langweilt.«

Simon de Vallambert, 1565.

Miniatur, 15. Jh., Bibliothèque Nationale, Paris.

Das Säuglingsbad im Mittelalter

In einem der Räume eines mittelalterlichen Schlosses machten sich Dienerinnen und Ammen zu schaffen: Eine goß warmes Wasser in eine Kupferwanne, die mit einem Stoffstück ausgelegt war, um den Säugling vor dem Kontakt mit den harten und kalten Metallwänden zu schützen; am Kaminfeuer wärmte die andere die großen weißen Tücher, in die das Neugeborene nach dem Bad gewickelt werden sollte. Eine Amme prüfte die Temperatur des Wassers, bevor sie den Säugling hineintauchte. In den ersten Lebensmonaten wurde diese Badezeremonie zum Wohle und Vergnügen des Kindes häufig wiederholt. In den Gedichten von Marie de France aus dem 12. Jahrhundert ist von sieben Windelwechseln täglich die Rede, gefolgt von sieben Bädern! Während die Adels- und Fürstenhäuser des Mittelalters ihre Säuglinge häufig in den Genuß eines Bades kommen ließen, badete man in den Bauern- und Handwerkerfamilien die Kleinkinder zweifellos nur selten in den Holzzubern, in denen gewöhnlich die Wäsche gewaschen wurde. Dem Säugling des 18. Jahrhunderts dagegen wurden in allen Schichten die Badefreuden nur selten zuteil.

Am Fußende des Himmelbettes in dem großen Ehegemach stand die kleine holzgeschnitzte Truhe mit Stapeln sorgfältig gefalteter weißer Säuglingswäsche und Windeln. Sobald der Säugling vom Stillen gesättigt, vom Baden sauber und entspannt war, setzte

sich die Amme auf den gefliesten Boden des großen Raumes. Stets um das Wohlergehen des Säuglings bemüht, lehnte sie ein Kissen an ihre Füße, damit sein Köpfchen etwas erhöht lag. Sie legte den Säugling rücklings auf zwei Stoffschichten: ein Wäschestück aus feinem weißem Leinen, darunter ein zinnoberrotes Wolltuch. Ersteres sollte das Kind sauberhalten: Es war die Windel für den jeweiligen Tag. Das zweite, warm und weich, diente ihm als Kleidungsstück. Die Amme schlang die beiden Tücher um Beine und Brust des Kindes und legte das leinene wie eine Kapuze um seinen Kopf. Dann nahm sie ein langes, oft scharlachrotes Stoffband, das sie entrollte, um es unter die Schultern des Säuglings zu legen und dann mit rascher, geübter Hand bis zu den Fußgelenken zu kreuzen, wo sie die beiden Enden verknotete. Noch schneller, als es verschnürt wurde, konnte das Kleine zum häufigen Stillen und Trockenlegen wieder ausgewickelt werden. Die Kinder der Bauern wurden genauso gewickelt wie die der Reichen; die Windeln aber und die Bänder waren hier nicht aus Leinen und Wolle, sondern aus Hanf, und der Wickel und die Schnüre waren nicht leuchtend rot, sondern braun wie der Hanf. Tagsüber ließ man dem Säugling des Mittelalters reichlich Gelegenheit, frei zu strampeln: Die Kinder wurden oft ausgewickelt und durften sich vor allem im Sommer beim Stillen, Trockenlegen oder Baden nach Herzenslust nackt bewegen. Während der warmen Jahreszeit und in dem Maße, wie es wuchs, wurde aus dem Wickel ein »Halbwickel«, bei dem die Ärmchen des Kindes frei blieben. Diese

Mittelalterliche Handschriften beschreiben das erste Bad nach der Geburt, das von der Hebamme in einem Holzbottich bereitet wurde. Oft wurde dem Wasser Salz beigefügt, um das Kind vor dem Teufel zu schützen. Kinder, die als zu schwach galten, um gewaschen zu werden, wurden nur mit Salz oder Wein eingerieben.

Frau, die ein Bad in einem Bottich bereitet, 16. Jh., Unterlindenmuseum, Colmar.

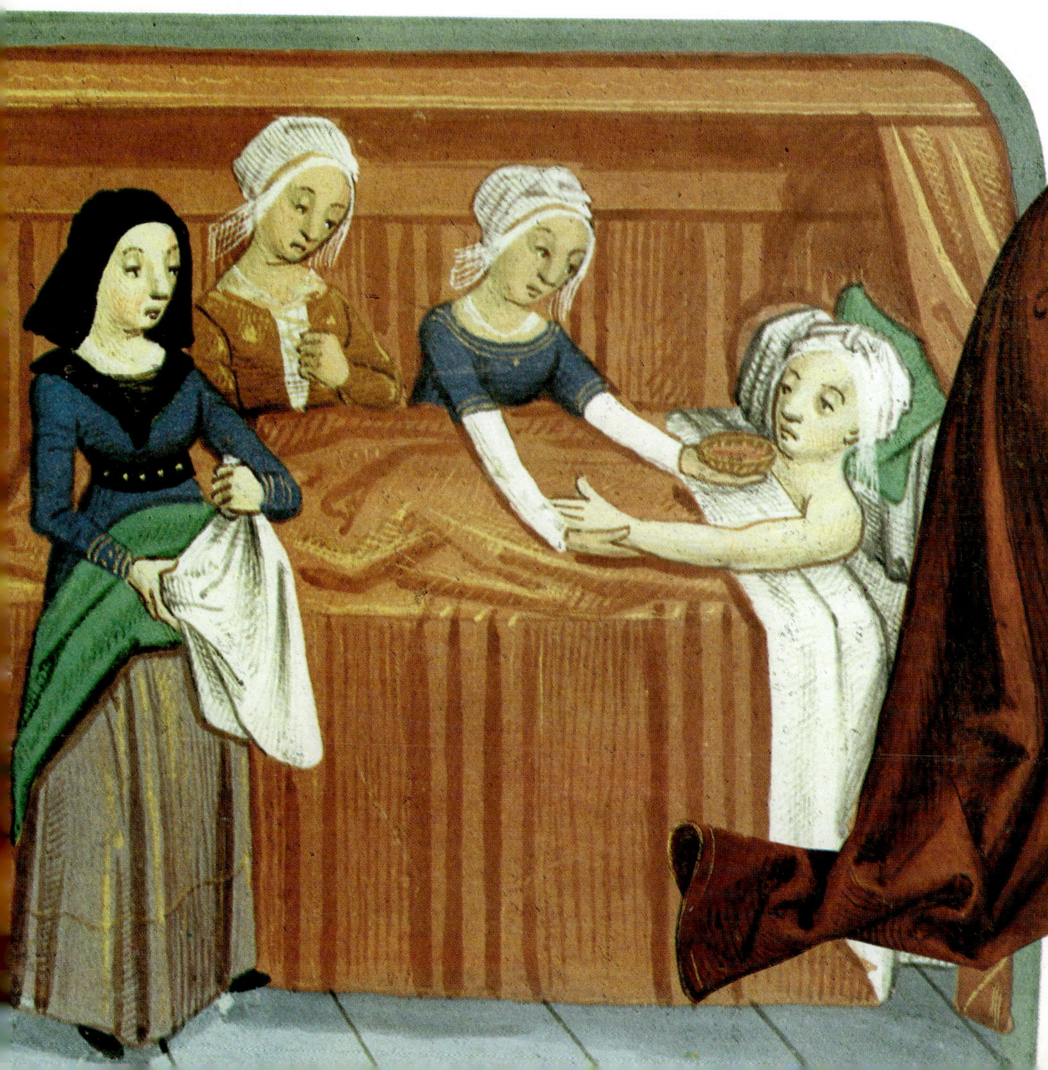

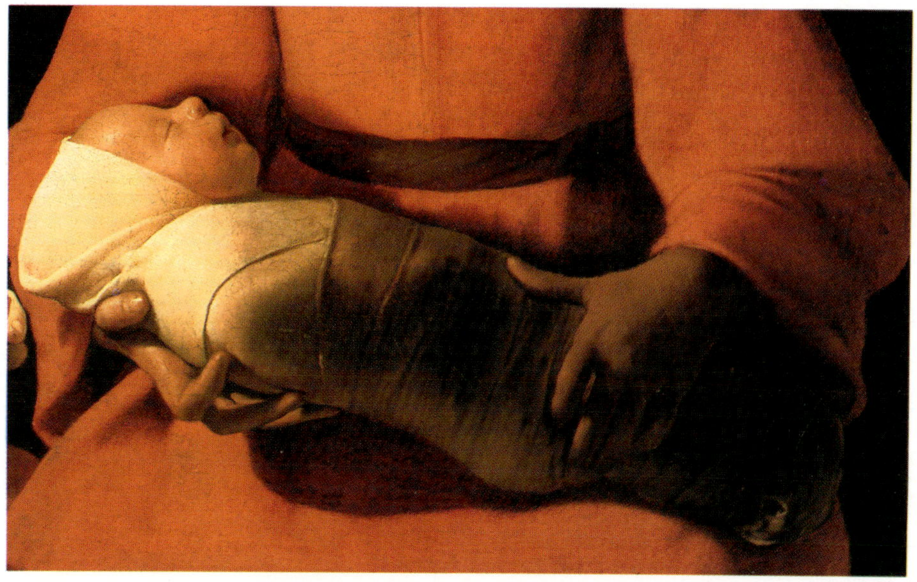

lockere Hülle war der ideale Übergang zum Kleidchen oder Hemdchen, das das endgültig ausgewickelte Kleinkind nach Vollendung des ersten Lebensjahrs erhielt. Unter diesem großen Hemd, das ihm bis zu den Füßen reichte, war es nackt. Gemäß seinem eigenen Rhythmus wurde es sauber. Um dieses Thema machten sich Ammen und Ärzte des Mittelalters kaum Gedanken: Es gab keine Nachttöpfe, und mit etwas heißer Asche, die über die Exkremente geschüttet wurde, konnten die Böden aus gestampftem Lehm oder aus Fliesen leicht gefegt werden.

Der unerläßliche Panzer

»Das Kind muß gewickelt werden, damit sein kleiner Körper die gerade Gestalt annimmt, die für den Menschen die geziemendste und schicklichste ist, und damit es daran gewöhnt wird, sich auf seinen beiden Beinen zu halten; denn ohne diese Maßnahme würde es sich auf allen vieren bewegen wie die meisten anderen Tiere.« Mauriceau, Geburtshelfer im 17. Jahrhundert, tat hier die seit der Antike verbreitete Befürchtung kund, der noch weiche Säuglingskörper könne sich verformen. Diese Ansicht, die von den Ärzten bis ins 18. Jahrhundert hinein vertreten wurde, hielt sich in ländlichen Gegenden sogar bis zum Ersten Weltkrieg. Das stramme Wickeln, ergänzt durch die Verschnürung in einer engen Wiege, vollendete das Werk der Hebamme, die gleich

Säuglinge wurden von Land zu Land unterschiedlich gewickelt.

Links: L'Adoration des bergers (Anbetung der Schäfer), Georges de La Tour (1593–1652), Louvre, Paris.
Oben: Le Nouveau-Né (Das Neugeborene), Georges de La Tour, Musée des Beaux-Arts, Rennes.

nach der Geburt versuchte, das Köpfchen des Säuglings zu formen. Wie im Mittelalter schnürte die Amme auch im 18. Jahrhundert Windeln und Wolltuch über Brust und Bauch des Kindes, nachdem sie dafür gesorgt hatte, daß seine Ärmchen fest am Körper anlagen. Sie vergaß nicht, Tüchlein unter die Achseln zu legen, die überschüssigen Schweiß aufsaugen sollten. Dann legte sie die Beinchen möglichst gerade nebeneinander, bevor sie sie mit Tüchern umwickelte. Schließlich verpackte sie diese Umhüllung so fest mit einem langen Stoffband, daß der kleine Körper von den Fußsohlen bis zu den Schultern eingeschnürt war. Auch der Kopf und die zerbrechliche Fontanelle mußten geschützt werden. Unter einem ersten Häubchen, das der Säugling Tag und Nacht aufbehielt, trug er, je nach Jahreszeit, ein Baumwollmützchen oder ein Wollkäppchen, die beide oft unter einer Hörnerhaube oder später unter einem Spitzenhäubchen verborgen waren. Das Ganze wurde in den ersten Tagen durch ein Steckkissen ergänzt, das auf Schulterhöhe zu beiden Seiten des Wickels befestigt wurde: Es hielt den Kopf des Kindes gerade, bis es ihn selbst zu halten vermochte. Doch dieses kompakte, festverschnürte Paket war nicht sehr elegant. Prachtvolle goldgewirkte Tücher aus Seide, Musselin oder Spitze verbargen den Wickel des reichen Kindes. Zu besonderen Anlässen wurden die Stoffbänder sogar unter Miniaturausgaben von Erwachsenenkleidern versteckt. Nach vier bis sechs Wochen wurden die Ärmchen wenigstens tagsüber vom Wickel befreit. Erst mit etwa acht Monaten trug das Kind sein erstes Kleid, bestehend aus einem Röckchen, einem Fischbeinmieder und einem Schürzchen.

Die Kinder gemäß den Gesetzen der Natur aufwachsen zu lassen, in der alles so gut eingerichtet sei – das war die Verhaltensregel von Rousseau und seinen Anhängern in der zweiten Hälfte des 18. Jahrhunderts. Was die Kleidung der Allerkleinsten betreffe,

»Ihr erster Laut ist Weinen, sagt ihr? Das glaube ich wohl: Ihr ärgert sie von Geburt an. Die ersten Geschenke, die ihr ihnen macht, sind Fesseln. Die erste Behandlung, die sie erfahren, ist Quälerei. (...) Sie schreien über das Leid, das ihr ihnen antut. So gefesselt, würdet ihr noch lauter schreien.«
Jean-Jacques Rousseau,
Emil, 1762.

Oben: Der Winter, Gambarini (1680–1725), Nationalpinakothek, Bologna.

Rechts: Hemdchen, 18. Jh., Musée des Arts et Traditions Populaires, Paris.

so gelte es, möglichst rasch den »barbarischen Brauch« des Wickelns abzuschaffen. Man brauche sich nur ein Beispiel an den Tieren und den Naturvölkern zu nehmen. Schon in der Antike empörte sich Plinius der Ältere über diese verhängnisvolle Sitte. »Kaum ist das Kind seinem Gefängnis entkommen, werden ihm neue Fesseln angelegt; an Füßen und Beinen gebunden, weint und stöhnt dieser König der Tiere; und sein Leben beginnt in Qualen.« Im Mittelalter und in der Renaissance äußerten sich viele, wie etwa Montaigne, besorgt wegen der möglichen Schäden der zu festen Wickel. Ab Mitte des 18. Jahrhunderts verurteilten Ärzte und Philosophen sämtliche Bräuche der Ammen aufs schärfste, insbesondere den des zu engen Wickelns. »Wenn man sieht, wie sie das Kind einwickeln, festbinden und verschnüren, könnte man meinen, sie formten ein Bündel für eine andere Hemisphäre«, empörte sich im Jahr 1772 der Arzt Leroy. Man warf diesen Frauen vor, nur aus Bequemlichkeit und Nachlässigkeit auf diese jahrhundertealte Art der Säuglingsbekleidung zurückzugreifen. Tatsächlich verhielt sich ein festgewickeltes Kleinkind ruhig: Man konnte es in seine Wiege legen, wo es reglos liegenblieb, die Mütter konnten es sogar, während sie auf dem Feld arbeiteten, an einem Nagel aufhängen, um Unfälle durch Haustiere zu vermeiden. Ein gewickeltes Kind war auch leichter als ein strampelndes auf dem Arm zu tragen; man darf nicht vergessen, daß es zu jener Zeit keine Kinderwagen gab. Außerdem fing der feste

Dieses Kind im Kleidchen hat das Alter erreicht, da es endlich von den Fesseln befreit ist, die J.-J. Rousseau so eingehend beschreibt.

Kolorierter Druck, 18. Jh., Bibliothèque Nationale, Paris.

Zurück zur Natur

»Wo man Kinder wickelt, wimmelt es von Buckligen, Hinkenden, Krummbeinigen, Krüppeln, Rachitikern und Verwachsenen aller Art. Aus Angst, der Körper könne sich durch freie Bewegungen verbilden, beeilt man sich, ihn mißzugestalten, indem man ihn in die Zwinge legt. Mit Vergnügen würde man ihn lähmen, um eine Verkrüppelung zu verhindern. (...) Woher kommt dieser widersinnige Brauch? Von einem naturwidrigen Brauch! Seitdem die Mütter, pflichtvergessen, ihre eigenen Kinder nicht mehr stillen wollen, müssen sie sie gewinnsüchtigen Frauen anvertrauen. Diese geben sich natürlich keine Mühe, da sie als Mütter fremder Kinder keinen Naturtrieb in sich fühlen. Ein ungewickeltes Kind müßte man unaufhörlich behüten; ein gewickeltes wirft man in die Ecke und kümmert sich nicht um sein Geschrei. (...) Duldet nicht, daß das Kind, wenn es, aus seinen Hüllen befreit, zu atmen beginnt, in andere, noch engere eingeschlossen wird. Kein Häubchen, keine Binden, kein Steckkissen! Nehmt weiche und weite Windeln, die allen Gliedern Freiheit geben. Sie dürfen weder so schwer sein, daß sie die Bewegungen hemmen, noch so warm, daß es die Luft nicht spürt. Legt es in eine große gepolsterte Wiege, in der es sich nach Lust und ohne Gefahr bewegen kann. Laßt es, stärker geworden, im Zimmer herumkriechen; laßt es die Glieder entwickeln und strecken. Und ihr werdet sehen, wie sie von Tag zu Tag stärker werden. Vergleicht es dann mit einem Wickelkind seines Alters, und ihr werdet über den Unterschied in ihrer Entwicklung staunen.«

J.-J. Rousseau, *Emil*, 1762

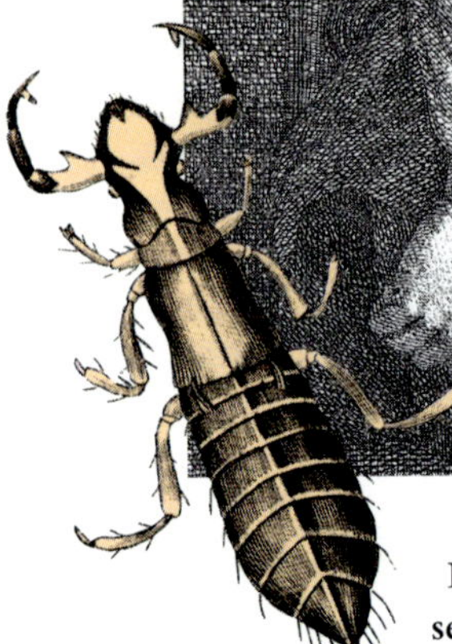

Lange hieß es, Läuse seien gut für kleine Kinder und befreiten sie von ihren Launen.

Oben: Eltern und Kinder, Stich, 17. Jh.
Rechts: Hebamme, die ein Neugeborenes badet, Foto von Erich Meinhold, 1931.

Wickel die Exkremente des Säuglings auf, so daß er nicht unentwegt gesäubert werden mußte.

Damalige Ärzte berichten von Mißbildungen aller Art bei Kindern, die von ihren Ammen in zu stramme Wickel gesteckt wurden. Sie waren zu der Überzeugung gelangt, daß der Wickel solche Verbildungen fördere, statt sie zu verhindern. Manche behaupteten sogar, das Wickeln sei eine der Hauptursachen des Bevölkerungsrückgangs. Diese Kampfansage gegen den Wickel in der zweiten Hälfte des 18. Jahrhunderts veränderte in gehobenen Schichten bzw. bei der Stadtbevölkerung den Umgang mit Säuglingen, auf dem Land jedoch wurden die Kinder noch über ein Jahrhundert lang geschnürt.

Die Heilkraft des Schmutzes

Ludwig XIII., der spätere König von Frankreich, nahm mit sieben Jahren sein erstes Bad. Mit sechs Wochen wurden ihm der Kopf, mit zwei Monaten die Stirn und das Gesicht mit frischer Butter und Mandelöl eingerieben. Kurz vor seinem ersten Geburtstag wurde er zum erstenmal gekämmt, weil seine Kopfhaut allzusehr juckte. Im 17. Jahrhundert waren die Königskinder – trotz der Betreuung durch eine *remueuse*, eine Amme, die keine weitere Aufgabe hatte, als den kleinen Dauphin regelmäßig trockenzulegen – kaum sauberer als die gewöhnlichen Kinder. Die Zeiten häufigen Badens lagen weit zurück: Die Kleinen mußten lange warten, bis sie erneut die Freuden des Planschens genießen durften. Erst Ende des 18. Jahrhunderts gönnte man in den gehobenen Schichten und in der Stadt den Säuglingen wieder ein tägliches Bad. Für die einfache und die Landbevölkerung blieb das Bad – für Kinder wie für Erwachsene – bis Mitte unseres Jahrhunderts ein seltenes Ereignis. Ursache dafür war die Angst, der Körper könne sich im Badewasser auflösen, sich in diesen Zeiten galoppierender Epidemien im Wasser infizieren, vor allem aber die Furcht, er würde die Schutzschicht verlieren, die ihn einhüllende, vermeintlich lebenswichtige Dreckkruste. Diese Kruste sei, so glaubte man, besonders gut für sein noch weiches Köpfchen und die empfindliche Fontanelle. Das Häubchen unter der Wollmütze war ihm seit der Geburt nicht abgenommen worden, um die Schädeldecke vor Kälte und Deformationen zu schützen. Man glaubte, die Schmutzschicht sei Teil seines Körpers wie seine Finger- und Fußnägel und seine Haare, die von selbst ausfallen müßten; jeder Eingriff von außen schade ihm, beraube ihn eines Teils seiner Lebenskraft.

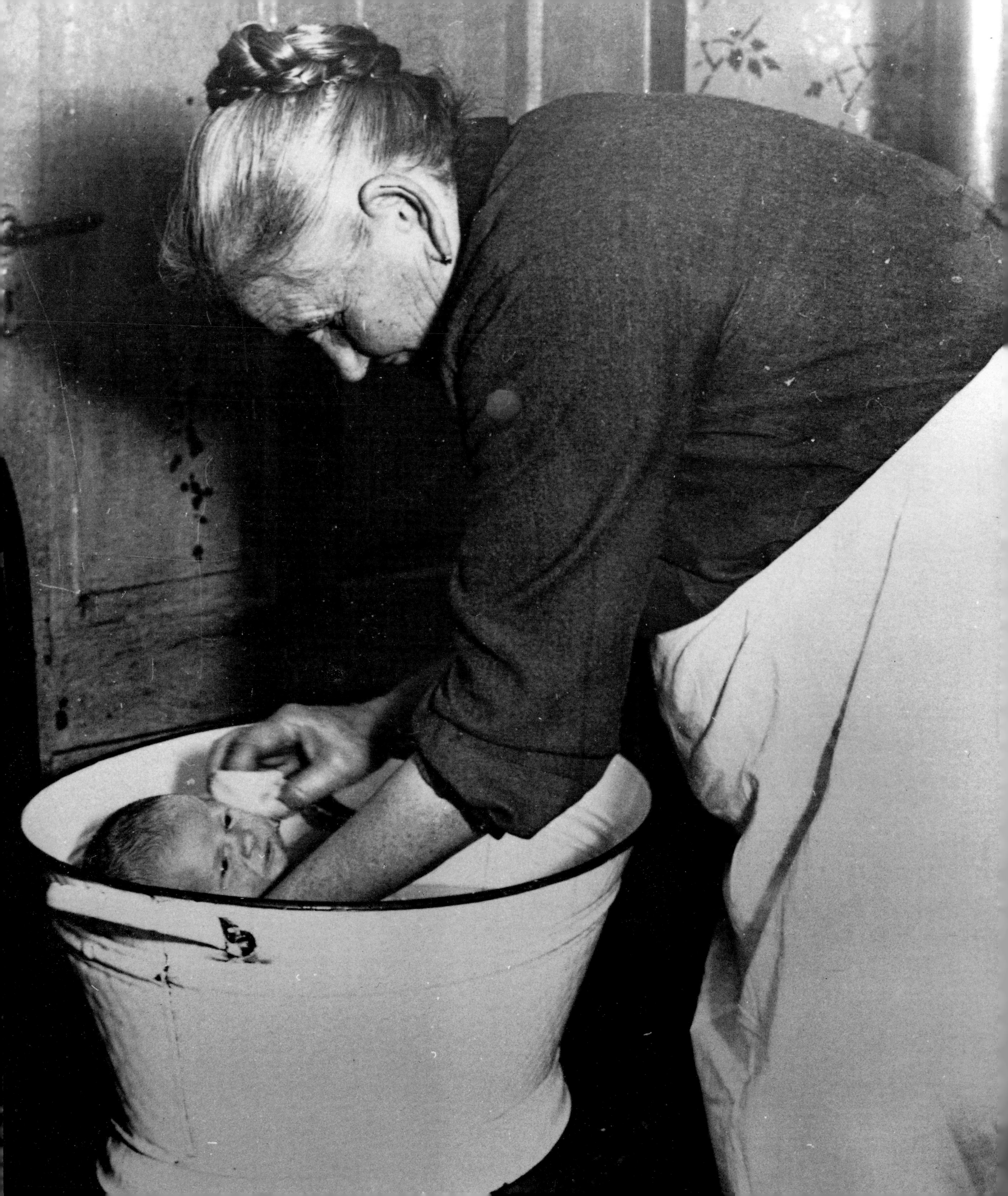

Solch ein aufwendiger Wickel machte das Trockenlegen zu einer langwierigen Prozedur. So lag der Säugling oft lange Stunden in seinem Schmutz, da er nur ein- oder zweimal am Tag trockengelegt wurde.

Die Heilkraft des Urins

Der Säugling des 18. Jahrhunderts wurde nicht nur selten gewaschen, sondern auch selten trockengelegt. Wenn die Mutter oder Amme ihn auswickelte, um ihn zu säubern, begnügte sie sich oft damit, seinen Po zu trocknen, ohne vorher Wasser oder Seife zu benutzen. Nach dem Trocknen puderte sie das kleine Hinterteil mit einem feinen Pulver aus wurmzerfressenem Holz, der die Feuchtigkeit aufsaugen sollte. Und die urindurchtränkte Windel wurde nicht etwa gründlich mit Wasser ausgewaschen. Vielmehr hängte die Mutter sie zum Trocknen vor der Feuerstelle auf, bevor sie den Säugling wieder in die so getrocknete Windel vom Vortag wickelte. Lange wurden dem Urin desinfizierende Eigenschaften zugeschrieben – vor allem für den Säuglingspopo.

Dieser Glaube an die wohltuende Wirkung des Schmutzes erklärt, warum sich die einfache Bevölkerung so heftig gegen die Hygienevorschriften der Moralisten und der Ärzte des 18. Jahrhunderts sträubte. Ende des 19. Jahrhunderts behauptete ein Arzt, Dreiviertel der Kinder, die bei einer Amme lebten, seien nicht ein einziges Mal gebadet worden. Auf dem Land glaubten viele Frauen bis zur Zeit zwischen den beiden Weltkriegen an die heilende Kraft der Exkremente.

Selbst in sachkundigeren Kreisen war sich bis Ende des 18. Jahrhunderts noch niemand bewußt, wie wichtig die Hygiene zur Vorbeugung gegen Krankheiten ist. Erst allmählich entdeckten die Ärzte, daß Sauberkeit eine der Grundvoraussetzungen für Gesundheit ist. Sie rieten behutsam, Säuglinge doch gelegentlich zu waschen und ihre Windeln zu wechseln, sobald sie feucht oder beschmutzt waren. Doch erst im 20. Jahrhundert wurde ihr Rat von der einfachen Bevölkerung tatsächlich beherzigt. Um 1750 galt der Kampf gegen den Schmutz nicht allein der Gesundheit, sondern auch der öffentlichen Moral. Den Ideen Rousseaus folgend, der schon für die ersten Lebensmonate ein erfrischendes kaltes Bad empfahl, erklärte das 19. Jahrhundert Sauberkeit zu einem moralischen Wert. Es war genauso wichtig, sich abzuhärten, wie sauber zu sein.

Seit Beginn des 20. Jahrhunderts erleichtern Gas- und Elektroherd den wohlhabenden Familien das Aufwärmen von Wasser fürs Kinderbad. Badewannenspielzeug und genußvolles Planschen werden von den Psychologen erst seit wenigen Jahrzehnten empfohlen, doch sicher haben Mütter diese Augenblicke der Intimität mit ihrem Säugling schon immer genossen.

Seifen, Shampoos, Puder und Cremes

Das von den Engländern erfundene Shampoo erreichte den Kontinent erst Ende des 19. Jh.s. Es handelte sich zunächst nur um schwarze, in Wasser gekochte Seife, der Sodakristalle hinzugefügt wurden.

Schon lange vor dem reichhaltigen Angebot an modernen Lotionen, Cremes und Shampoos zur Pflege von Babyhaut und -haar existierten mehr oder weniger wirkungsvolle Mittelchen und Arzneien. Ende des 16. Jahrhunderts riet Guillemeau, Popo und Beine mit Wegerich- und Rosenwasser zu betupfen. Für gerötete Pobacken wurde eine Salbe aus »gut gelöschtem« Kalk empfohlen. Im 19. Jahrhundert wurden rauhe, gerötete Partien mit angebrannter Margarine oder Schwefelpulver behandelt: »mit diesem Pulver, dessen sich Apotheker zur Herstellung ihrer Pillen bedienen und das im Theater zur Nachahmung von Blitzen verwendet wird«, erläuterte Saucerotte 1808. Frische Butter, verrührtes Eigelb, Öl, Wein oder Alkohol – zahlreich waren die Mittel, die die Seife ersetzten. 1943 konnte man in einem Handbuch für Säuglingspflege lesen: »Seife ist rar, doch es gibt gute Ersatzmittel. Auf dem Lande empfiehlt sich die Holzasche.« Im 18. Jahrhundert riet Madame du Coudray, »den Kopf des Kindes mit warmem Wein und frischer Butter zu waschen«. 1938 empfahl Jean Wall in seinem Säuglingspflege-Buch dagegen zum Waschen eine Mischung aus Alkohol und Glyzerin.

»Jede gute Mutter, die diesen Namen verdient, muß die Kleidung ihres Kindes selbst anfertigen können; die kleinen Mädchen sollen sich schon im Nähen kleiner Leibchen und Hemdchen üben.«

Der heimische Herd,
Augusta Moll-Weiß, 1910.

Links: Die Herzogin von Orléans mit ihrem Sohn, Franz Xaver Winterhalter (1805–1873), Versailler Schloß.

A la française oder à l'anglaise

Die englischen Säuglinge in ihren Hemdchen, Höschen und Babyschühchen brauchten nicht auf Rousseau zu warten, um nach Herzenslust strampeln zu dürfen. Diese aus England stammende Mode wurde im 19. und 20. Jahrhundert auch auf dem Kontinent von den »modernen« Eltern der Städte und Oberschichten allmählich übernommen. Der im englischen Stil bekleidete Säugling trug zwei oder drei kleine Kleidungsstücke übereinander: Leinenhemdchen und ein oder zwei Jäckchen aus Flanell oder Baumwolle. Vom einstigen Wickel verblieb nur ein Band, das um den Bauch gelegt wurde. Das Neugeborene trug eine Windel, ein Höschen und Wollschühchen. Das Ganze wurde durch ein langes Fanellhemd ergänzt, das an die Stelle des Wickeltuchs trat. Es war länger als der Säugling selbst und wurde gekürzt, wenn er zu laufen begann. Die meisten Städter aber benutzten noch immer den Wickel, jedoch einen *à la française*, in den das Neugeborene allerdings nicht mehr wie früher fest verschnürt war. Nur der untere Teil wich von der englischen Bekleidung ab: Unter den Achseln, über Hemdchen und Jäckchen wurden Windel und Wickeltuch gebunden. Sie wurden mit Bändern oder Sicherheitsnadeln befestigt, die die Schnüre ersetzten.

Warum hat man die Säuglinge in den Städten so lange gewickelt, auf dem Land so lange geschnürt? Wurden sie wegen ihrer Zerbrechlichkeit, ihres geringen Widerstands gegen die eisige Kälte der damaligen Häuser wie in einen Kokon gehüllt? Wollte man wegen der häufigen Fälle von Rachitis und Mißbildungen ihre noch weichen Körper um jeden Preis geradehalten? Fest eingehüllt in sein Wickeltuch, sollte sich der Säugling wohl auch beschützt wie im Mutterleib fühlen. Zu einer Zeit, da Krippen und

Durch die Erfindung des Kinderwagens entstand Bedarf an ganz neuer Babyausstattung: Spezialkleidchen für den Spaziergang.

Oben: Französischer Anzug, Stiche, 20. Jh.

Folgende Doppelseite: Foto, New York, 1946.

BABY
OWDER

Seit Ende des Ersten Weltkriegs wurden die langen Kleidungsstücke, die die Säuglinge in ihrer Bewegungsfreiheit behinderten, immer kürzer. Unzählige Schnittmuster waren in den Magazinen der 20er und 30er Jahre abgebildet. Seit den 30er Jahren veränderte sich die Kleidung des Babys: Falten, Volants, Stickereien und Spitzen kamen nur noch an Festtagen zum Einsatz. Die vielen Kleiderschichten, die Generationen von Kleinkindern eingeengt haben, wurden allmählich ersetzt durch Windelhöschen, Spielhöschen und Strickjäckchen.

Horte noch nicht existierten, man aber arbeiten mußte, sahen Mutter und Amme im Wickel einen sicheren Aufbewahrungsort. So eingepackt und vor Gefahren geschützt, konnte man das Kind an einen Haken hängen, in einer Kiepe tragen oder in seine Wiege legen. Diese Art der Bekleidung ist außerdem äußerst ökonomisch, denn sie wächst gleichsam mit dem Säugling mit.

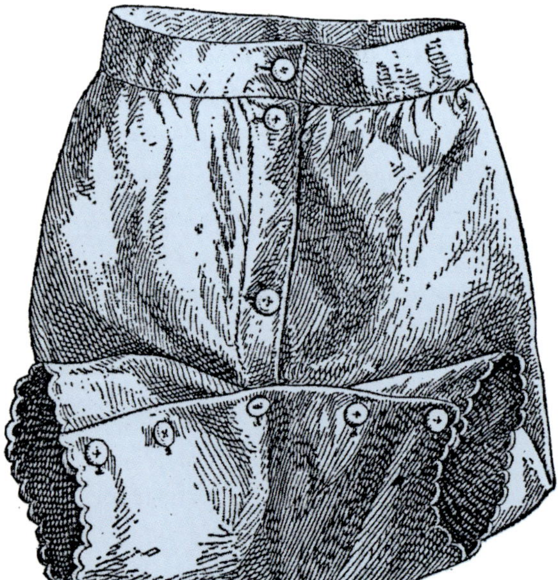

Spielhöschen und Strampelanzug

Hemdchen, Jäckchen, Lätzchen, Häubchen, Mützchen, Kleidchen und Mäntelchen: In den wohlhabenden Familien setzte sich die Säuglingsgarderobe seit Jahrhunderten aus einer Fülle unterschiedlichster Kleidungsstücke zusammen. Gegen Ende des 19. Jahrhunderts verschwanden in England die langen Kleider allmählich, um vom Ersten Weltkrieg an kürzeren Kleidchen und kleinen Strickjäckchen zu weichen. Die Zahl derer, die gegen die vielen Schichten kämpften, in die man die Kleinen noch einhüllte, war groß. In den angelsächsischen Ländern befolgten die Hersteller von Kinderkleidung die Ratschläge von Experten, die sich um Gesundheit und Wohlsein der Säuglinge Gedanken machten. In den USA wurden in manchen dieser Kinderkleidungsfirmen Sterilisationsgeräte eingesetzt, die Hygiene und Reinheit der Artikel kontrollierten. Während des Zweiten Weltkriegs wurde das Stricken ein beliebter Zeitvertreib. Wolle galt als besonders wohltuendes Material, und die Mode der Wollhöschen hielt bis in die 60er Jahre an, bis schließlich die Kunstfaser ihre praktischeren Qualitäten unter Beweis stellte: leicht zu waschen, schnell zu trocknen, bügelfrei und makellos weiß. Zu Beginn des 20. Jahrhunderts wurde den Müttern in Handbüchern noch emp-

Im 20. Jh. wurde das tägliche Baden der Säuglinge endlich von allen Ärzten befürwortet. Bücher zum Thema Säuglingspflege, deren Zahl um die Jahrhundertwende drastisch anstieg, gaben den Müttern praktische Ratschläge, wie das Kind beim Baden zu halten ist und wie lang und wie warm das Bad sein soll.

fohlen, keine Kleidung für ihre Säuglinge zu kaufen. Für werdende Mütter gäbe es keine vernünftigere und gesündere Beschäftigung, als für ihr Kind zu stricken und zu nähen. Außerdem galt selbstgefertigte Babykleidung als eleganter und schicker, auch wenn die Kinderkonfektionsmode bereits auf dem Vormarsch war. Bis in die 30er Jahre trugen Jungen Kleider wie die Mädchen, manchmal aber auch schon Spielhöschen. In dieser Zeit bürgerte es sich ein, daß Mädchen in Rosa und Jungen in Hellblau gekleidet werden. Die Babyausstattung wurde vereinfacht: Stickerei, Volant, Plissee und Spitze waren kaum noch gefragt. Ende der 50er Jahre schließlich kam es zur größten Revolution in der Geschichte der Babykleidung: In den USA erschien ein Kleidungsstück mit Füßen und Druckknöpfen auf dem Markt, das aus einem neuen, saugfähigen Material bestand und heute international als Strampelanzug bekannt ist.

Zu festen Zeiten auf den Topf

Es ist nie zu früh, gute Gewohnheiten anzunehmen. Mit eiserner Disziplin zwang man Kinder schon sehr früh, sauber zu werden: Bereits zu Beginn des 17. Jahrhunderts empfahl der englische Philosoph John Locke, das Kleinkind täglich nach dem Essen auf einen Nachtstuhl zu setzen und es am Spielen oder erneutem Essen zu hindern, bis es das von ihm Verlangte verrichtet hatte. Seit jener Zeit gibt es kleine Nachtstühle für Kleinkinder, manche mit einem Loch in der Mitte, unter das der Topf gestellt wurde, andere wiederum sahen wie kleine Schaukelstühle aus. Einige waren mit einer Öffnung in der Rückenlehne ausgestattet, in die ein vorgewärmter Ziegel gesteckt wurde, damit das Kleine sich während der oft langen »Sitzung« nicht verkühlte. Hundert Jahre später folgten alle Ärzte und Pädagogen den Lehren Lockes. Im 19. Jahrhundert wurde größter Wert auf frühes Erlernen der Sauberkeit gelegt: Sie sollte möglichst schon im dritten oder vierten Monat zu festgesetzten Stunden erfolgen. Alles eine Frage der Erziehung! Diese starren Prinzipien galten auch vor fünfzig Jahren noch. »Man beachte, daß das Neugeborene kurz nach dem Ausziehen, wenn es den Kontakt mit der Luft verspürt, fast jedesmal uriniert. Da Sie wissen, daß es urinieren wird, setzen Sie es in hockender Stellung auf einen Nachttopf und halten Sie es so fest: Das Harnlassen erfolgt in dieser Position. Nach wenigen Tagen beginnt es, die beiden Gefühle – Urinstrom und Kontakt mit dem Nachttopf – zu assoziieren. Es gewöhnt sich daran, zumindest außerhalb der Schlafenszeit, nur noch in seinen Topf zu urinieren, und Sie werden es schon in den ersten Wochen sauber

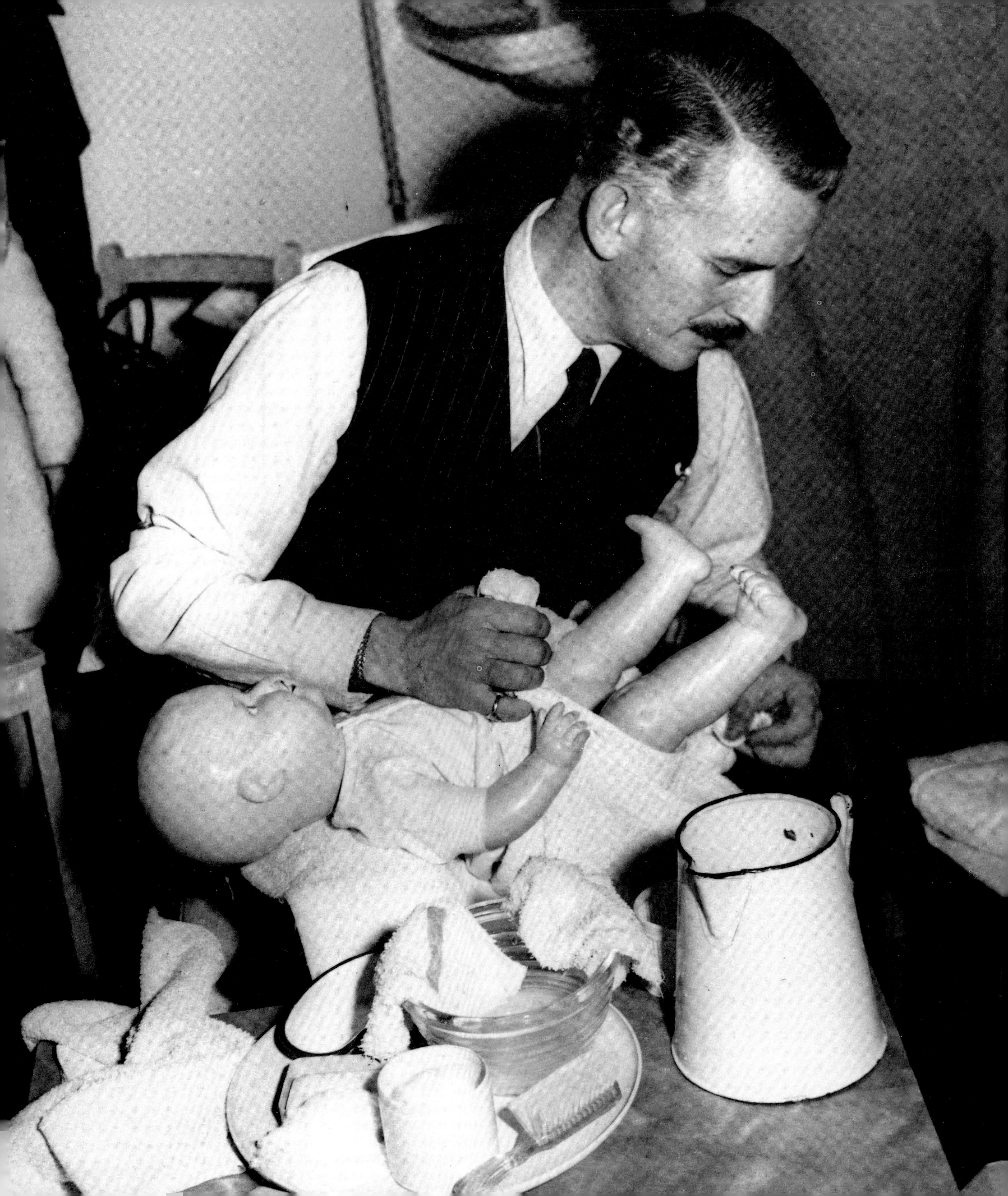

bekommen«, schrieb Pouliot 1921. Wenn das Baby an Verstopfung litt, sollte ihm ein Stückchen spitz geformte Seife oder ein Sauerampferstiel in den Anus eingeführt werden. In den 40er Jahren kam ein grausamer Topf auf, ein kleiner Stuhl, auf dem man den Säugling vom vierten Monat an so lange festschnallte, bis er sein Geschäft verrichtet hatte. Erst zwanzig Jahre später erbrachten Spezialisten den Beweis, daß die Beherrschung des Schließmuskels nicht vor dem 18. Monat erfolgt und daß frühzeitiger Zwang zur Sauberkeit psychische Störungen nach sich ziehen kann.

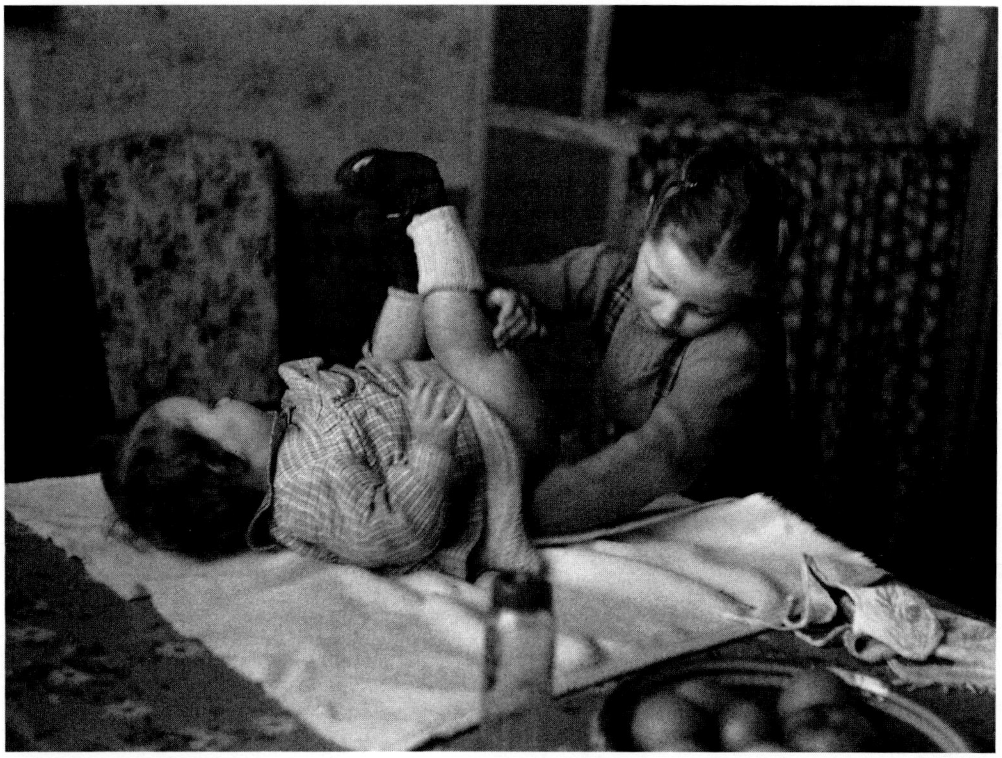

Die Erkenntnis, daß Babywindeln nicht nur getrocknet, sondern auch mit Wasser und Seife gewaschen werden müssen, verbreitete sich in ländlichen Gegenden vielerorts erst im 20. Jh. In den 30er Jahren wurden die Stoffwindeln nach dem Waschen durch sehr heißes Bügeln sterilisiert.

Links: Windelwettbewerb für Männer, Foto, Westminster, 1952.

Oben: Foto von Robert Doisneau.

Folgende Doppelseite: Babys in einem Kinderhort, Foto, 1944.

Die Revolution der Wegwerfwindeln

Die Windeln aus Hanf oder Leinen, die, nachts durch ein dickes Flanellwickeltuch ergänzt, jahrhundertelang benutzt wurden, waren weder dicht noch leicht zu waschen. Im 18. Jahrhundert wurden die ersten Verbesserungsversuche unternommen: Eine zusätzliche Windel aus geölter Seide sollte das Auslaufen verhindern. Zu Beginn des 19. Jahrhunderts gehörten zur Säuglingsausstattung etwa sechzig Windeln: ein Minimum, um regelmäßiges Wechseln zu gewährleisten. Später verhinderten Gummihöschen mit der unvermeidlichen Stoffwindel darin ein Austreten der Flüssigkeit. Doch sie gerieten schon bald in den Verdacht, ein Fermentieren zu begünstigen, das wiederum zu Wundsein führte. In den 30er und 40er Jahren wurden verschiedene Ideen ausprobiert: Frotteewindeln, saugfähige Mull- und Musselineinlagen, ölgetränkte Seidenhöschen und, in Großbritannien, Höschen aus sterilisiertem Latex. Im Zweiten Weltkrieg wurde Seife rationiert: Den Müttern wurde empfohlen, das Waschen von Stoffwindeln einzuschränken und lieber auf wegwerfbare Baumwoll- oder Wolltücher zurückzugreifen. Erst 1959 entwickelte die amerikanische Firma Procter and Gamble die erste echte Alternative: ein Plastikhöschen mit einer dichten Baumwolleinlage. In Europa sind die ersten richtigen Wegwerfwindeln, wie wir sie heute kennen, seit den 70er Jahren verbreitet. Welch ein langer Weg seit dem Haferballen, der früher in den Wiegen die ausgelaufene Flüssigkeit aufsaugte!

Tragen

Antike Tragetücher, mittelalterliche Gehschulen, Karren und Drehkreuze des 18. Jahrhunderts, viktorianische Kinderwagen aus Leder und Satin, Kinderkiepen aus Strohgeflecht, zusammenklappbare Sportwagen aus ultraleichtem Metall mit Sonnenschirmchen und Plastikverdeck, Hängevorrichtungen, in denen das Kind nach Herzenslust springen kann... All diese Geräte, mit denen der Säugling getragen, transportiert oder an einem Platz festgehalten wurde, hat es schon immer gegeben; lediglich Material und Verarbeitung variierten. Der Siegeszug des modernen Kinderwagens aber konnte erst beginnen, als es befestigte Straßen und Bürgersteige gab.

Babytaschen und Babys auf Rollen

In der Antike wurden Kleinkinder in Körben transportiert, die auf dem Rücken eines Esels oder auf dem ihrer Eltern befestigt waren. Der Riemen des Korbes wurde manchmal um die Stirn des Erwachsenen gelegt. Das Kind konnte auch in einem Stoffsack oder in einem Tuch getragen werden, wie es heute noch in Afrika üblich ist. Aber schon Soranus von Ephesus empfahl einen kleinen Stubenwagen, der bis zum vierten Monat zu benutzen sei. Erst danach sollte die Amme das Kind auf dem Arm tragen oder es in einem kleinen zweirädrigen Wagen ausfahren. Er riet energisch davon ab, das männliche Kind auf den Schultern zu tragen: »Denn in Folge des Druckes gehen die Hoden entweder nach oben in den Unterleib zurück, oder sie atrophieren überhaupt; es entwickeln sich so die Kryptorchen (Leute mit verborgenen Hoden) und Eunuchen«. Diese Sorge zeigt, wie sehr man bei den Römern fürchtete, die Knaben könnten ihre Männlichkeit verlieren. Soranus empfahl auch, dem Kind beim Sitzen und Stehen zu helfen, freilich ohne es zu zwingen, weil es sonst einen Buckel oder krumme Beine bekommen könnte. »Kommt dann die Zeit, wo es zu kriechen und sich ein wenig aufzurichten versucht, so soll man es an eine Wand lehnen und dort von Zeit zu Zeit allein stehen lassen, nach einiger Zeit lerne es dann an mit Rädern versehenen Körben gehen.«

Von einem Kind, das auf allen vieren krabbelt, sagte man in Frankreich im Mittelalter, »il chatonne« (wörtlich: es »katze«). Dieser reizende Ausdruck wies auf etwas Animalisches, schwer zu Ertragendes hin. Gern hätten die Eltern ihren Kindern diese Entwicklungsstufe erspart, zumal die Böden aus gestampftem Lehm oder die kalten Fliesen in den Häusern nicht dazu angetan waren, das Kleinkind lange darauf herumkriechen zu lassen. Deshalb wurde es in seinen

Im Mittelalter waren die Eltern trotz der schon existierenden Gehschulen nicht darauf aus, daß ihr Kind verfrüht das Laufen lernte. Zum einen fürchteten sie Mißbildungen seiner Glieder, zum anderen galt Frühreife als Vorbote eines kürzeren Lebens.

Seite 170: Le Meneur d'enfants (Der Kinderträger), Stich von Lucas de Leyde, 16. Jh., Bibliothèque Nationale, Paris.

Links: Miniatur aus *De rerum proprietatibus* von Bartholomaeus Anglicus, 15. Jh., Bibliothèque Nationale, Paris.

Laufstuhl gesteckt oder, häufiger noch, getragen. Für längere Strecken kam es in einen Korb oder eine Holzkiepe, die am Rücken des Vaters befestigt wurde. Auch kleine, handliche Wiegen dienten dem Kleinkindtransport. Dieses Möbel wurde übrigens vorwiegend tagsüber benutzt, da die Mutter ihren Säugling nachts oft bei sich im Bett hatte. Manche Männer trugen die Wiege auf der Schulter, manche Frauen auf dem Kopf wie einen Milchkrug. Die Tragweisen variierten nach Größe und Gewicht des Kindes und nach Länge der Reise: Es gab Stoff- oder Lederbündel, die mit Schulterriemen befestigt waren, Tücher, die um das Kind gewickelt und von der Mutter über der Hüfte getragen wurden, sowie kleine Holzkiepen oder -wiegen, die an den Flanken eines Esels oder Maultiers angebracht waren.

Im Haus wohlhabender Familien kam das Kleinkind auf einen Teppich oder in seinen Laufstuhl. In den bescheideneren Schichten konnte es sich frei auf dem nackten Boden bewegen. Seine ersten Gehversuche aber machte es in beiden Fällen und zu allen Zeiten mit der geduldigen Hilfe einer jungen Verwandten oder großen Schwester, die es hielt, während wenige Schritte entfernt die Mutter kauerte und es mit ausgestreckten Armen zu sich rief.

Vom Karren zum Kinderwagen

Lange vor den hygienischen Bestrebungen des 19. Jahrhunderts rieten verschiedene Autoren, in den ersten Lebensmonaten mit dem Säugling spazierenzugehen, und zwar nicht nur um der frischen Luft willen, sondern vor allem auch, um das Neugeborene zu zerstreuen und sein Interesse an seiner Umgebung zu wecken. »Man soll das Kind nicht immer in der Stube halten«, schrieb Simon de Vallambert 1565, »man muß es bei schönem Wetter nach draußen tragen, um es anzuregen und herumtollen zu lassen. Wenn es zwei oder drei Monate alt ist, wünscht es, aus einem geschlossenen Raum an einen freieren Ort getragen zu werden, wo die Luft frisch ist, sowohl um seine Wärme auszugleichen, indem es frische Luft einatmet, als auch um seinen Geist zu beleben, indem es draußen verschiedene Dinge sieht. Bekäme es nur zu sehen, was es ständig in seiner Stube hat, so hätte es kaum ein Vergnügen, und das Leben wäre ihm eintönig.«

Im 16. Jahrhundert verwendeten Mütter und Ammen, die es leid waren, die Säuglinge ständig zu tragen, zunächst kleine Stubenwagen. Vor dem Bau befestigter Straßen und Bürgersteige im 18. Jahrhundert wären die Kinder in solchen Wagen außerhalb des Hauses jedoch zu sehr durchgeschüttelt worden. Erst im 19. Jahrhundert wurde der Kinderwagen ausschließlich im Freien benutzt.

Wenn die Mütter mit Hausarbeiten beschäftigt waren, setzten sie ihre Kleinkinder in niedrige Stühlchen, die mehr oder weniger kunstvoll gefertigt und bemalt und mit einer Querleiste versehen waren, auf der das Kind spielen konnte. Auf dem Lande wurden selbst sehr kleine, oft noch gewickelte Kinder in eine Art schmale Bütte gesteckt, die mit Stroh ausgelegt war, um sie warm zu halten. In dieser senkrecht aufgestellten »Babykiste« nahm das Kleinkind seine Umwelt besser als in der Wiege liegend wahr. Im 17. Jahrhundert kamen die hohen Kinderstühle auf, vielleicht weil das Kind so besser am Familienleben teilzunehmen vermochte. Doch es konnte auch leicht herausfallen. Seit fast vier Jahrhunderten zählen Stürze aus solchen hohen Stühlen wohl zu den häufigsten Kinderunfällen. Im 17. und 18. Jahrhundert wurde der Kopf des Kindes mit einem Fallhut geschützt. Oft waren Kinder mit Schnüren an ihre Stühlchen gebunden, die im allgemeinen aus massiver Eiche gefertigt und recht stabil waren. In reichen Familien waren diese Sitze mit ihren kostbaren Schnitzereien und ihrer Leder- oder Samtpolsterung den Erwachsenenstühlen nachempfunden.

Die Kinderstühlchen waren teils einfache Holzkisten, teils regelrechte Meisterwerke der Schreinerkunst.

Links: Mutter in der Picardie, Louise Becq de Fouquières, 19. Jh.

Unten: Stich, 17. Jh.

Ein »Korbröckchen« als »Gehschule«; das abgebildete Modell ist mit einem kleinen Vorbau für ein Spielzeug oder für Naschwerk versehen.

Oben: Les Premiers Pas (Die ersten Schritte), Gérard Marguerite (1761–1837), Eremitage, St. Petersburg.

Unten: Laufgestell, 19. Jh., Musée des Arts et Traditions Populaires, Paris.

Das angeschirrte Kleinkind

Vom Ende der Aufklärung bis zum Zweiten Weltkrieg verdammten Ärzte, Pädagogen und Philosophen alle Hilfs- und Schutzvorrichtungen. Wie der Wickel, so glaubten sie, behinderten sie die natürliche und harmonische Entwicklung des Kindes. »Sobald sich Kinder von allein bewegen können«, erklärte der Arzt Saucerotte Ende des 18. Jahrhunderts, »ist es ratsam, sie einen Teil des Tages am Boden auf einem Teppich, einer Decke, einer Stroh- oder Binsenmatte oder im Gras, sofern es trocken ist, zu belassen, damit sie sich ungehindert und nach Belieben austoben können. Auch ein kleines Wägelchen, in das man sie hineinsetzt, eignet sich dazu, ihnen Bewegung zu verschaffen. Die Methode, sie sich selbst zu überlassen, damit sie allein lernen, sich aufzurichten und zu laufen, ist weit besser, als sie in Laufgestelle zu stecken oder am Gängelband zu halten. Diese Hilfsmittel schnüren ihnen die Brust ein, bewirken, daß sie die Schultern hochziehen, das Hinterteil rausstrecken, und führen durch die Behinderung, die dieser Druck ausübt, zu einem Blutstau im Kopf. Sobald sie selbst den Versuch machen, werden sie kühner, und sobald sie sich aufrecht halten können, muß man sie anhalten zu laufen, indem man sie reizt oder ihnen in gewisser Entfernung einen lockenden Gegenstand, freilich kein Zuckerwerk, hinhält.« Was den Gebrauch von Fallhüten betrifft, so gingen die Meinungen auseinander. Manch einer glaubte, sie würden den Kindern ein Gefühl der Sicherheit geben. Saucerotte aber hielt dem entgegen: »Ich für meine Person denke, daß diese jungen Wesen, wenn man sie früh ihre Kräfte ausprobieren läßt und darauf verzichtet, ihren Kopf in eine Fessel zu legen, die sie einschnürt und erhitzt, bald genügend Selbstvertrauen gewonnen haben werden, um es allein zu wagen.« Manche allzu vorsichtigen, ängstlichen oder ungeduldigen Ärzte erteilten zahlreiche Ratschläge zur psychomotorischen Entwicklung. Schon ein Kind auf dem Arm zu tragen schade der Gesundheit, unzählige Übel könnten die Folge sein: Verrenkungen, Schäden der Wirbelsäule usw. »Jene gewagten Spiele, bei denen die Ammen die Kinder von einem Arm auf den anderen werfen, führen zu mancherlei Mißbildungen«, erklärte ein unbekannter Arzt. Ein anderer warnte: »Läßt man das Kind zu früh auf seinen Beinchen stehen, so wird es hinken. Dieses Humpeln ist oft zu beobachten, wenn man das Kind in eine Art Weidenkorb einsperrt oder in eine Konstruktion, die gemeinhin als Lauflernstuhl bezeichnet wird, in dem es gezwungen ist, sechs oder sieben Stunden des Tages auf seinen Füßen zu bleiben.« Aber welche Mutter hätte ihr Kleinkind wohl so lange in einem dieser Gestelle gelassen? Schließlich war es sehr viel einfacher, das Kind hinzulegen, sobald es Anzeichen von Müdigkeit zeigte.

Schutz durch Fallhüte

Ein weiterer Arzt empfahl: »Wenn man ein Kind auf dem Arm trägt, muß man darauf achten, den Arm häufig zu wechseln, damit es nicht die Gewohnheit annimmt, sich immer nur zu einer Seite zu neigen, denn das könnte eine Mißbildung der Wirbel und der ganzen Seite, die so gepreßt wird, zur Folge haben.« Manche Ärzte sprachen sich für das Tragen von Fallhüten aus. Diese schützenden, kranzartigen Wülste waren mit dickem Stoff, Pelz oder Stroh gepolstert und wurden wie ein Sturzhelm unter dem Kinn gebunden. Im 18. Jahrhundert behauptete ein »Fachmann«, mit seiner Methode könne ein Kind schon im Alter von vier Monaten allein laufen. »Vierzig Tage nach seiner Geburt soll die Mutter, sobald sie aufgestanden ist, den Säugling frei in ihrem noch warmen Bett herumrollen lassen. Sie soll ihn locken, indem sie ihm aus einiger Entfernung die Brust zeigt; er wird zunächst taumeln, zornig werden, aber bald wird er näherkommen, und zwar um so leichter, je häufiger sie dieses unschuldige Spiel wiederholt. Sie kann ihn auch, wenn er sich an ihren Arm geklammert hat, etwas über den Bettrand heben und ihn zwingen, angesichts einer möglichen Gefahr all seine Kräfte zusammenzunehmen.«

Der mitfühlende Beobachter Des Essarts entschied sich 1760 für eine ganz andere Methode, die er in seinem *Traité de l'éducation corporelle des enfants* (Traktat über die Leibeserziehung der Kinder) beschrieb: »Ist das Kind drei oder vier Monate alt, darf eine vernünftige Amme keinen einzigen Tag verstreichen lassen, ohne es zu lehren, sich auf seinen kleinen Füßen aufrecht zu halten. Die Ausdauer und Fürsorge einiger von ihnen verdient das größte Lob. Wenn das Kind von seinen Windeln befreit ist, stellen sie es auf ihre Knie; und während sie es behutsam in ihren Händen halten, lassen sie es bis zu ihrem Gesicht vorwärts kommen. Jeder kleine Spaziergang endet gewöhnlich mit einem Kuß.«

Das Hinterteil entblößt, das Köpfchen geschützt durch einen Fallhut. Wie man sieht, steht das Zubehör der Kleinkinderpflege im 18. Jh. dem des ausgehenden 20. Jh.s in nichts nach.

Les Premiers Pas de l'Enfance (Die ersten Schritte der Kindheit), Stich, 18. Jh., Bibliothèque Nationale, Paris.

Damit sich das Kind in seiner Haltung vom Tier unterschied und vor der Kälte des Bodens und der Gefahr durch Feuer und Tiere geschützt war, wurde es mit Fischbeingestellen an den Kleidchen und anderen mehr oder weniger ausgeklügelten Geräten in der Vertikalen gehalten.

Oben: Kindertrage aus Strohgeflecht, 19. Jh., Musée des Arts et Traditions Populaires, Paris.

Rechts: Die Kindermagd, Stich, 19. Jh.

Säugling am Nagel

Im Halbdunkel einer Bauernstube, in der Hühner und Schweine umherlaufen, hängt an einer Wand an einem Nagel ein Sack, der nur undeutlich zu erkennen ist. Aber der Sack bewegt sich ... Ein kleines schwankendes Köpfchen lugt daraus hervor. Die Bäuerin hat ihren festgewickelten Säugling hineingesteckt, um ihrer Arbeit nachgehen zu können. So war ihr Kind geschützt vor den Tieren und der Feuchtigkeit des Bodens. Einfache Säcke, Stroh- und Holzkörbe oder Riemen, an der Taille des Säuglings und an einem Nagel befestigt – solche Hängevorrichtungen waren auf dem Lande jahrhundertelang, bis zum Ersten Weltkrieg verbreitet. Aber die Kleinen mußten nicht zwangsläufig über dem Boden hängen. Sobald sie sich aufrecht zu halten vermochten, gab es verschiedene Vorrichtungen, in die man sie stellen konnte: einfache ausgehöhlte, mit Stroh ausgelegte Baumstämme, kleine einfache Stühlchen, die aus vier Holzbrettern gefertigt waren, oder hohe, schmale zylindrische Körbe. Sobald das Kind dann gut stehen konnte, wurde es ausgewickelt und in ein kurzes Kleidchen gesteckt, das ihm Bewegungsfreiheit verlieh. Jetzt hatte es den Drang, sich zu regen, seine Beinchen zu trainieren und Laufen zu lernen. Die verschiedenen Hilfsmittel, die es beengt hatten, waren nun nicht mehr notwendig.

Pflock und Drehkreuz

Allein in der Stube, läuft das Kleinkind wie ein Vogel im Käfig hin und her und beschreibt dabei einen Kreis. Es ist in einem sonderbaren Gerät eingesperrt. An einem großen, am Hauptbalken der Zimmerdecke angebrachten Holzpflock ist eine horizontale Holzlatte mit einem Loch befestigt. In diesem Loch steckt das Kind. Unter den Achseln gestützt, setzt es das Drehkreuz in Bewegung, indem es mit seinen Füßchen strampelt. Der Autor eines Werkes über volkstümliche Geräte zum Laufenlernen rühmte noch 1911 die Vorzüge dieses Gerätes, bevor es selbst in den entlegensten Landstrichen verschwand: »Und oft dreht sich das Kind wie toll umher, fast so schnell wie die Flügel der benachbarten Windmühle! Wer einem solchen Schauspiel zum erstenmal beiwohnt, könnte sich im Zirkus wähnen, in dem ein kleiner verkleideter Affe, am Mittelmast befestigt, sich in der Manege umherdreht. Ein Vergleich dieses Gerätes mit anderen, moderneren ergibt, daß es sich um eine sehr bequeme, wirkungsvolle und vor allem sichere Methode handelt, den Kindern das Laufen beizubringen. Nachteilig ist nur, daß es eine an der Decke befestigte Konstruktion ist, die an schönen Tagen nicht draußen aufgestellt werden kann. Aber hat das Kind nicht das ganze Leben vor sich, um die würzige und gesunde Luft der Wiesen einzuatmen?« Der »Laufzaun« hatte diesen Nachteil nicht; er konnte beim ersten Sonnenstrahl, wenn die Mutter ihren Pflichten nachging, leicht in den Hof getragen werden. Aus zwei parallelen Stangen gezimmert, erlaubte er dem Kind, ein paar Schritte in die eine und in die andere Richtung zu machen. Noch leichter zu transportieren war der Laufstuhl, ein Holzgestell auf vier Rädern, das man

bereits im Mittelalter kannte. Dieses Möbel, das in wohlhabenden Familien aus Mahagoni, bei den Bauern aus grobem Holz gezimmert war, wurde von einer Generation an die nächste vererbt.

Der Triumph der ersten Schritte

All diese Geräte dienten dem Zweck, das Kleinkind sicher zu verwahren und dabei sein Stehen und Gehen zu fördern. Das Kind, das auf allen vieren krabbelte, gab immer noch Anlaß zur Beunruhigung. Wenn es nun so bliebe? Bis in unser Jahrhundert hinein gab es aufgrund von Mangelernährung und Inzucht – die in ländlichen Gegenden noch verbreitet war – viele verkrüppelte und rachitische Kinder. Die ersten Schritte des Kindes bezeugten seinen Sieg über diese Schwächen. Das Kind wurde nicht durch unheilvolle Kräfte daran gehindert, sich aufzurichten. Die Mutter hatte natürlich sorgfältig vermieden, ihm die Fingernägel zu schneiden, es über den Tisch hinweg zu reichen oder sonstige Dinge zu tun, die sich als nachteilig für seine Entwicklung erweisen könnten. Fing ihr Kind zu spät zu laufen an, rieb sie ihm die Beinchen zur Kräftigung mit Butter, Bärenfett oder Urin ein. Nutzte auch das nichts, pilgerte sie mit ihm an einen Ort, wo der Kontakt mit Steinen oder mit dem Wasser von Brunnen, die einem bestimmten Heiligen geweiht waren, bewirken sollte, daß es sich auf seinen Beinchen würde halten können. Die Ungeduld der Mütter, ein in allen Gesellschaftsklassen verbreitetes Phänomen, stieß bei den unterschiedlichsten Ratgebern auf heftige Kritik. Die meisten Werke des ausgehenden 19. und beginnenden 20. Jahrhunderts sprachen sich energisch gegen alle Apparate und Methoden des verfrühten Laufenlernens aus: »Das kleine Kind hat es nicht nötig, daß man ihm das Gehen beibringt, und jede Überforderung seiner Muskeln hat große Nachteile. Diese Frühreife, auf die Mütter so stolz sind, ist nicht ohne Gefahren, und die bösartige Krümmung der Beine, die noch nicht kräftig genug sind, um den Körper zu tragen, ist die am häufigsten anzutreffende Folge der übergroßen Eile, das Kind zum Gehen anzutreiben.«

Drehkreuze, Laufgestelle, Gehschulen: die Väter von einst fertigten all diese Geräte oft von eigener Hand für ihre Kinder an.

Diese Seite von oben nach unten: Drehkreuz; Trage; Gehgestell, Stiche, 19. Jh.

Rechts: Le Tourniquet (Das Drehkreuz), Colin Libour, 1892, Musée des Arts et Traditions Populaires, Paris.

Folgende Doppelseite: Die ersten Schritte, Gaetano Chierici (1838–1920), Galleria di Arte Moderna, Genua.

Die Frischluft-Mode

»Wohin die Sonne nicht kommt, dahin kommt oft der Arzt!« sagt ein Sprichwort. Die Säuglingspflege-Experten rieten dringend dazu, die Kinder an die frische Luft zu bringen. Dieser neue Trend entwickelte sich zu Beginn des 19. Jahrhunderts. In England erhielt der Säugling die nötige Sauerstoffzufuhr sogar nicht nur draußen, sondern auch in seinem Zimmer. Die Fenster der *nurseries* waren meist weit geöffnet, und die Kleinkinder liefen davor auf und ab oder wurden sogar in einem Körbchen am Fensterkreuz aufgehängt. Auch in Frankreich empfahlen die Ärzte, Säuglinge an die frische Luft zu führen. »Außer an Tagen extremer Kälte oder heftigen Regens oder Sturms sind ihnen ausgedehnte Spaziergänge sommers wie winters sehr zuträglich; sie begünstigen ihre Entwicklung und machen ihre Haut frisch und rosig.« »Man muß es sich zur Gewohnheit machen, wenn eben möglich mit den Kindern spazierenzugehen.« Doch die Ärzte stellten genaueste Vorschriften für diese Spaziergänge auf. Sie waren untersagt, bevor das Neugeborene zehn bis vierzehn Tage im Sommer und zwanzig bis dreißig Tage im Winter alt war. Das Kind mußte warm eingehüllt sein und einen Schleier tragen, eine Art Gaze, die es zugleich vor Wind, Staub und Insekten schützte. Es mußte bis zum Alter von drei Monaten einmal, anschließend zweimal täglich an die frische Luft. Bis zum Alter von sechs Monaten sollte es von seiner Amme, deren Körper es wärmte, das Köpfchen an ein kleines Kissen geschmiegt, auf dem Arm getragen werden. Wenn es an Gewicht zuzunehmen begann und aufrecht sitzen konnte, wurde es, eine Flasche mit warmem Wasser an den Füßen, in einen kleinen Kinderwagen gesetzt.

Mit ihren schweren Gestellen und ihren drei manchmal mit einem Metallring eingefaßten Holzrädern waren die ersten Kinderwagen wenig komfortabel. Sie waren bis 1880 in Gebrauch, als sich die vierrädrigen Gefährte durchsetzten.

Links: Säugling im Kinderwagen, Stich, 1886.

Rechts: Parade der Väter, New Jersey, Stich, 19. Jh.

Die Kinderkarosse

Zu Beginn des 19. Jahrhunderts kam bei den Städtern der Spaziergang mit dem Säugling in Mode. Diese für die Gesundheit des Kindes unentbehrliche Bewegung wurde jedoch problematisch, sobald es zu schwer geworden war, um getragen zu werden, aber noch nicht laufen konnte. Für den unerläßlichen täglichen Ausflug mußte also ein praktischeres Transportmittel erfunden werden als die kleinen Holzkarren der Bauern und die luxuriösen Miniaturkarossen, vor die ein großer Hund oder ein Pony gespannt wurde.

1840 öffnete in England die erste Fabrik für Kinderwagen ihre Pforten. Neu an den dort hergestellten dreirädrigen Modellen war, daß sie geschoben und nicht mehr gezogen wurden wie Kutschen. Wenige Jahre später wertete Königin Viktoria das neue Transportmittel mit einer Bestellung von gleich drei Exemplaren für ihre Sprößlinge auf. 1855 notierte Reverend Armstrong in seinem Tagebuch: »Die Straßen von London sind voller Kinderwagen, die mir bisher unbekannt waren und in denen die Babys von ihren Kindermädchen geschoben statt gezogen werden.« Der Kinderwagen machte Furore und wurde bald zum Statussymbol, ebenso wie die *nurse*, die ihn durch die Parks von London schob. In diesen ersten dreirädrigen Wagen aber konnte das Kind nur sitzen, und so mußte es mindestens sechs Monate alt sein, um darin gefahren zu werden.

1876 stellte ein Karossenfabrikant einen vierrädrigen Wagen für seine Enkel her, doch das Gefährt wurde von der Polizei, die es zunächst als Wagen für den Straßenverkehr einstufte, des Bürgersteiges verwiesen. Dieses Problem ergab sich nicht nur in England: In Deutschland mußte man im 19. Jahrhundert einen Führerschein für Kinderwagen erwerben.

Um die Jahrhundertwende waren die ersten vierrädrigen Kinderwagen, die sich auf ihren hohen luftgefüllten Gummirädern wie Rieseninsekten ausnahmen, ein beliebtes Fotomotiv wohlhabender Familien.

Oben: Familie am Strand von Berck, Foto, 1910.

Rechts: Kinderwagen, Foto, 1900.

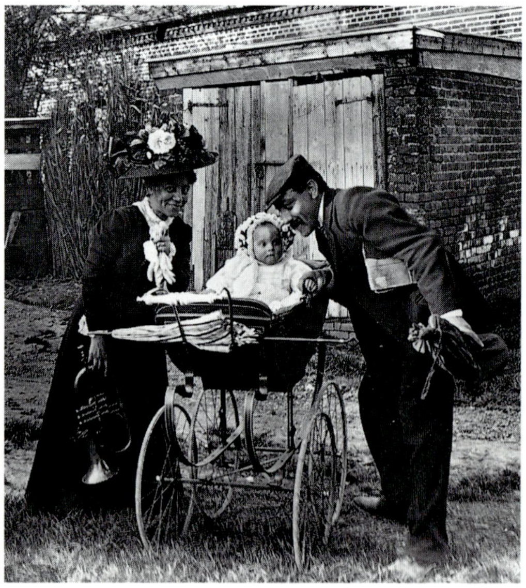

Ein neues Gefährt, das nicht unter diese Vorschriften fiel, wurde 1880 entwickelt. In ihm konnte der Säugling liegen. Ein Gestell und vier Räder wurden unter einem Weidenkörbchen befestigt. Das zerbrechliche und schwer sauberzuhaltende Korbgeflecht wurde Ende des 19. Jahrhunderts durch andere Materialien wie Holz, Pappmaché und Leder ersetzt. In den englischen Großstädten kam es zu einem regelrechten Wettstreit über die Frage, wer den schönsten Kinderwagen vor sich herschob. Der Käufer

konnte damals zwischen Modellen mit hochtrabenden Namen wie Ascott, Albany, Parisien, Dover, Windsor usw. wählen. Wie die Karossen, denen sie nachempfunden waren, konnte man sie sogar mit seitlich aufgemalten Wappen bestellen! Anfang des 20. Jahrhunderts wurden diese Wagen immer aufwendiger, und die Hersteller übertrafen sich gegenseitig in ihrem Einfallsreichtum. Nützliche und eher verrückte Erfindungen kamen auf den Markt: Kinderwagen, die sich in Wiegen, Karren, Schlitten, ja sogar in Schaukeln verwandeln ließen, sowie Wagen mit integriertem Klappsitz für das Kindermädchen.

In dieser Londoner Kirche scheint der Priester seine Messe für eine Versammlung von Babys in Kinderwagen zu zelebrieren, die an öffentlichen Orten nicht immer gern gesehen sind.

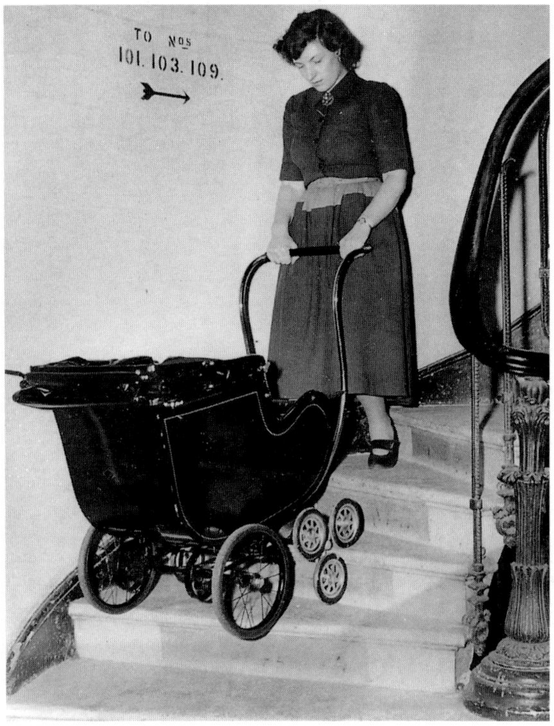

Holzwägelchen und Stahlkinderwagen

In den 20er Jahren traten Eleganz und Luxus der Kinderwagen zugunsten von Sicherheit und Bequemlichkeit in den Hintergrund. Der Kinderwagen diente nicht länger der Repräsentation. Er wurde tiefer, damit das Kind nicht herausfallen konnte, die Räder wurden kleiner, Federung und Verdeck komfortabler. Sie bestanden nicht mehr aus Holz, Leder oder Korbgeflecht, sondern aus dem weitaus robusteren Stahl. Waren die ersten Kinderwagen noch der Karosse nachempfunden, orientierte sich ihr Design im beginnenden Automobilzeitalter an den Autos. Der Stahl machte den Weg frei für die Serienfertigung von Qualitätsware zu erschwinglichen Preisen. In den Parks sah man statt der Kindermädchen immer häufiger die Mütter selbst den Kinderwagen schieben; sie stürzten sich begeistert auf die Neuheiten, die ihnen den Alltag erleichterten. Handbücher rieten den Müttern zu diesen Gefährten, freilich nicht ohne zur Vorsicht zu mahnen. »Nach mehrfachem Üben, den Wagen, ohne das Kind zu erschrecken, die Bürgersteige der Städte hinauf- oder hinabzubefördern, sind Stöße und Unebenheiten zu meiden, die wegen der Erschütterungen, die sie bei ihrem zarten Wesen bewirken, negative Folgen haben können. Man soll immer sehr behutsam gehen. Und schließlich ein letzter Rat an die Kindermädchen: Sie sollen den Wagen nicht einen einzigen Moment aus den Augen lassen; die kleinste Nachlässigkeit kann, vor allem in Paris, zu den schlimmsten Unfällen führen.« In England erfunden, wurde der Kinderwagen Ende des 19. Jahrhunderts auf den Kontinent exportiert, dann kopiert. Heute haben Mütter die Qual der Wahl unter vielen verschiedenen Kinderwagenmodellen. Welch langer Weg wurde seit der noch gar nicht so fernen Zeit zurückgelegt, da es zum Transport der Säuglinge nur den Arm gab!

Lederverkleidung, Sonnenschirmchen, Regenüberzug, Schutzblech, Bremsen: die Stahlkinderwagen kurz nach dem Zweiten Weltkrieg waren regelrechte Kinderzimmer auf Rädern.

Diese Seite: Bauchige und massive Kinderwagen aus der Zeit vor dem Ersten Weltkrieg.

Rechts: Foto von Wayne Miller/ Magnum, 1950.

Wiegen

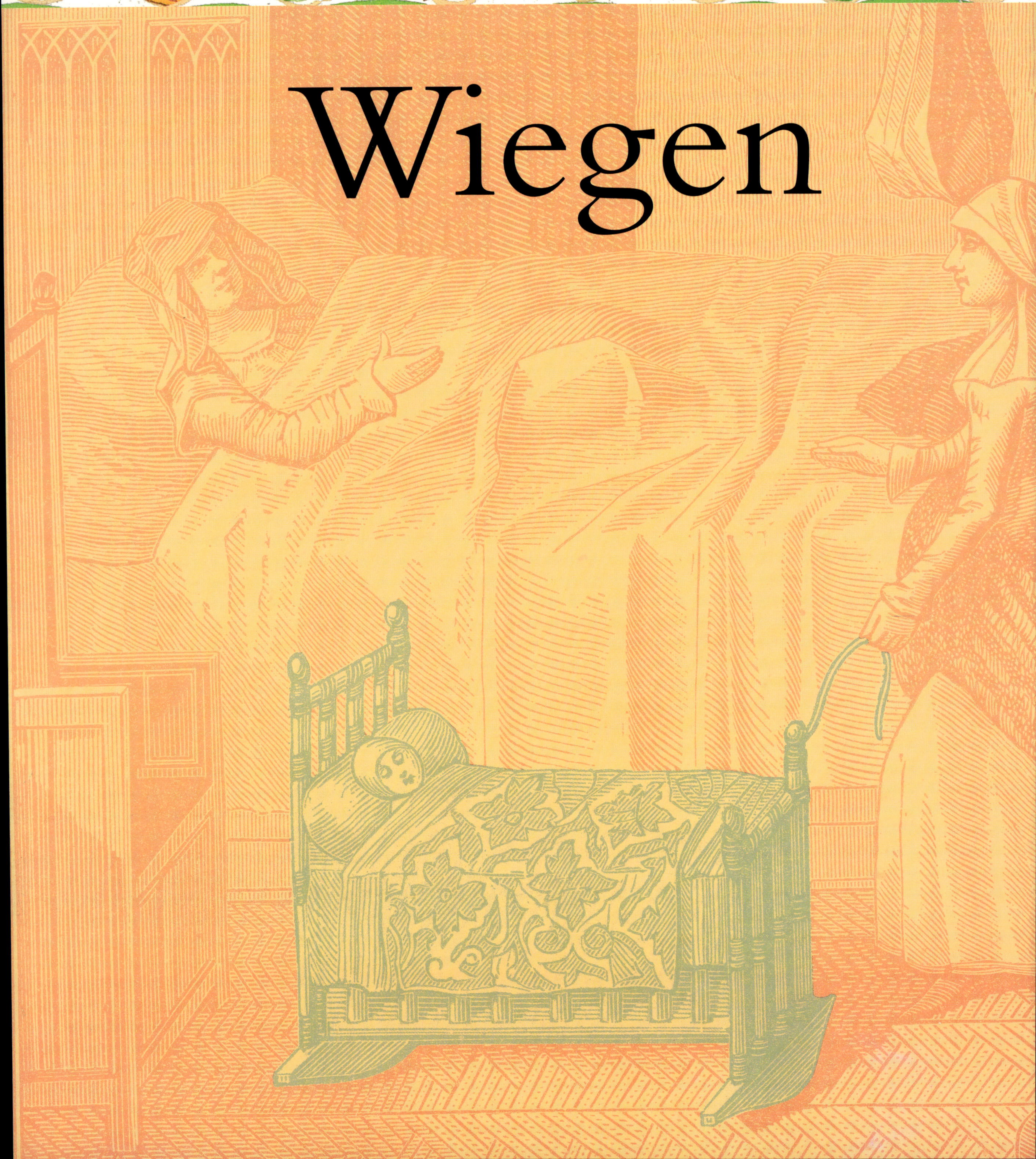

Wiegen aus Tierhäuten, die, an Baumästen aufgehängt, sanft im Wind schaukeln; mit besticktem Musselin verzierte Tischlerarbeiten; Schubladen; Pappkartons; Silberwiegen; Ebenholzwiegen; Weidenkörbe mit Fichtenholzkufen; Trogwiegen; Spieldosen und Laternae magicae zum Vertreiben der letzten Geister der Nacht, Laken aus Hanf oder Flachs... Wer sich mit der Geschichte des Kindermobiliars beschäftigt, lernt die Vielfalt der Wiegen und ihres Zubehörs im Wandel der Zeiten kennen, wird aber niemals wissen, ob die Kleinkinder des Mittelalters mit einem Kuscheltuch am Gesicht eingeschlafen sind. Sicher ist nur, daß die Mütter, allen Warnungen der Ärzte und Moralisten zum Trotz, nie aufgehört haben, ihre Säuglinge zu wiegen.

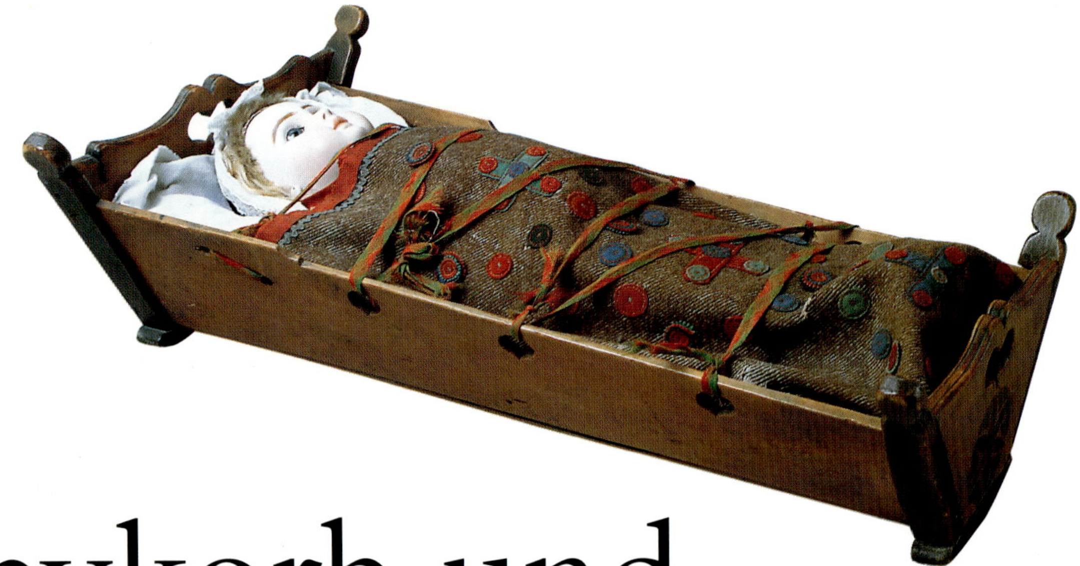

Babykorb und Ständerwiege

Oben: Wiege, 19. Jh., Musée des Arts et Traditions Populaires, Paris.

Unten: Miniatur, 15. Jh., Bibliothèque de l'Arsenal, Paris.

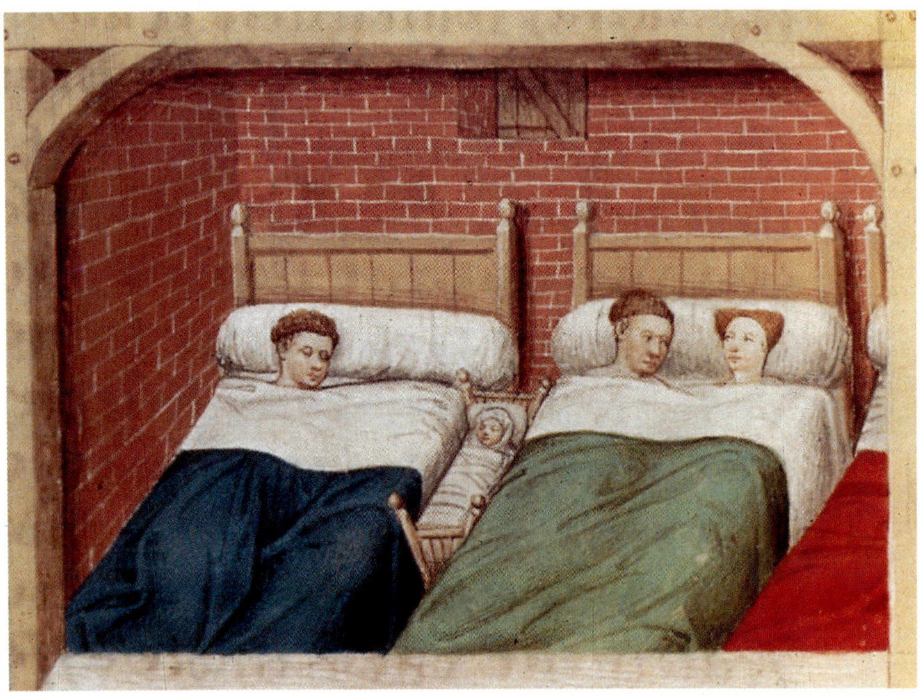

Der Philosoph Platon empfahl, ganz kleine Kinder bei Tag und bei Nacht Schwingungen auszusetzen. In der Antike wurde der Säugling unentwegt gewiegt. Bei den Römern war das Wiegen ein richtiger Beruf, sowohl für Frauen als auch für Männer. Man konnte wählen zwischen einer *cunaria* und einem *cunarius*, so benannt nach der Göttin Cunina, die die bösen Geister, die um das Kind streichen, vertreiben soll. Die Wiegen der Patrizierfamilien wurden mit Mosaiken, Malereien und kostbaren Stoffen geschmückt und mit Blütenblättern bestreut. Zum Auffangen der Exkremente des Säuglings wurde zuunterst ein Schafsfell gelegt. Der Arzt Soranus von Ephesus verblüfft auch hier wieder durch die Modernität seiner Empfehlungen. Er riet, das Neugeborene weder auf zu weiches Material zu betten noch auf zu hartes, wie es bei den Thrakern und Mazedoniern üblich war, die ihre Säuglinge auf flache Bretter legten, damit deren Hals- und Nackenpartie gerade geformt wurde. Die Unterlagen, auf die man das Kind legte, sollten häufig gewechselt werden, um zu vermeiden, daß es sich erkälte oder einen üblen Geruch annehme. Eine Schicht aus Lorbeer- oder Myrtenblättern unter dem Kind verbreite einen angenehmen Duft.

Im Mittelalter ließen Eltern ihren Säugling fast nie schreien. Sein Weinen, so glaubten sie, gefährde seine Gesundheit, löse Krämpfe aus und ziehe das Böse an.

In einer Welt ohne künstliche Beleuchtung, in der die Nächte vollkommen finster waren, empfanden die Erwachsenen zu den Kindern und ihren nächtlichen Ängsten, die sie zweifellos teilten, vielleicht eine größere Nähe. Außerdem wiegten die Mütter ihren Säugling bei Tag und bei Nacht – selbst dann, wenn er nicht weinte. In der volkstümlichen Malerei gibt es unzählige Darstellungen von Müttern, die Wolle spinnen und gleichzeitig mit dem Fuß die winzige am Boden stehende Wiege in Bewegung halten. Hat sie ihr Werk beendet, erhebt sich die Mutter, nimmt die Wiege unter den Arm und begibt sich zur Feldarbeit. Die handlichen und eher leichten Wiegen waren hauptsächlich tagsüber in Gebrauch, nachts zog die Mutter es vor, ihr Kind, solange es noch nicht entwöhnt war, in ihrem Bett zu haben. So konnte sie es stillen, wärmen und beruhigen. Unter dem Vorwand, die Kinder könnten erdrückt werden, übte die Kirche Kritik an diesem Brauch. Deshalb ließen die Mütter ihren Säugling, wenngleich widerstrebend, auch nachts in seiner Wiege liegen, aber ganz nahe neben ihrem Bett oder darüber hängend. Und wenn dem Kind in der Nacht ein Unglück geschah, war die Wiege schuld. Doch dieses kleine Möbel war wie eine Schutzhülle konstruiert und der Form des fest gewickelten, wie eine Mumie in ihrem Sarkophag liegenden Säuglings angepaßt. Seitlich waren in die Wiege Löcher eingelassen, durch die man (meist rote) Bänder wie Schnürsenkel ziehen konnte, um zu verhindern, daß der Säugling herausfiel.

Die Wiege, in der das Kind sorgfältig verschnürt war, hatte keinen festen Platz im Haus, es sei denn zu Füßen eines Erwachsenen, der es hütete und ihm Gesellschaft leistete.

Hl. Ambrosius, Michael Pacher (1434–1498), Alte Pinakothek, München.

Das Wiegenverdeck wurde Mitte des 15. Jh.s erfunden. Zum Schutz des Säuglings vor zu grellem Licht, vor Luftzug oder Insekten diente ein Tuch.

Holzstich, 15. Jh.

Kästen, Körbe und Fässer

Im Mittelalter waren die Wiegen vielfältiger geworden und variierten je nach Region und Gesellschaftsschicht: Es gab Wiegen in Form eines Troges, der aus einem ausgehöhlten Baumstamm bestand; Kästen, die der Vater in seinen Mußestunden aus Holzbrettern zimmerte und mit einfachen, schutzbringenden Motiven aus wenigen roten Pinselstrichen versah; aus Weidenruten geflochtene Körbe; Halbfässer (im Mittelalter wurden Fässer nicht nur für den Weinbau gefertigt!); geflochtene Kiepen-Wiegen mit Lederriemen für lange Reisen; Prunkwiegen für Fürstenfamilien, an denen Handwerker und Künstler monatelang arbeiteten… Das Bauernkind in seinem Apfelkorb wurde ebenso wie der königliche Säugling unter dem Baldachin seiner vergoldeten Wiege ausgiebig gewiegt. Oft waren die Wiegen aus wohlriechendem und nichtfaulendem Nadelholz – Tanne, Lärche, Zypresse – gefertigt. Dieses Holz war leicht zu finden und zu bearbeiten und widerstandsfähig gegen Säuglingsurin; außerdem galt sein Harzgeruch als wohltuend für die Atemwege. Die Fürstenwiege war oft aus Ebenholz hergestellt, das damals äußerst rar und kostbar war und dem schützende Wirkung nachgesagt wurde; vor allem, so glaubte man, helfe seine dunkle Färbung dem Kind, die Angst vor der Dunkelheit zu überwinden. Für die weniger begüterte Familie erfüllte ein einfaches, an der Wand befestigtes Stück Ebenholz den gleichen Zweck.

Strohsack und golddurchwirktes Laken

Auch das Bettzeug des Säuglings variierte je nach Gesellschaftsschicht. Selbst wenn die Wiege einen mit Löchern versehenen Boden besaß, mußte die Schütte aus Weizen-, Roggen- oder Haferspreu häufig gewechselt werden. Ein Laken aus Hanfleinwand oder Wolle lag über der Schütte. Eine Bettdecke war ein kostspieliger Gegenstand, deshalb schliefen die Eltern ärmerer Bevölkerungsschichten zusammen mit ihrem Säugling. Die Adelsfamilien indes konnten ihre Sprößlinge mit prächtigen golddurchwirkten Laken bedecken, die mit Hermelin gefüttert waren. Die jungen Fürstenkinder hatten sogar eine *remueuse*, *rocker* oder Wiegenfrau, die eigens für diese Tätigkeit engagiert wurde. Manche Säuglinge schlummerten zu den Klängen von Harfen, Oboen oder Flöten ein. Wiegenlieder aber bekamen alle Kinder zu hören, und die Bauersfrau in Frankreich sang ihrem Säugling leise vor: »Petite sainte Marguerite, endormez-moi mon enfant, jusqu'à l'âge de quinze ans ...« Warum soll die hl. Margareta das Kind bis zum Alter von 15 Jahren in den Schlaf singen? Lauerten in der Kindheit allzu große Gefahren, die man meistern, zu viele Sorgen und Mühen, die man bewältigen mußte? Wenn der Vater auch die Wiege zimmerte, so spielte er doch beim Wiegen selbst keine Rolle: Diese Beschäftigung war nach der Antike ausschließlich den Frauen vorbehalten. Dessen ungeachtet ist in vielen Texten, Erzählungen, Legenden und Gedichten überliefert, daß der Vater das Kind zwar nicht wiegte, daß er sich aber durchaus gelegentlich, gleichsam heimlich, bei Nacht über die Wiege beugte. Eine altfranzösische Verserzählung berichtet von einem Vater, der sich im Dunkeln erhob und im Vorübergehen den Säugling streichelte, um zu sehen, ob mit ihm alles in Ordnung ist. »Er hatte es sich angewöhnt, nachts, wenn er einen Druck auf der Blase verspürte, zunächst nach der Wiege zu tasten.«

Im 15. und 16. Jahrhundert wurden die Säuglinge von arm und reich weiter gewiegt, auch wenn dieser Brauch von verschiedenen Seiten angegriffen und, um die allzu derben Ammen anzuprangern, behauptet wurde, die Milch im Bauch des Säug-

Oberes Bild: Prinz Federico von Urbino, Federico Barocci (1526–1612), Galleria Palatina, Florenz.

Unteres Bild: Prinz Leopold von Medici, Tiberio Titi (1573–1627), Galleria Palatina, Florenz.

Im Jahrhundert der Aufklärung kam das Wiegen in Mißkredit. In *Emil* behauptet Jean-Jacques Rousseau, es könne das Kind entstellen.

Louis-Philippe au berceau (Louis-Philippe an der Wiege), Nicolas Lépicié (1735–1784), Sammlung des Monseigneur le Comte de Paris, Paris.

lings geronne und sein Gehirn werde erschüttert. Der Arzt Simon de Vallambert aber riet den Müttern, »das Kind in den Schlaf zu wiegen und ihm dabei leise vorzusingen«. Er fuhr fort: »Zum Einschlafen gibt man in die Nase des Kindes ein wenig Veilchen- oder Rosenöl, mit etwas Lattichsaft vermischt, fügt Dillöl hinzu und reibt seinen Hinterkopf mit dem Öl von Mohn oder Seerosen ein, dem man bisweilen ein Körnchen Opium hinzufügt.« Er bestand darauf, daß das Kind nicht zu fest zugedeckt werde und die Luft im Raum nicht zu warm sei, denn: »Als Kind im Mutterleibe von allzu großer Wärme geängstigt, verlangt es nach Kühle und frischer Luft. Hat es den Mutterleib also verlassen, ist es ein großer Fehler, es so eingepfercht zu halten, als wolle man es wieder hineinzwängen.« Denjenigen, die behaupteten, das Wiegen sei schlecht für die Verdauung, widersprach er: »Das sanfte und regelmäßige Wiegen regt die Wärme zur Verdauung der Milch an, läßt sie in den Magen herabfließen und macht schläfrig (...).«

Sanfte Stöße

In der Renaissance verschwanden die großen Behänge, die das Elternbett und sicher auch die kleine Kinderwiege eingehüllt hatten. Diese wurde nun mit einem Verdeck und später mit kurzen Vorhängen zum Schutz des Säuglings versehen. Im 18. Jahrhundert erklärten fortschrittliche Ärzte, wie segensreich das Wiegen für das Kind sein könne, weil es durch die Bewegung an das Dasein im Mutterleib erinnert werde. »Da der Fötus, im Schoß seiner Mutter an der Nabelschnur hängend, sich leicht in alle Richtungen dreht, während die Mutter sich bewegt, müsse, so hat man nicht zu Unrecht vermutet, eine ähnliche Schaukelbewegung den Neugeborenen gefallen. Die tägliche Erfahrung lehrt uns, daß sich Kinder mit übelster Laune beruhigen und in süßen Schlummer fallen, wenn sie sanft gewiegt werden«, bemerkte der Arzt van Swieten. Sein Kollege Johann Peter Frank ging in seiner Argumentation zugunsten des Wiegens sogar noch weiter: »Zwar verschafft diese Bewegung, die nicht nur den Nutzen gewährt, daß durch die gelinde Erschütterung des Körpers demselben Stärke und Festigkeit mitgeteilt wird, sondern auch durch das Wehen der Luft die Lungen stärker und kräftiger ausgedehnt und, außer diesem noch, die mannichfaltigen Säfte durch das vollere und tiefere Luftschöpfen und Atemholen in den äußersten Enden der Schlagadern erschüttert und zur Bewegung gezwungen

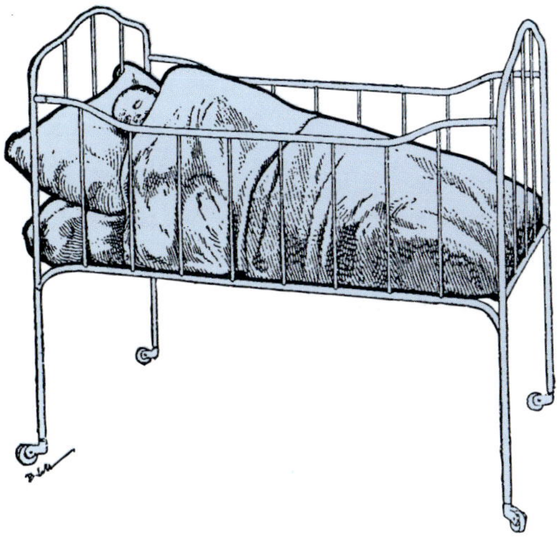

werden, manche Vorteile.« Eine ablehnende Haltung vertrat er dagegen gegenüber der weitverbreiteten Praxis, das Kind an den Genitalien zu kitzeln, was dazu führe, daß in ihm schon im frühesten Alter die Wollust geweckt werde. Ebenso lehnte er die Gewohnheit ab, Säuglingen Opium oder ein anderes Rauschmittel zu verabreichen, um sie zum Schlafen zu bringen. Manche Ärzte fanden das Wiegen gesundheitsfördernd, andere hielten es für eine gefährliche Gepflogenheit: »Nach dieser heftigen Bewegung ist der Schlaf des Kindes weniger als wirklicher Schlummer denn als eine Betäubung zu erachten, ähnlich der, die man einem Huhn zufügt, das man dreht, nachdem man ihm den Kopf unter die Flügel gesteckt hat. Das Blut und die Säfte stauen sich im Kopf, pressen die Hirnmasse zusammen und bewirken durch diesen Druck keinen eigentlichen Schlummer, sondern vielmehr einen leichten Schlaganfall«, erklärte Des Essarts. Das Kind zu wiegen war für ihn gleichbedeutend mit einem forcierten Schlaf.

Doch er wies auf eine noch schlimmere Gefahr als das Wiegen hin – das gemeinsame Schlafen zweier Menschen verschiedenen Alters und unterschiedlicher Konstitution: »Immer schon haben Ärzte versucht, erschöpfte und matte Körper wiederzubeleben, indem man sie mit anderen, jungen Körpern in ein Bett legte, die sich guter Gesundheit erfreuten. Wir haben bei mehreren kleinen Kindern, die es gewohnt waren, mit ihren Großvätern oder Großmüttern oder ihren Gouvernanten zu schlafen, feststellen können, daß die Seite ihres Körpers, die ihrem Bettnachbarn am nächsten lag, schwächer, blasser und magerer als die andere war.«

Pro oder contra Vorhänge und Spitzen – eine Frage, die Ende des 19. Jh.s zwischen Ärzten und Bürgerfamilien hitzig debattiert wurde.

Oben: Stich, 20. Jh.

Unten: Postkarte, 1914.

Folgende Doppelseite: Le Nouveau-Né (Das Neugeborene), Eugène le Roux (1833–1905), Musée des Beaux-Arts, Rennes.

Eisenbetten und Vorhänge

Jahrtausendelang hatten Mütter ihre Kinder in aller Ruhe gewiegt. Doch im 19. Jahrhundert kamen diese leichten, sanften Bewegungen sowie die gesummten Schlummerlieder in Mißkredit. Der Säugling schien plötzlich ein berechnendes und launisches Wesen geworden zu sein, das möglichst früh zu dressieren war. Die Vertreter der Säuglingspflege ergriffen jetzt Partei für die Eltern und versuchten die unerträgliche Sklaverei abzuschaffen, in die diese geraten waren. »Die beste Wiege ist die, die man nicht wiegen kann«, ließ sich Professor Pinard vernehmen, dem doch das Wohlergehen der Säuglinge am Herzen lag. »Welches auch das Vermögen sein mag, über das Sie das Glück haben zu verfügen, so kann doch nichts daran ändern, daß eine Wiege, die wiegt, eine gute Wiege ist«, predigte dagegen ein anderer Arzt. Und ein dritter meinte wiederum: »Das Wiegen ist ein bei den Ammen sehr beliebter Brauch, mit dem sie ihr

Kind leichter beruhigen können. Diese Gewohnheit sollte besser aufgegeben werden, denn das ans Wiegen gewöhnte Kind kann darauf nicht mehr verzichten. Es wird süchtig danach, und nichts vermag zu beweisen, daß diese schwankende, oft wiederholte Bewegung nicht schädlich für das in diesem Alter so empfindliche Nervensystem ist.«

Bei all seinen strengen Vorschriften ist das 19. Jahrhundert doch auch das Zeitalter der Hygiene, wovon die Säuglinge durchaus profitierten. Die Ärzte predigten den Müttern immer wieder, das Schlafzimmer der Kleinen häufig zu lüften, »Alkoven zu meiden, die Sammelbecken für giftige Ausdünstungen sind«, das Kind nicht unter mehreren dicken Decken zu begraben und das Bett aus Eisen einer hölzernen Wiege vorzuziehen, die oft von Flöhen und Wanzen heimgesucht werde. Die kleinen Eisenbetten könnten ausgewaschen und sogar abgeflammt werden. In den Büchern über Säuglingspflege gab es zahlreiche Empfehlungen zur Beschaffenheit der Matratzen, die damals aus mehreren Strohsäcken bestanden: Leinensäcke gefüllt mit Roßhaar, Tang, Haferspreu, Farnwedel, deren gröbste Stengel man entfernt hatte und die im Kinderbett angenehm dufteten. Diese Unterlagen mußten indes häufig gewechselt werden, denn die meisten Ärzte rieten noch von undurchlässigen Stoffen oder Wachstüchern ab, die in ihren Augen der Gesundheit abträglich waren. Auch Vorhänge boten Anlaß zu hitzigen Debatten. Ein Arzt aus jener Zeit hätte sie gern erlaubt, wenn er sicher hätte sein können, »daß diese Vorhänge aus einem feinen, geschmeidigen Stoff bestehen, durch den die Luft passieren kann. Oft aber machen sie die Wiege gleichsam zu einem Katafalk; sie bestehen aus mehreren Schichten und sind dick, und um das Kind zu gewahren, das sie verbergen, muß man eine Menge Musselin und andere, noch sperrigere Gewebe zur Seite schieben.« Eine Ärztin empfahl eine Decke aus flauschiger gestrickter Wolle. Im Winter wurden mit warmem Wasser gefüllte Keramikkugeln mit einem Tuch umhüllt und in die Wiege gelegt, um das Kind zu wärmen.

Vor der Erfindung gummierter Stoffe wurden die Wiegen mit Meer- oder Flußwasser gereinigt.

Oben rechts: Stich, 19. Jh.

Rechts: Wiegenkorb aus Weidengeflecht, Musée des Arts et Traditions Populaires, Paris.

Links: Jeune Mère (Junge Mutter), Jacques Hamelin, Musée des Beaux-Arts, Le Havre.

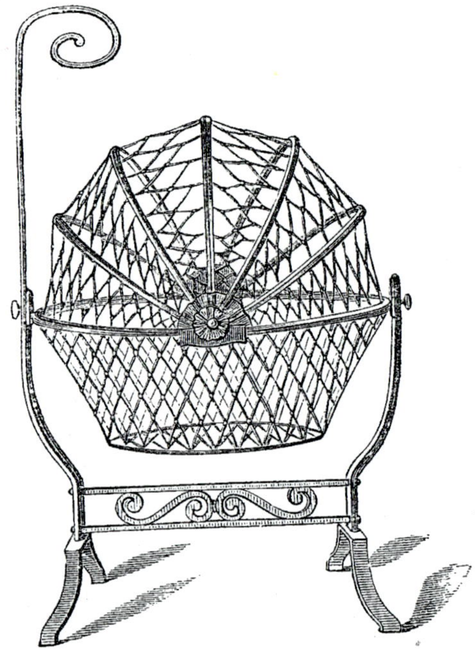

»Mein Kind ist ein Engel,
Gott hat es mir gegeben,
Ich verdiene es nicht.
Man hat mich aufgefordert,
es zu verkaufen,
Engel des Himmels.
Er ist unbezahlbar.«

Portugiesisches
Wiegenlied

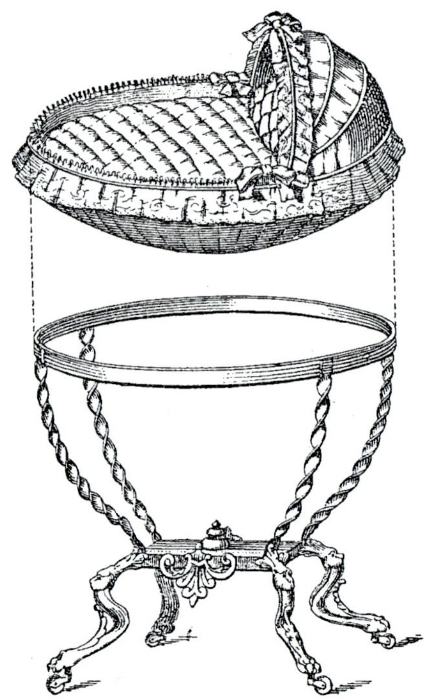

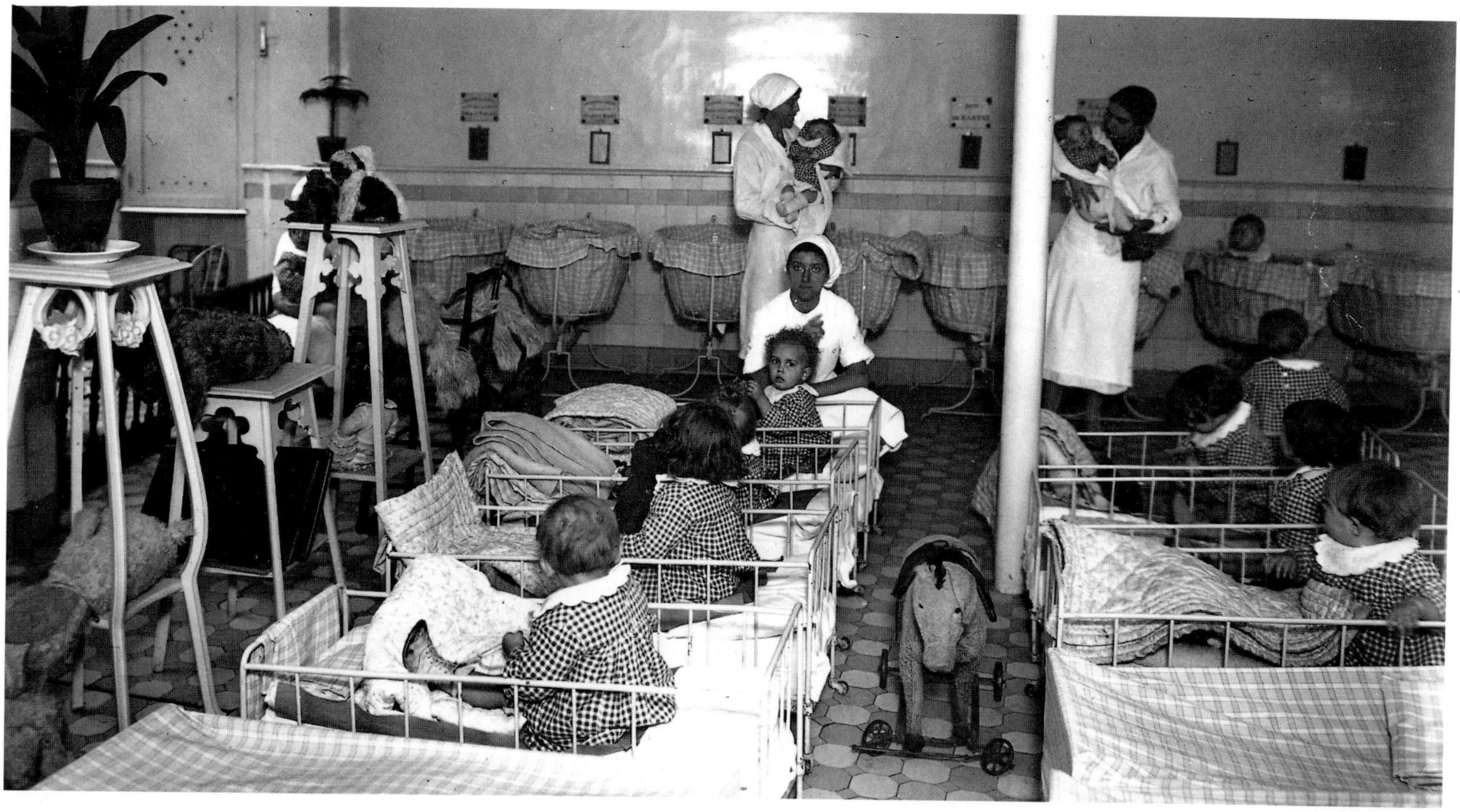

Die Streuwiege

Verschiedene Autoren verwiesen auf eine neuartige Methode, die darin bestand, den Boden der Wiege mit Kleie zu füllen. »Ein Hektoliter genügt, für die meisten Wiegen sind dreißig bis vierzig Liter ausreichend«, präzisierte einer von ihnen. Die Kleie wurde durch Erhitzen im Backofen sterilisiert. Die Amme entfernte täglich, was beschmutzt war: Alle flüssigen oder festen Exkremente ballen sich zusammen und sind leicht zu beseitigen. Das Kind war vom Nabel abwärts nackt. Es trug nur ein Hemdchen und ein Jäckchen und konnte frei mit den Beinchen strampeln. Es konnte aber nicht – wie von einigen befürchtet – in der Kleie versinken. Die Ärzte mußten zugeben, daß diese Methode nicht ohne Nachteile war: Wenn man das Kind herausnahm, verstreute man zwangsläufig ein wenig Kleie um die Wiege, und an der Haut des Kindes blieben Spuren haften. Diese Methode konnte auch nur im ersten Lebensjahr praktiziert werden; in fortgeschrittenerem Alter hätte das Kind mit der Kleie gespielt, sie überall hingeworfen oder in den Mund gesteckt. »Diese äußerst sparsame Art der Aufzucht, die in der Normandie verbreitet ist, mag für ärmliche, wenig pflegliche Familien angemessen sein, wo das Kind sonst Gefahr laufen würde, in unsauberen Windeln zu verkommen«, folgerte ein Arzt herablassend. In Wirklichkeit blieb diese Methode eher die Ausnahme.

Oben: Krippe, Foto, 20. Jh.

Seite 200 links: A la crèche (In der Krippe), Jean Geoffroy, Musée de l'Assistance Publique, Paris. *Seite 200 oben:* Wiege mit Eisengitter, Stich, 20. Jh. *Seite 200 unten:* Abnehmbares Wiegenkörbchen, Stich, 20. Jh.

Unten: Kleine Matratze zum Tragen des Kindes, Stich, 20. Jh.

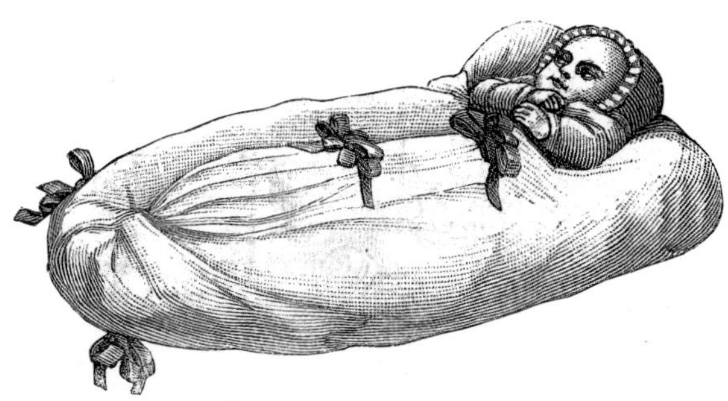

Die Säuglinge, die nacheinander die Familienwiege benutzen, sind ein Zeichen von Wohlstand. Es ist gefährlich, dieses Möbel leer herumzutragen, ohne es mit einem Tuch zugedeckt zu haben – etwas Unheilvolles könnte sich darin niederlassen.

Diese Seite: Stiche, 19. Jh.

Erst seit wenigen Jahren empfehlen die Kinderärzte, den Säugling auf den Rücken zu legen; im ganzen 19. Jahrhundert wurde dringend davon abgeraten, das Kind in der Rückenlage zu belassen. Es hieß, man solle es abwechselnd mal auf die eine, mal auf die andere Seite betten. Aber wehe den achtlosen Eltern, die es immer auf derselben Seite liegen ließen. Pinard warnte: »Ihr kleiner Kopf ist weich, und wenn er immer auf derselben Seite ruht, wird er plattgedrückt. Viele Erwachsene haben ein schiefes Gesicht, weil man sie in ihrer Kindheit immer auf dieselbe Seite gelegt oder auf derselben Seite getragen hat.« Manchmal bestand das Kind selbst darauf, immer die gleiche Position beizubehalten. Eine Ärztin empfahl: »Setzen Sie ihm ein Mützchen auf, oder legen Sie ihm einen Gurt um, bei dem auf der Seite, auf die das Kind sich nicht drehen soll, ein dicker Knopf befestigt ist. Oder stellen Sie die Wiege auf die andere Seite, so daß es sich drehen muß, wenn es das Zimmer betrachten will.« Manche Ärzte zogen Wiegenkörbchen vor, weil man das Kind damit transportieren konnte, ohne es aus seinem Bettchen zu nehmen. Diese Meinung wurde von vielen geteilt, »weil damit vermieden wird, daß der Säugling eine schlechte Haltung auf dem Arm einnimmt«. Aus Gründen der Hygiene und wegen seines zarten Knochenbaus wurde empfoh-

len, den Säugling so wenig wie möglich zu berühren. Andere Ärzte wetterten gegen diesen befremdlichen Rat: »Man soll den Säugling, wenn er aufwacht, niemals auf dem Rücken in seiner Wiege lassen, sondern ihn in aufrechter Haltung auf den Arm nehmen.« Aber Vorsicht: »Wenn wir ihn aus der Wiege heben wollen, so hüten wir uns davor, es zu tun, wenn er weinend danach verlangt, denn das würde nur zu einer verhängnisvollen Gewohnheit führen.« Während die Ärzte die Säuglingspflege in eine Art Drill verwandelten, waren die Erfinder bereits dabei, eine mechanische Wiege zu entwickeln. Früher soll es einmal Wiegen gegeben haben, die, um sie zum Schaukeln zu bringen, an Kuhschwänzen befestigt wurden. 1781 ließ ein Engländer sich eine Wiege einfallen, die an den Mechanismus eines Drehspießes gekoppelt war. Später wurden andere Techniken entwickelt, die an Mühlräder oder Uhrgetriebe angeschlossen waren. In einem englischen Lexikon von 1830 ist die erste technische Beschreibung einer Wiege zu lesen, die 45 Minuten lang für ein sanftes und sehr gleichmäßiges Wiegen sorgte. »Viel zu gleichmäßig!« bedauerte ein Arzt, der dem Wiegen per Hand den Vorzug gab.

Schlingern, Stampfen und Vibrieren

Ein deutscher Autor, Friedrich von Zglinicki, beschreibt in seinem Buch *Die Wiege*, wie der im 16. Jahrhundert erfundene Stubenwagen der Wiege seiner Meinung nach den Todesstoß versetzte. Anfangs ähnelte er einem kleinen Karren, wurde aber nie draußen benutzt. In ihm konnten die Kinder im Haus herumgefahren oder mit einer Hin- und Herbewegung, die nach Ansicht einiger Ärzte dem angeblich seekrank machenden Schaukeln der Wiege ähnelte, zum Schlafen gebracht werden. Mitte des 19. Jahrhunderts eroberte der Kinderwagen das Freie, und die neue, durch das Rollen entstandene Art des Wiegens schien die Säuglinge genauso zum Schlafen zu bringen wie das Schlingern der Wiegen.

Um ihre Kinder zu beruhigen, konnten die Mütter ihnen auch Wiegenlieder vorsingen. In Frankreich beschworen diese Lieder oft die Gefahren und den Tod des Kindes. »Chabri chabra, mon p'tit cœur est malade (Heia, popeia, mein kleines Herz ist krank), chabri chabra peut-être qu'il mourrira (heia, popeia, vielleicht wird es sterben), chabri chabra peut-être qu'il guérira (heia, popeia, vielleicht wird es wieder gesund) …«, lautet eines von ihnen. Aber diese oft traurigen und mutlosen Lieder erzählten nicht nur von der Angst der Mutter vor den Gefahren, die dem Säugling drohten, sie enthüllten auch Verzweiflung und zwiespältige Gefühle einem Kind gegenüber, das nicht immer erwünscht war. Solche Wiegenlieder beschwichtigten Mutter wie auch Kind und versöhnten sie miteinander. Außerdem waren sie eine Möglichkeit,

»Schlaf, mein Kindlein süße,
Ich wieg dich mit den Füßen,
Ich wieg dich mit dem gelben Schuh,
Kindchen, tu die Augen zu.
Schläfst du süß, das wird dir frommen,
Die lieben Englein zu dir kommen.
Die sollen dich bewahren,
Mög dir nichts widerfahren.«
Wiegenlied, 19. Jh.

Oben: Deckblatt eines Notenhefts mit Kinderliedern, Anfang des 20. Jh.s.

Folgende Doppelseite: Le Berceau (Die Wiege), Auguste Pinchart, 1887, Musée des Beaux-Arts, Fécamp.

Vorwürfe, Ermahnungen und Zärtlichkeit zum Ausdruck zu bringen. Experten behaupten, daß der Rhythmus der Wiegenlieder, ihre skandierten Worte, ihr sanfter, pendelnder Takt dem Säugling das Pochen des mütterlichen Herzens im Mutterleib in Erinnerung bringen sollte. Heute gibt es Eltern, die dem Säugling zum Einschlafen Aufnahmen von einem schlagenden Herzen vorspielen.

Der verbannte Säugling

Zuerst wurde der Säugling aus dem Elternbett, dann aus dem elterlichen Schlafzimmer verbannt und schließlich auch noch seiner kleinen Wiege beraubt. Der Nuckel, ein Knoten, der aus einem alten Wäscheteil hergestellt und häufig in Wein eingetaucht wurde, sowie der Sud aus Mohn waren verboten worden, aber auch der harmlose Schnuller oder der Daumen. Die Mütter hatten Text und Melodie der alten Wiegenlieder mittlerweile vergessen. Das kleine Menschenkind hat lernen müssen, allein in seinem Zimmer zu schlafen. Was ist nur geschehen, daß ein solches Unglück über diesen gleichzeitig immer verwöhnteren Winzling hereinbrach? Sein Zimmer ist voll mit bunten Mobiles, Lernspielzeug, verschiedensten Geräten, die verhindern, daß er sich stößt oder die Finger einklemmt. Zunächst einmal – und das ist zweifellos einer der Hauptgründe für den größer gewordenen Abstand – ist sein Leben nicht mehr in Gefahr. Als seine Überlebenschancen noch gering waren, hatte die körperliche Nähe zur Mutter eine wichtige Schutzfunktion (heute versucht man, das Leben von Frühgeburten unter anderem auch durch regelmäßigen Körperkontakt mit der Mutter zu fördern). Die Hygienewelle, das neuerliche Verlangen der Eltern nach Intimität, der höhere Lebensstandard, die Erkenntnisse der Psychologen und Psychoanalytiker, die Zwänge des modernen Lebens, die Berufstätigkeit der Mütter haben ein übriges getan. Das Baby muß vom dritten Monat an seine Nächte allein zubringen. Was der Grund dafür sein mag, daß eine wachsende Zahl von Kindern unter Schlafstörungen leidet.

Aber wie viele Eltern schleichen nicht trotzdem, nachdem sie eine Menge Geduld aufgebracht haben, auf Zehenspitzen zurück zum Kinderbettchen, um voller Stolz ihren friedlich schlafenden Sprößling zu betrachten? Und wer genießt nicht den Moment, wenn das Baby, entzückt, einfach da zu sein, die Augen in seiner Wiege aufschlägt. 1760 riet Des Essarts der Mutter beim Aufwecken ihres Säuglings: »Zunächst soll sie langsam sein Bettchen bewegen, seine Händchen liebkosen, um ein Kitzeln, ein sanftes Kribbeln hervorzurufen, das ihn in fröhliche Stimmung versetzt. Wenn er dann die Äuglein öffnet, soll sie ihm ein lachendes Gesicht präsentieren und kann sicher sein, daß er zurücklächelt.«

Verstehen

Das 20. Jahrhundert ist das des Säuglings: Er wird beobachtet, analysiert und psychoanalysiert. Ärzte, Psychologen und Wissenschaftler, aber auch Industrie und Werbung widmen ihm ihre ganze Aufmerksamkeit, nicht zu vergessen seine Eltern, für die der kleine Liebling im Mittelpunkt steht. Doch die Liebe zum eigenen Kind ist beileibe kein Phänomen der Neuzeit.

»Das Baby ist eine Person«

Stammbaum, Buchmalerei, 15. Jh., Bibliothèque Nationale, Paris.

Im antiken Rom hatte der Vater bis Ende des 4. Jahrhunderts das Recht, über Leben oder Tod seiner Kinder zu entscheiden. Es war nicht ungewöhnlich und vollkommen legal, daß man Kinder aussetzte oder tötete. Sofern sie die Mittel dazu hatten, übergaben die Römerinnen ihre Kinder zum Stillen einer Amme. Vieles deutet darauf hin, daß sowohl die Eltern als auch die Gesellschaft jener Zeit Säuglingen gegenüber eine gewisse Gefühlskälte an den Tag legten. Aber wie fügen sich in dieses Bild die ergreifenden Inschriften auf den Gräbern von römischen Kleinkindern, aus denen man ihr Alter und ihre Vorzüge erfährt und in denen ihr Verlust bitterlich beklagt wird? Auch bei einigen antiken Autoren läßt sich durchaus ein Interesse für die Neugeborenen erkennen. So beschrieb z.B. Soranus von Ephesus detailliert, wie man die Säuglinge pflegen soll, und betonte die Bedeutung sanfter Gesten und das Bemühen, das weinende Kleinkind durch »Liebkosungen, Geplauder und sanftes Singen« zu beruhigen.

Zärtlichkeit im Mittelalter

»Denn man muß sie wickeln
Und behutsam ankleiden,
Wiegen, säubern und sie erfreuen,
Sie tragen, ihnen vorsingen und sie erneut erfreuen
Und die Laken wechseln
Und sie mit weichem Fell bedecken«,

deklamierte der Dichter Eustache Deschamps im 14. Jahrhundert. Diese alltäglichen Verrichtungen und die zahlreichen Rituale zum Schutz und zum Wohlbefinden des Säuglings zeugen von echter Fürsorge. Ein Kind, das weinte, wurde, ganz gleich ob bei Tag oder Nacht, von der Mutter an die Brust gelegt, damit es sich beruhigte. Kinder wurden häufig auf den Arm genommen und geküßt.

Im Mittelalter war der Kuß, bei Erwachsenen wie bei Kindern, eine rituelle Schutzgeste, aber auch ein Zeichen zärtlicher Mutterliebe. Und wie verhielt sich der Vater im Mittelalter seinen Kindern gegenüber? Häufig fühlte er sich durch das Geschrei der Säuglinge und die schmutzigen Windeln gestört. »Gibt es einen Mann, der – in das Studium der Hl. Schrift und der Philosophen vertieft – in der Lage ist, das Geschrei des Säuglings, den beruhigenden Gesang der Amme und die ständige Unsauberkeit von Kleinkindern zu ertragen?« erkundigt sich Heloise bei Abaelard, der sie heiraten will. »Kleinkinder sind gleichbedeutend mit Geschrei, Schmutz, Unannehmlichkeiten und Sorge«, hieß es noch im *Le Miroir du Mariage* von Eustache Deschamps. Vorausgesetzt, die Mutter kümmerte sich um all diese Dinge, kam es vor, daß der Vater mit dem Säugling spielte, ihn mit einer Rassel neckte und ihm sogar das Fläschchen gab.

»Die mittelalterliche Gesellschaft, die wir zum Ausgangspunkt gewählt haben, hatte kein Verhältnis zur Kindheit; das bedeutet nicht, daß die Kinder vernachlässigt, verlassen oder verachtet wurden. Das Verständnis für die Kindheit ist nicht zu verwechseln mit der Zuneigung zum Kind; es entspricht vielmehr einer bewußten Wahrnehmung der kindlichen Besonderheit, jener Besonderheit, die das Kind vom Erwachsenen, selbst dem jungen Erwachsenen, kategorial unterscheidet.« Viele Historiker äußerten sich ähnlich wie hier Philippe Ariès, der Pionier auf dem Gebiet der Geschichte der Kindheit. Manche behaupteten sogar, daß man den Kindern mit völliger Gleichgültigkeit begegnet sei. Danièle Alexandre-Bidon und Monique Closson kamen in ihrem Buch *L'Enfant à l'ombre des cathédrales* (Das Kind im Schatten der Kathedrale) jedoch zum entgegengesetzten Schluß: Die Eltern waren ihren Kindern in großer Zärtlichkeit verbunden. Wenn im Mittelalter die Kindheit auch kurz war, denn man mußte sehr rasch erwachsen werden, und wenn diese kleinen Erwachsenen in der Gesellschaft auch nicht die gleiche Rolle und den gleichen Stellenwert hatten wie heute, so begegnete man den Kleinsten doch durchaus mit großer Einfühlsamkeit, wie u.a. die Geschichte bezeugt, die Emmanuel Le Roy Ladurie in seinem Buch *Montaillou, village occitan* erzählt: So verlangte im 14. Jahrhundert die Frau eines Lehnsherrn, noch einmal ihr Kind zu sehen und es zu küssen, bevor sie sich den Häretikern anschloß. »Da begann das Kind zu lachen; und kaum wollte sie sein Zimmer verlassen, machte sie wieder kehrt und ging zu seinem Bettchen zurück; das Kind begann erneut zu lachen; dies wiederholte sich mehrere Male, und es gelang ihr nicht, sich von ihrem Kind zu trennen. So befahl sie schließlich ihrer Dienerin, es aus dem Haus zu bringen.«

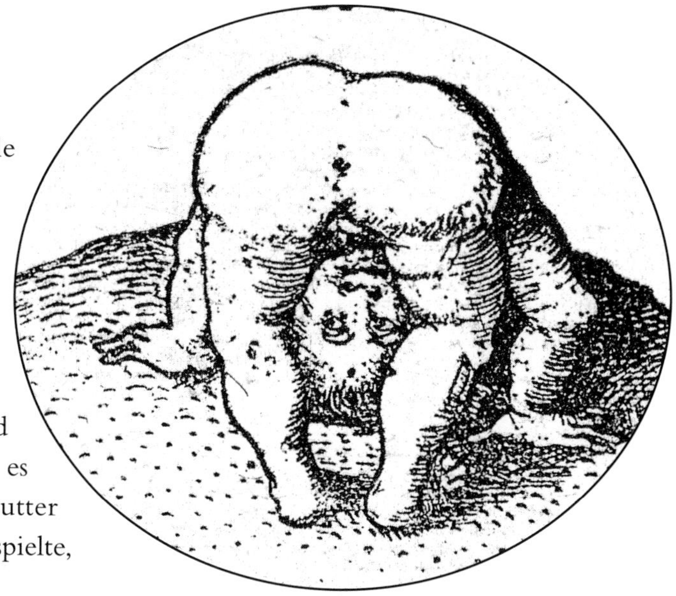

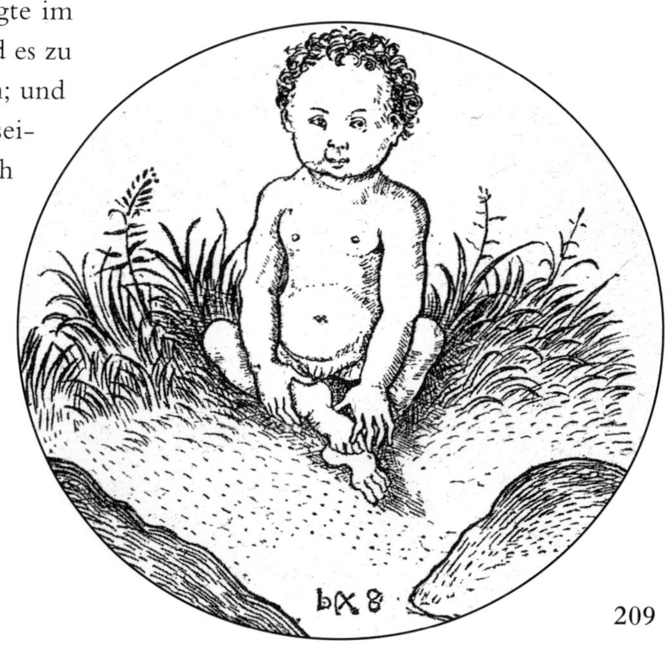

Schon recht früh fingen einige Künstler die für Kinder typischen Verhaltensweisen ein.

Deutsche Stiche, 15. Jh.

Oben: Deutsche Miniatur, 15. Jh., Bibliothèque Nationale, Paris.

Seite 211: Stich, 18. Jh., Bibliothèque Nationale, Paris.

Unten: Die drei Schwestern, Johann Georg Meyer von Bremen (1813–1886), Galerie Joseph Mensing, Hamm.

Engel für das Paradies

»Von der Mutter Brust verdorben und in Sünde gezeugt«, schrieb der hl. Augustinus bereits im 4. Jahrhundert. Die Autoren des Mittelalters teilten nicht alle diese Meinung, und viele glorifizierten die Reinheit und die Unschuld des Säuglings als Inkarnation des Jesuskindes. Seit dem Mittelalter spiegelten sich in der Religion diese beiden Aspekte wider: Das Kind verkörperte zugleich Sünde und Unschuld. Die zutiefst gläubige Gesellschaft des Mittelalters maß der Taufe eine große Bedeutung bei, die das Kind vor der ewig währenden Vorhölle bewahrte und ihm zugleich einen Platz im Paradies sicherte. Die Sorge um das Seelenheil der Kinder erreichte im 17. Jahrhundert ihren Höhepunkt. Bei den Protestanten waren es die Calvinisten, bei den Katholiken die Jansenisten, die die Auffassung vertraten, daß der Säugling von Geburt an unrein sei. Andere wiederum sahen das Kind als ein besonders wertvolles Geschöpf Gottes an, das man als solches zu würdigen hatte. Unter den Kirchenmännern vertrat wohl der Kardinal von Bérulle die absonderlichste Ansicht. Er bezeichnete die Kindheit als »den nichtswürdigsten und schändlichsten Zustand der menschlichen Natur gleich nach dem Tod«.

Ihr getauftes Kind im Himmel zu wissen linderte sicherlich den Schmerz der Eltern, vor allem dann, wenn sie ihm auf Erden nur ein ärmliches Leben hätten bieten können. Dennoch ist es aus heutiger Sicht schwer verständlich, warum viele Eltern dem Begräbnis ihrer Kinder fernblieben. »Ich habe zwei oder drei Kinder im Säuglingsalter verloren, und zwar nicht ohne Bedauern, aber doch ohne Verdruß.« Dieses Bekenntnis Montaignes wurde häufig als ein Beweis der Gleichgültigkeit interpretiert. Doch seit dem 17. Jahrhundert gab es viele Aufzeichnungen, in denen die materielle Situation und die familiären Lebensbedingungen der Zeit dargestellt werden, und darin nehmen die Kinder den weitaus wichtigsten Platz ein. Um den Verlust eines geliebten Kindes zu ertragen, suchten viele Zuflucht im göttlichen Ratschluß. Als z.B. der holländische Dichter Vondel seinen ein Jahr alten

»Seine Frau empfing und gebar ein Kind, dem sie so viel Zuneigung entgegenbrachte, daß sie es nicht duldete, wenn man es ihr für einen Moment von der Brust oder vom Schoß nahm, und sie übernahm selbst die zärtliche Pflege des Stillens, des Waschens und des Wickelns in Windeln oder Felle. Die Tage vergingen, das Kind wurde größer, und auch die Liebe der Mutter schien mit ihm zu wachsen.«

Geoffrey d'Auxerre, 12. Jh.

Sohn verlor, schrieb er ein Gedicht, das seinen, aber vor allem den Schmerz seiner Frau zum Ausdruck brachte. Darin läßt er den Kleinen sagen:

»Mutter, warum so viele Tränen,
Warum klagst du über meinem Sarg?
Dort oben lebe ich, dort oben fliege ich durch die Lüfte,
Ein kleiner Engel im Himmel.«

Im 17. Jahrhundert gingen Theologen und Moralisten mit den Eltern hart ins Gericht, nicht wegen ihrer Gleichgültigkeit, sondern wegen ihrer angeblich laxen und allzu nachsichtigen Erziehung, die sie als Verzärtelung anprangerten. Zu viele Küsse und Umarmungen waren ihrer Ansicht nach ein empörendes und schädliches Verhalten, das eher den Tieren entsprach. Schon Ende des 16. Jahrhunderts hatte Montaigne sich entrüstet: »So kann ich nach allem, was gesagt ist, die Leidenschaft, mit der man die kaum geborenen Kinder umgibt, nicht verstehen, zeigen sie doch weder seelische Regungen noch eine bemerkenswerte Körperform, durch die sie sich liebenswert machen könnten.«

Im 18. Jahrhundert starb jeder vierte Säugling vor seinem ersten Geburtstag. In dieser hohen Kindersterblichkeit sehen einige Historiker den Grund für die scheinbare Gleichgültigkeit der Eltern ihren Kindern gegenüber: Sie wollten ihr Kind nicht zu sehr liebgewinnen, solange noch die Gefahr bestand, daß es sterben konnte. Erst wenn es das erste bzw. die ersten Lebensjahre überstanden hatte, begannen sie, es zu lieben. Die Historiker vertreten unterschiedliche Ansichten darüber, wann das Gefühl der elterlichen Liebe entstanden ist. Für den Franzosen Philippe Ariès zeigte es sich zaghaft zu Beginn des 16. und dann wieder im 18. Jahrhundert. Der Amerikaner Edward Shorter hingegen meint, daß die Mutterliebe erst im 19. Jahrhundert zutage trat: »Mütterliche Fürsorge für das Kleinkind ist eine Erfindung der Moderne. In der traditionellen Gesellschaft waren die Mütter der Entwicklung und dem Wohlbefinden von weniger als zwei Jahre alten Kindern gegenüber gleichgültig. In der modernen Gesellschaft stellen sie das Wohlergehen ihrer kleinen Kinder über alles.« Shorter zufolge bestehen die Mütter des 18. Jahrhun-

»Kaum hattest du Hunger,
kaum weintest du,
Eilte ich schon herbei,
bereit, dir zu helfen.
Im Sommer wie im Winter,
diesen unerquicklichen
Jahreszeiten,
Ob vor Kälte steif oder
schweißgebadet,
Bot ich deinem hungrigen
Mund meine Brust dar;
Bevor ich wieder zu Bett ging,
wartete ich, bis du
eingeschlafen warst.
Ob du in deinem Dreck saßest
Oder mit Bläschen oder Schorf
übersät warst,
Nichts war mir zuwider,
und stets siegte meine
Zärtlichkeit
Über meine Empfindlichkeit.«
Napian, 1781.

derts nicht den »Opfertest«: Das Leben und das Wohlbefinden ihres Säuglings stehen für sie nicht an erster Stelle. Wenn sich auch die Praktiken und die Einstellung der Eltern im Laufe der Geschichte geändert haben, so kann man von heute aus nicht eindeutig feststellen, daß es elterliche Zuneigung nur in dieser oder jener Epoche gegeben habe. Kein Dokument, so aufschlußreich es auch sei, macht es einem möglich, in die Herzen der Menschen zu blicken. Nur wenige waren so gebildet, daß sie imstande waren, die Gefühle, die sie beim Anblick ihres Säuglings empfanden, in Worte zu kleiden, und ihr Verhalten wurde ihnen von der Kultur der jeweiligen Epoche vorgeschrieben. Ist es möglich, eine Geschichte der Gefühle zu schreiben, vor allem so subtiler und intimer Gefühle, wie Eltern sie für ihre kleinen Kinder empfinden? Der Historiker Jacques Gélis, der sich intensiv mit der Kulturgeschichte der Geburt befaßte, zieht folgenden Schluß: »Wir dürfen nicht die Mutterliebe – ein Gefühl, das es immer gab – und ihre Ausdrucksform, die sich im Laufe der Jahrhunderte wandelte, miteinander verwechseln.«

»Und wenn die Mütter ihre Kinder von Kopf bis Fuß einbanden, so daß diese ihrem Kitzeln, Glucken und Schmeicheln gar nicht antworten konnten, dann kann das nur bedeuten, daß die Mütter dafür wenig Interesse hatten.« Edward Shorter.

Oben: Schnuller aus Kautschuk, Musée de l'Assistance Publique, Paris.

Unten: Postkarte, 20. Jh.

Die Gefühle des Säuglings

»Ich lasse es selten allein und bemühe mich, es mit meiner Seele zu durchdringen.«
Honoré de Balzac, *Memoiren zweier junger Frauen*, 1841/42.

Doch was wissen wir über die Empfindungen des Säuglings im 18. Jahrhundert, von seinem Bedürfnis nach Nähe und Kommunikation? »Von allen Dingen ist es das Wichtigste, gut zu beginnen. Man sollte stets bedenken, daß, wenn es zu Beginn gut war, auch alle anderen Lebensalter bis an unser Ende ebenfalls gut sein werden. Es hat also große Auswirkungen, ob wir es verstehen, uns gut um das Neugeborene zu kümmern, es anlachen, ihm Lieder vorsingen, es auf den Schoß nehmen, es hochheben, mit ihm tanzen und springen, es verhätscheln. Die Amme sollte ihm einen schönen Blumenstrauß zeigen, erst selbst an ihm riechen und dann den Säugling riechen lassen. Das Kind muß lernen, warm und kalt, süß und sauer voneinander zu unterscheiden, und daran gewöhnt werden, was es darf und was nicht. Die Amme sollte ihm die verschiedensten Dinge zeigen, und wenn das Wetter schön ist, es ins Freie tragen, mit ihm den Himmel, die Sonne, die Blumen auf der grünen Wiese, die Bäume und ihre Blätter, die verschiedenen Farben betrachten und ihm die unterschiedlichen Klänge einer Lyra, eines Spinetts oder einer Geige zu Gehör bringen.« Schon im 16. Jahrhundert trug Simon de Vallambert den seelischen Bedürfnissen und Gefühlsregungen der Kleinsten Rechnung, war bemüht, ihre Sinne zu stimulieren. Zwei Jahrhunderte später vertrat der Arzt Vandermonde die Auffassung, Säuglinge seien wie Pflanzen, aber bereits einige Monate nach der Geburt fähig, Liebe und Haß, Freude und Trauer zu empfinden: »Man sollte darauf bedacht sein, in ihnen Freude wachzurufen und alles, was sie traurig stimmen könnte, von ihnen fernzuhalten. Die Freude öffnet die Gefäße, setzt den Geist in Bewegung, ist der Nahrungsaufnahme förderlich. Trauer dagegen zieht den Körper zusammen, die Gefäße verengen sich, und die Körperflüssigkeiten fließen langsamer.« Etwa zur gleichen Zeit bekräftigte Rousseau in seinem Buch *Emil*: »Mit der Geburt sind wir zum Lernen fähig. (...) Die Erziehung des Menschen beginnt mit der Geburt. Ehe er spricht, ehe er hört, lernt er schon. (...) Das Kind will alles berühren, alles anfassen. Verhindert diese Unruhe nicht. Sie vermittelt ihm eine sehr notwendige Lehre. (...) Erst durch die Bewegung lernen wir, daß es Dinge gibt, die nicht wir sind. (...) Man hat lange geforscht, ob es eine natürliche und allen Menschen gemeinsame Sprache gäbe. Ohne Zweifel gibt es eine: die Kindersprache, ehe sie sprechen können. Diese Sprache ist nicht artikuliert, aber sie ist betont, klingend und verständlich.«

Mutterfreuden, Giannicci Niccolo (1846–1906), Galleria dell'Arte moderna, Florenz.

Der kleine König mit seinem Schellenzepter

Die Herstellung von Spielzeugen, vor allem von Klappern, belegt, daß man sich seit der Antike schon in den ersten Lebensmonaten für das Kind interessierte. Das *crepitaculum* (von lateinisch *crepare*: Lärm machen) bzw. die Klapper, die zumeist aus Ton war, hatte darüber hinaus aber auch eine schützende Funktion, denn sie sollte böse Geister fernhalten. Aus dem Mittelalter sind uns lediglich die in adligen Kreisen üblichen Klappern aus Silber oder Gold erhalten geblieben. Wir wissen nicht mit Bestimmtheit, ob die Kleinkinder armer Bauern andere Vergnügungen als einen Brotkanten, eine Stange Süßholz oder, wenn sie Hunger hatten, die Mutterbrust kannten. Im 17. und 18. Jahrhundert waren die silbernen Klappern, in die häufig Korallenstückchen eingelassen waren, vielfach mit einer Reihe kleiner Schellen verziert. Diese Klappern, die man gern zur Taufe schenkte, dienten nicht nur als Musikinstrument und Talisman, sondern halfen auch beim Zahnen. Zu allen Zeiten dachten sich die Menschen aber auch Spielzeuge aus, die die Kinder in ihrer Entwicklung fördern sollten, eine erzieherische Funktion hatten. Und schon lange vor der amerikanischen Erfindung von Vorschulen für überdurchschnittlich intelligente Babys gab es solche Bestrebungen auch in Europa. Bereits in der Antike befürwortete Quintilinius, daß man besonders gelehrigen Säuglingen mit Hilfe von Buchstaben aus Elfenbein das Alphabet beibringen solle. Und das gleiche empfahl, anstelle von Klappern, auch

ein Autor im 18. Jahrhundert: »Auf diese Weise gewöhnen sich die Kleinen unmerklich an die Gestalt dieser Buchstaben. Nach und nach fügt man weitere hinzu, so daß Silben und Worte entstehen; ich glaube, daß sie auf diese Weise gleichzeitig sprechen und lesen lernen.« Im 20. Jahrhundert wurde neuartiges Spielzeug für den Säugling erfunden: 1902 entwickelte die Firma Steiff in Giengen den weltberühmten Bären aus Plüsch, der 1903 auf den Markt gebracht und gleich in großer Zahl nach Amerika exportiert wurde, wo zur selben Zeit das gleiche Produkt entwickelt worden sein soll. »Teddybär« wurde er nach dem US-Präsidenten (und Bärenfreund) Theodore (»Teddy«) Roosevelt genannt. In den 50er Jahren kam mehr und mehr Spielzeug aus Gummi auf den Markt, das die Kinder bedenkenlos in den Mund stecken können. Durch die Entwicklung neuer synthetischer Materialien veränderten sich seither auch Form und Aussehen der Klappern.

»Schellen aus Silber, Gold oder Korallen, geschliffenes Kristall, Klappern jeden Preises und jeder Art: Was für unnützer und schädlicher Tand! Nichts davon! Keine Schellen, keine Klappern! Kleine Zweige mit ihren Blättern und Früchten; ein Mohnkopf, in dem man den Samen rasseln hört, eine Stange Süßholz zum Lutschen und Kauen unterhalten es genauso wie der prächtigste Firlefanz.«
Jean-Jacques Rousseau.

Oben links: Klapper aus Weidenruten, 19. Jh., Musée des Arts et Traditions Populaires, Paris.

Oben rechts: Klapper des Königs von Rom, 19. Jh., Musée Carnavalet, Paris.

Gesetze zum Schutz der Kleinen

Im 19. Jahrhundert bekam der Säugling in der Gesellschaft einen neuen Stellenwert. Die Schaffung von Krippen oder der *Gouttes de lait* (Milchambulanzen) bzw. die Gründung von Gesellschaften zum Schutz von Kindern trugen dazu bei, daß die Säuglinge von den Fortschritten der Medizin (besonders im Bereich der Impfungen) und der Hygiene profitieren konnten. Ende des 19. Jahrhunderts war dank dieser Entwicklung ein deutlicher Rückgang der Kindersterblichkeit zu verzeichnen. Auch die ersten Gesetze zum Schutz des Kindes wurden damals erlassen; besonders erwähnenswert ist die französische »Lex Roussel« aus dem Jahre 1874: »Jedes Kind von weniger als zwei Jahren, das gegen ein Entgelt außerhalb seines Elternhauses einer Amme zum Stillen, zur Entwöhnung oder zur Pflege gegeben wird, fällt damit unter die staatliche Überwachung, deren Ziel es ist, sein Leben und seine Gesundheit zu schützen.« Das Wort »Baby« kam in Großbritannien auf. Bis dahin war »Säugling« die einzig gängige Bezeichnung für das erste Lebensjahr des Kindes gewesen. Im 19. und 20. Jahrhundert hatten Ratgeber, die sich an die Mütter wandten, Hochkonjunktur. Zuvor waren solche Bücher nur für Ärzte, Hebammen oder ein sehr gebildetes Publikum von Interesse gewesen. Die Ratschläge, die man in diesen Handbüchern nachlesen konnte, waren teilweise sehr streng: »Das Schreien ist ein nach der Geburt unentbehrlicher Vorgang zur Kräftigung der Lungen. Das Kind muß sich von allein beruhigen, und lassen Sie sich in den folgenden Tagen durch das Geschrei des Säuglings nicht von den festgesetzten Zeiten für die Mahlzeiten abbringen! Lassen sie ihn ruhig schreien! Hüten Sie sich davor, ihn zu wiegen, ihn in den Arm zu nehmen oder ihn gar zu füttern.« Oder: »Man kann gar nicht früh genug damit beginnen, dem Kind gute Manieren beizubringen. Seien Sie also schon vom ersten Tag an unnachgiebig. Das ist zum Wohl Ihrer Kinder, aber auch für Sie das Beste.« Doch es finden sich auch andere Empfehlungen: »Damit sich das Kind gut entwickelt, sollte man ihm Anregungen bieten, aber es vor allem lieben.« Oder: »Tag für Tag versucht das Kind, seine Umgebung wahrzunehmen, sammelt es vielfältige Eindrücke. Junge Mütter, lest in seinem Gesicht, erratet seine Gedanken, erforscht, was sich auf dem Grunde seiner jungen Seele verbirgt. Gleichviel, ob das Kind aus einem bestimmten Grund oder aus eigenem Antrieb schreit – vernachlässigt nicht diese kindliche Ausdrucksform; der Schrei des Kindes enthüllt wahre und tiefe Empfindungen.« Seit rund dreißig Jahren haben junge Mütter ein breites Spektrum an Ratgebern zur Auswahl, die wesentlich pragmatischer und weniger moralisierend sind, unter anderem die Standardwerke des amerikanischen Kinderarztes Dr. Benjamin Spock.

Nach den Kriegen gab der Bevölkerungsrückgang Anlaß zu Sorge, und staatliche Stellen leiteten zahlreiche Maßnahmen zur Bekämpfung der hohen Kindersterblichkeit ein.

Foto, 1901.

Häufig stellten die Psychologen an ihren eigenen Kindern Beobachtungen an. Im 19. Jh. studierte Charles Darwin Tag für Tag das Verhalten seines Sohns, und gegen Ende desselben Jahrhunderts entwickelte der französische Psychologe Alfred Binet verschiedene Tests aufgrund von Beobachtungen an seinen Töchtern.

Oben: Das obligatorische Babyfoto, 20. Jh.

Rechts: Foto, 1937.

Kampf dem Schnuller

»Der Schnuller bringt den Kinderarzt zur Verzweiflung. Mal muß er mitansehen, wie Säuglinge stundenlang ununterbrochen den Schnuller im Mund haben und sich dadurch ihr Kiefer verformt, mal muß er mitansehen, wie der Schnuller zu Boden fällt oder in den Mund eines Erwachsenen wandert, bevor das Kind ihn zurückbekommt. Wenn die Mutter, die für dieses unhygienische Treiben verantwortlich ist, wüßte, wie schmutzig der Fußboden ist und wie viele Essensreste, Mikroben und andere Absonderungen, z.B. von kariesbefallenen Zähnen, sich in ihrem Mund sammeln, wäre sie entsetzt«, schrieb 1928 die Ärztin Champendal. Hielt man den Schnuller zunächst für unbedenklich, wurde dieses kleine Etwas zunehmend nicht nur von Ärzten und Ratgeber-Autoren attackiert, sondern sogar vom Gesetzgeber! 1910 verabschiedete die französische Nationalversammlung ein Gesetz, das den Verkauf und die Herstellung von Schnullern aus Kautschuk untersagte. Dabei lösten diese Schnuller nur jene ab, die zu allen Zeiten von den Ammen fabriziert wurden: ein Stück Brot, das in Honig getaucht und mit einem Stoffetzen umwickelt wurde. Erst seit etwa zwanzig Jahren hält man den Schnuller nicht länger für schädlich, sondern für einen »Übergangsgegenstand«, den viele Psychologen für sinnvoll halten, da er dem natürlichen Drang zu saugen entspricht. Das gilt auch für das Daumenlutschen. Lange Zeit hat man versucht, es den Säuglingen abzugewöhnen, indem man ihnen den Daumen mit einer bitter schmeckenden Flüssigkeit, Aloe oder Senf bestrich. Weitere gängige Methoden waren, ihnen kleine Handschuhe überzustreifen oder die Arme in eine Papprolle zu stecken, so daß die Kinder sie nicht mehr anwinkeln konnten. Die radikalste Lösung war, die Ärmchen in der Wiege anzubinden!

Verborgene Talente

Im 20. Jahrhundert, vor allem seit den 60ern, mehrten sich die Erkenntnisse über die psychischen und physischen Bedürfnisse des Säuglings. So zeigte sich, daß der Säugling schon sehr früh Fähigkeiten auf verschiedenen Sinnesebenen entwickelt; dazu gehören der Gesichts-, Gehör-, Tast-, Geschmacks- und Geruchssinn. Das Neugeborene ist also alles andere als taub, blind und nicht wahrnehmungsfähig! Lange war man der festen Ansicht gewesen, daß ein Baby nicht sehen könne. Zwar ist sein Gesichtsfeld weniger weit und seine Sehschärfe geringer als beim Erwachsenen, doch der Säugling kann von Geburt an sehen und nach wenigen Wochen bereits Farben unterscheiden. Der Tastsinn dagegen ist sehr ausgeprägt: Das Baby befühlt die Dinge mit seinem Mund, seinen Händen, ja mit seinem ganzen Körper. Und Neugeborene sind auch nicht taub: Sie erkennen bereits zahlreiche Geräusche, die sie im Mutterleib gedämpft gehört haben. Wie die Erwachsenen kann der Säugling bitter, sauer, salzig und süß voneinander unterscheiden, wobei er letzterem den Vorzug gibt. Sein Geruchssinn ist ausgeprägt, und er bevorzugt nach Milch riechende bzw. süße oder fruchtige Düfte, doch am lieb-

merry-go-round
METTOY
PLAYTHINGS
merry go round
toy TEA set
TEA set

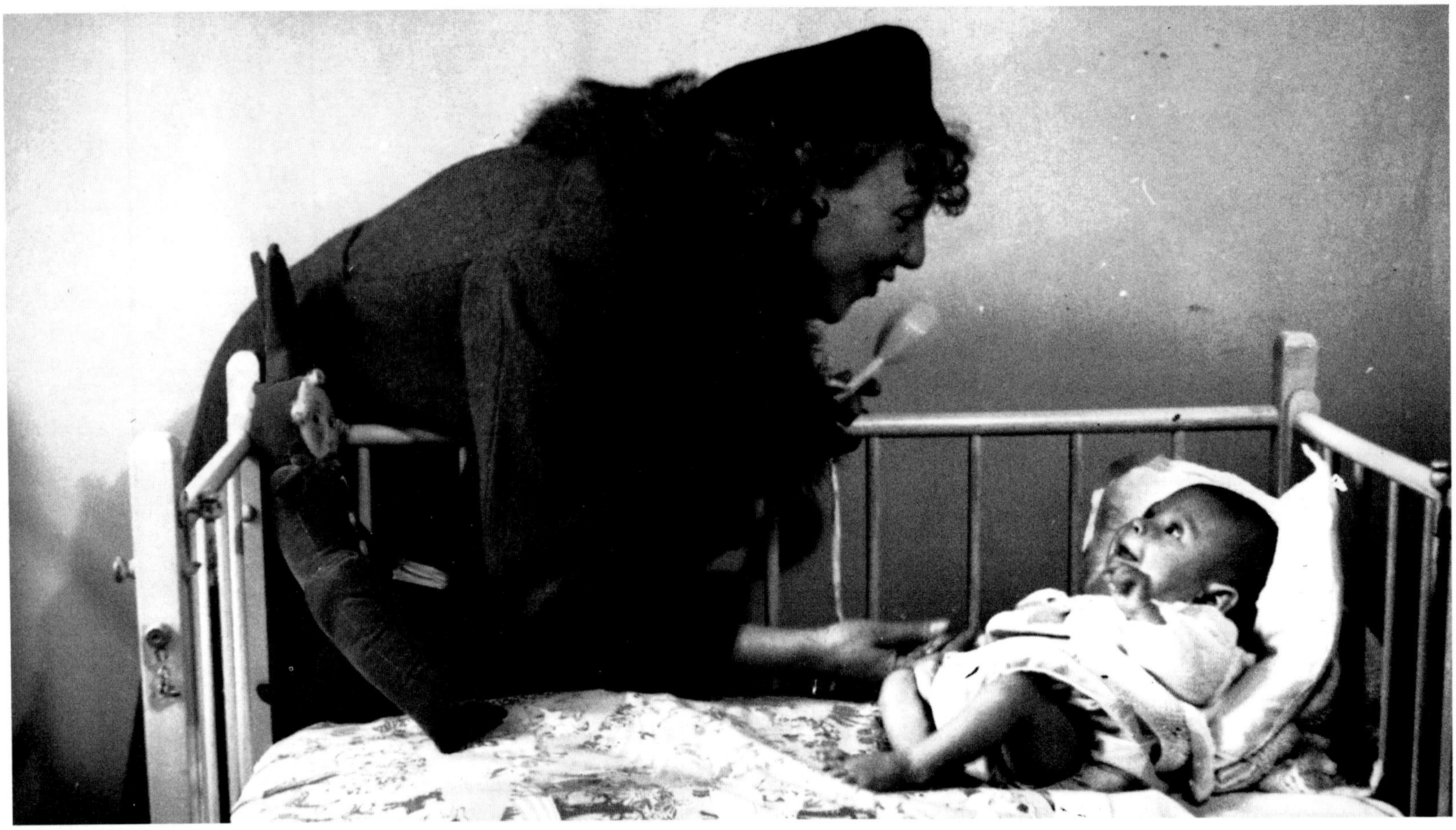

»Im Verlauf der allerersten Tage wird die Art und Weise der mütterlichen Fürsorge wahrgenommen, ebenso die Details der Mutterbrust, die Kontur ihres Ohres, die Art ihres Lächelns, der Geruch ihres Atems.«
Donald Winnicott, 1972.

sten ist ihm der Geruch seiner Mutter. Im 19. Jahrhundert hatte Darwin bereits beobachtet, daß sein Sohn, der zu dem Zeitpunkt vier Wochen alt war, die Mutterbrust am Geruch wiedererkannte.

»In der Kulturgeschichte gibt es eine Lücke. Die ersten Lebensmonate sind wie ein weißes Blatt, das niemand beschrieben hat, weil niemand die ersten Bedürfnisse des Menschen erforscht hat«, schrieb 1936 ein Pädagoge. Wenn die Wissenschaftler auch begannen, sich für die Kindheit zu interessieren, so sollte es doch noch lange dauern, bis sie sich über die Wiegen der Säuglinge beugten. Der Vater der Psychoanalyse, Sigmund Freud, untersuchte die ersten Stadien in der Entwicklung des Kindes: In den ersten Monaten erfährt das Kind hauptsächlich die Befriedigung oraler Bedürfnisse – durch seinen Mund tritt es in Kontakt mit der Welt. Der amerikanische Arzt und Psychoanalytiker René Spitz, dessen Forschungsarbeiten 1947 veröffentlicht wurden, beobachtete in Waisenhäusern Säuglinge, denen es materiell an nichts fehlte, die aber keine oder kaum emotionale Zuwendung bekamen. Er stellte fest, daß dieser Mangel die Säuglinge physisch krank und antriebslos machte – eine beispiellose Entdeckung! Die österreichische Psychoanalytikerin Melanie Klein, eine Pionierin auf dem Gebiet der Kinderanalyse, vermutete, daß schon von Geburt an Phantasmen bestehen: Der

Säugling sei sofort in der Lage, Angst zu empfinden, verspüre den Lebens- oder Todestrieb. Der englische Kinderarzt und Psychoanalytiker Donald Winnicott maß der Qualität des Körperkontakts mit dem Säugling eine große Bedeutung bei, ebenso der Regelmäßigkeit der Fürsorge der Mutter. Die französische Psychoanalytikerin Françoise Dolto hat in einer allen Müttern leicht verständlichen Weise immer wieder auf die Wichtigkeit der Kommunikation zwischen Kind und Eltern von Geburt an hingewiesen. Andere Forscher beschäftigten sich speziell mit dem Verhalten der Kinder. Tonbandgeräte, Kameras und später der Einsatz von Computern waren wichtige Hilfsmittel bei der Beobachtung kleinkindlichen Verhaltens. Der Pionier auf dem Gebiet der Säuglingspsychologie, der Amerikaner Arnold Gesell, untersuchte den neuropsychologischen Reifungsprozeß des Kindes. Für seine Arbeit entwickelte er völlig neue Forschungsmethoden für Kleinkinder: von einer Seite durchsichtige Spiegel, Sprach-, Adaptations- und Reaktionstests. Heute ist der amerikanische Professor Terry Brazelton ein in aller Welt bekannter Spezialist für Säuglinge. Mit einer Klapper, einem mit Reis gefüllten Behältnis und einem roten Ball ausgerüstet, erforscht er ihr Verhalten. Er war der erste, der die außerordentlichen Fähigkeiten von Säuglingen deutlich herausstellte.

»Viele Jahre lang war die frühe Kindheit wie die verborgene Seite des Mondes. Wir verfügten nur über sehr geringe Möglichkeiten, das zu erforschen, was sich im Geist der Säuglinge abspielte. Sie sind zwar äußerst entzückende Wesen, aber nicht besonders dafür geeignet, mit den Psychologen zusammenzuarbeiten«, schrieb ein Psychologe. Um zu verstehen, was sich in den Köpfchen der Säuglinge abspielt, gingen sie sogar soweit, unerwartete Fallen aufzustellen. So wurde u.a. ein Schnuller an einen Computer angeschlossen, der registrierte, wie häufig die Kinder an ihm saugten. Es wurde auch analysiert, wie stark sie daran saugten. Alles nur, um die kleinen »Versuchstiere« besser verstehen zu lernen. Verlangen die Säuglinge aber überhaupt nach soviel Aufmerksamkeit? Seit rund zwanzig Jahren kümmert man sich viel zu sehr um sie: Psychologen, Pädagogen und Werbefachleute reißen sich um den Winzling. Auf der anderen Seite wird den Eltern eingeschärft, sich diesem außergewöhnlichen Lebewesen nur ja gewachsen zu zeigen. Guter Wille und viel Liebe reichen den Fachleuten nicht mehr. So wenden sich die überstrapazierten Mütter mehr und mehr Büchern zu, in denen ihnen auf humorvolle Weise erklärt wird, wie sie es schaffen, »keine perfekte Mutter zu sein«.

Bibliographie

A. Abt, *History of Pediatrics*, Philadelphia, London, 1965.

D. Alexandre-Bidon, M. Closson, *L'Enfant à l'ombre des cathédrales*, Lyon.

F.A. von Ammon, *Die ersten Mutterpflichten und die erste Kindespflege*, Leipzig, 1905.

E. Ansley Worrell, *Children's Costume in America, 1607–1910*, New York, 1980.

P. Ariès, *Geschichte der Kindheit*, München, Wien, 1975.

P. Ariès, G. Duby, *Geschichte des privaten Lebens*, Frankfurt a.M., 1989–1993 (5 Bde.).

E. Badinter, *Die Mutterliebe. Geschichte eines Gefühls vom 17. Jahrhundert bis heute*, München, 1992.

J. Barbaut, *Histoires de la naissance*, Paris, 1990.

Bartholomaeus Anglicus, *De rerum proprietatibus*, um 1240.

J.-B. Baudelocque, *L' Art des accouchements*, Paris, 1815.

M. Baudoin, *Les Appareils populaires destinés à apprendre à marcher*, Paris, 1911.

B. Beuys, *Familienleben in Deutschland. Neue Bilder aus der deutschen Vergangenheit*, Reinbek bei Hamburg, 1984.

C. Billard, *Traité des maladies des enfants*, Paris, 1828.

H. Boesch, *Monographie zur deutschen Kulturgeschichte, Bd. 5: Kinderleben*, Leipzig, 1900.

L. Bourgeois, *Das Hebammen-Buch*, bestellt von Matthei Merian, Frankfurt a.M., 1626.

T.B. Brazelton, *Babys erstes Lebensjahr*, München, 1994.

P. Budin, *Le Nourrisson, alimentation et hygiène*, Paris, 1900.

P. Budin, *De la puériculture après la naissance*, Paris, 1900.

A. Burguière, Ch. Klapisch-Zuber, M. Segalen, F. Zonabend (Hg.), *Histoire de la famille*, Paris, 1986.

G. Burckhard, *Die deutschen Hebammenordnungen von ihren ersten Anfängen bis auf die Neuzeit*, Leipzig, 1912.

V. Burhenne (Hg.), *Kein Kinderspiel. Das erste Lebensjahr* (Ausstellungskatalog), Münster, 1994.

W. Cadogan, *Essai sur la manière de nourrir et d'élever les enfants*, Paris, 1752.

A.-C. Caron, *La Puériculture*, Rouen, 1866.

A.-C. Caron, *Le Code des jeunes mères, traité théorique et pratique pour l'éducation physique des nouveau-nés, destiné aux personnes qui désirent élever elles-mêmes leurs enfants*, Paris, 1859.

Dr. Champendal, *Le Petit Manuel des mères*, Paris, 1928.

A. du Coudray, *Abrégé de l'art des accouchements*, Châlons-sur-Marne, 1773.

G. Coulon, *L' Enfant en Gaule romaine*, Paris, 1994.

M. Coulon-Arpin, *La Maternité et les sages-femmes, de la préhistoire au XXe siècle*, Bd.e 1 und 2, Paris, 1981.

P. Cunnington, A. Bloch, *Children's Costume in England*, New York, 1965.

P. Darmon, *Le Mythe de la procréation à l'âge baroque*, Paris, 1981.

R. Debré, *L'Honneur de vivre*, Paris, 1974.

M.-C. Delahaye, *Tétons et tétines. Histoire de l'allaitement*, Paris, 1990.

J.-C. des Essarts, *Traité de l'éducation corporelle des enfants en bas âge, ou réflexions pratiques sur les moyens de procurer une meilleure constitution aux citoyens*, Paris, 1760.

H. Fasbender, *Geschichte der Geburtshilfe* (Reprint der Ausgabe Jena, 1906), Hildesheim, 1964.

F. Fay-Sallois, *Les Nourrices à Paris au XIXe siècle*, 1980.

V. Fildes, *Breast, Bottles and Babies. A History of Infant Feeding*, Edinburgh, 1986.

V. Fildes, *Wet Nursing. A History from Antiquity to the Present*, Oxford, 1988.

J.-B. Firmin Marbeau, *Des crèches pour les petits enfants des ouvrières*, Paris, 1863.

J.-B. Firmin Marbeau, *Manuel de la crèche*, Paris, 1867.

A. Fischer Dückelmann, *Die Frau als Hausärztin*, Stuttgart, 1908.

M. Foisil, *L'Enfance de Louis XIII*, Paris, 1996.

A. France, *Der kleine Peter*, München, 1921.

J. P. Frank, *Abhandlung über eine gesunde Kindererziehung nach medizinischen und physischen Grundsätzen*, Leipzig, 1794.

J. Gélis, *Accoucheur de campagne sous le Roi-Soleil. Le traité des accouchements de G. Mauquest de La Motte*, Paris, 1989.

J. Gélis, *Die Geburt. Volksglaube, Rituale und Praktiken 1500–1900*, München, 1989.

J. Gélis, *Das Geheimnis der Geburt. Rituale, Volksglaube, Überlieferung*, Freiburg, 1992.

J. Gélis, *La Sage-Femme ou le médecin, une nouvelle conception de la vie*, Paris, 1988.

J. Gélis, M. Laget, M.-F. Morel, *Der Weg ins Leben. Geburt und Kindheit in früherer Zeit*, München, 1980.

E. u. J. Goncourt, *Germinie. Die Geschichte einer Pariser Dienstmagd*, München, 1963.

J. Guillemeau, *De la nourriture et du gouvernement des enfants*, Paris, 1585.

E. Haberling, *Der Hebammenstand in Deutschland von seinen Anfängen bis zum Dreißigjährigen Krieg*, Berlin, Osterwieck am Harz, 1940.

I. Hardach-Pinke, G. Hardach, *Deutsche Kindheiten 1700–1900. Autobiographische Zeugnisse*, Reinbek bei Hamburg, 1981.

G. Heinsohn, O. Steiger, *Die Vernichtung der weisen Frauen*, München, 1989.

J. Héroard, *Journal sur l'enfance de Louis XIII*, Paris, 1868.

Jahrbuch der Kindheit: Kinderleben zwischen 1740 und heute, Weinheim, Berlin, Basel, 1990.

L. Joubert, *Des erreurs populaires et propos vulgaires touchant la médecine*, Paris, 1587.

S. Kevill-Davies, *Yesterday's Children, the Antiques and History of Childcare*, Woodbridge, 1991.

Kinderstuben. Wie Kinder zu Bauern, Bürgern, Aristokraten wurden. 1700–1850, München, 1983.

Y. Knibiehler, C. Fouquet, *Histoire des mères du Moyen âge à nos jours*, Montalba, 1980.

R. Lacasse, *Hygiène de la grossesse, conseils pratiques aux jeunes mères*, Paris, 1913.

M. Laget, *Naissances, l'accouchement avant l'âge de la clinique*, Paris, 1982.

S. Laurent, *Naître au Moyen Age*, Paris, 1989.

M. Le Rebous, *Vorschläge an Mütter, welche ihr Kind selbst zu stillen gedenken*, Basel, 1780.

F. Leboyer, *Der sanfte Weg ins Leben*, München, 1974.

E. Le Roy Ladurie, *Montaillou, village occitan*, Paris, 1975.

A. Leroy, *Médecine maternelle ou l'art d'élever et de conserver les enfants*, Paris, 1803.

J. Locke, *Gedanken über Erziehung*, Bad Heilbrunn, 1966.

I. Loudon, *Death in childbirth. An international study of maternal care and maternal mortality 1800–1950*, Oxford, 1992.

F. Loux, *Le Jeune Enfant et son corps dans la médecine traditionnelle*, Paris, 1978.

C. Lucretius, *Von der Natur der Dinge*, Leipzig, 1831.

J. Martin, A. Nitschke, *Zur Sozialgeschichte der Kindheit*, Freiburg, München, 1986.

F. Mauriceau, *Traité des maladies des femmes grosses et de celles qui sont accouchées*, Paris, 1668.

L. de Mause (Hg.), *Hört ihr die Kinder weinen. Eine psychogenetische Geschichte der Kindheit*, Frankfurt a.M., 1977.

L.S. Mercier, *Tableaux de Paris*, Paris, 1781.

Montaigne, *Essays*, Bad Heilbrunn, 1964.

J.-P. Néraudau, *Etre enfant à Rome*, Paris, 1984.

A. Paré, *De la génération de l'homme et manière d'extraire les enfants du ventre de leur mère*, Paris, 1573.

Ch. Pieske, *Das freudige Ereignis und der jungen Kindlein Aufzucht*, München, 1963.

A. Pinard, *La Puériculture du premier âge*, Paris, 1931.

M.L. Plessen, P. von Zahn, *Zwei Jahrtausende Kindheit*, Köln, 1979.

L. Pouliot, *Hygiène de maman et de bébé*, Paris, 1921.

A. Prost de Royer, *Mémoire sur la conservation des enfants*, Lyon, 1778.

E. Rößlin, *Der Swangeren Frauwen und hebammen Rosegarten* (Reprint der Ausgabe Straßburg, 1513), Zürich, 1976.

J.-J. Rousseau, *Emil oder Über die Erziehung*, Paderborn, München u.a., 1995.

J. Rueff, *Ein schön lustig Trostbüchle von den Empfengknussen vnd Geburten der Menschen*, Faksimile, Dietikon, Zürich, 1981.

N. Saucerotte, *De la conservation des enfants et de leur éducation depuis la naissance jusqu'à l'âge de six ans*, Paris, 1796.

N. Saucerotte, *Untersuchung vieler Vorurtheile und Mißbräuche, welche die Schwangeren, Kindbetterinnen und die zartesten Kinder betreffen und die dem menschlichen Geschlecht nachtheilig sind*, Erfurt, 1780.

Scévole de Sainte Marthe, *Paedotrophia ou la manière de nourrir les enfants à la mamelle*, Paris, 1698.

Y. Schütze, *Die gute Mutter. Zur Geschichte des normativen Musters »Mutterliebe«*, Bielefeld, 1991.

I.Ph. Semmelweis, *Offener Brief an sämmtliche Professoren der Geburtshilfe* (Reprint der Ausgabe Ofen, 1862), Lindau, 1980.

E. Shorter, *Die Geburt der modernen Familie*, Reinbek bei Hamburg, 1977.

E. Shorter, *Der weibliche Körper als Schicksal*, München, 1987.

W. Siebert, W. Stögmann, G.F. Wündisch, *Stillen einst und heute*, München, 1977.

J. Siegemund, *Die königlich-preußische und chur-brandenburgische Hof-Wehemutter* (Reprint der Ausgabe Berlin, 1741), Hildesheim, 1976.

Soranus von Ephesus, *Die Gynäkologie des Soranus von Ephesus*, hg. von J.Ch. Huber, München, 1894.

G. van Swieten, *Traité des maladies des enfants*, Paris, 1759.

M. Underwood, *Traité des maladies des enfants*, Paris, 1786.

S. de Vallambert, *Cinq Livres sur la manière de nourrir et de gouverner les enfants dès leur naissance*, Lyon, 1541.

C.A. Vandermonde, *Essai sur la manière de perfectionner l'espèce humaine*, Paris, 1756.

G. Variot, *La Puériculture pratique*, Paris, 1920.

F. Voltaire, *Kritische und satirische Schriften*, München, 1970.

K. von Waller, *Das große Buch der Kindheit*, München, 1993.

I. Weber-Kellermann, *Die deutsche Familie. Versuch einer Sozialgeschichte*, Frankfurt a.M., 1975.

I. Weber-Kellermann, *Die Kinderstube*, Frankfurt a.M., 1991.

I. Weber-Kellermann, *Die Kindheit – Eine Kulturgeschichte*, Frankfurt a.M., 1979.

F. von Zglinicki, *Geburt. Eine Kulturgeschichte in Bildern*, Braunschweig, 1983.

F. von Zglinicki, *Geburt und Kindbett im Spiegel der Kunst und Geschichte*, Aachen, 1990.

F. von Zglinicki, *Die Wiege*, Regensburg, 1979.

Bildnachweis

A.K.G.: S.11 (u), S.53 (o), S.111, S.124–125, S.133, S.145, S.152 (o), S.153, S.155. Archive Photos: S.7, S.56. Assistance publique: S.76, S.79 (mittleres Bild), S.97 (unten), S.108–109, S.119, S.130, S.200, S.210, S.212 (o). Bibliothèque Nationale: S.13, S.27, S.48–49, S.66, S.68 (o), S.71, S.92, S.93, S.95, S.97 (Hintergrund), S.100, S.190 (u), S.199 (o), S.170, S.171, S.175, S.206–207 (Hintergrund), S.208, S.210 (o), S.211. Bulloz: S.39, S.150. S.194, J. L.Charmet: S.17, S.18–19, S.20 (u), S.30, S.38 (u), S.44–45, S.64, S.69, S.72–73, S.77 (o), S.82, S.84, S.87, S.91, S.102, S.103 (u), S.117, S.153, S.154, S.156, S.172. Dagli-Orti: S.11 (o), S.14 (u), S.15, S.26, S.28, S.29, S.31, S.91, S.94, S.103 (o), S.146, S.148, S.149 (d), S.151. Giraudon: S.14 (o), S.35, S.42 (Bridgeman), S.51, S.106, S.114–115 (Bridgeman), S.136, S.152 (Bridgeman), S.78–79 (seitliche Bilder), S.198, S.210 (u) (Bridgeman), S.214 (d). Hulton Deutsch: S.157, S.218. H. Josse: S.101, S.142, S.157, S.196–197, S.204–205. Kharbine Tapabor: S.68 (Hintergrund), S.75, S.121, S.122, S.148–149, S.162 (o), S.192, S.202 (d), S.203, S.209, S.212. Keystone: S.23, S.58–59, S.86, S.127, S.160–161, S.163, S.164, S.184 (o), S.185, S.186 (o), S.217, S.220–221. Magnum: S.40, S.65, S.85, S.187. Mary Evans: S.37, S.43, S.57, S.118 (u), S.119, S.154, S.159, S.182, S.202 (g), S.206, S.214. Rapho: S.140, S.143, S.165. R.M.N.: S.34, S.36 (u), S.38 (o), S.47 (g), S.57, S.132, S.152 (u), S.174 (u), S.176, S.179, S.190 (o), S.199 (u), S.214. Roger-Viollet: S.10, S.54 (Harlingue-Viollet), S.60, S.61, S.69 (u), S.81 (Boyer-Viollet), S.83, S.90, S.116 (Harlingue-Viollet), S.137 (Boyer-Viollet), S.144–145 (Hintergrund), S.160, S.178, S.184 (u), S.186 (u), S.195, S.201, S.215, S.219, S.220. Scala: S.32–33, S.41, S.70, S.96, S.98, S.104–105, S.107, S.131, S.134–135, S.147, S.166–167, S.174 (o), S.180–181, S.191, S.193, S.213. Tallandier: S.14 (Hintergrund), S.60.

Danksagung

Jacqueline de Bourgoing, Didier Busson, Luc Jacob-Duvernet,
Laure Paoli, Dominique du Peloux, Antoine Sabbagh, Patrick Sergant, Jacques de Taisne,
Philippe Tristan, Chantal Waltisperger, Daniel Wolfromm.